俊秀青年书系

策划人 郝宁

消费者的决策

行走于理性的边缘

陆静怡 著

上海教育出版社
SHANGHAI EDUCATIONAL PUBLISHING HOUSE

序

  几年前,我曾在美国芝加哥大学访问交流了一段时间。租房是出访前的一件要事。芝加哥的治安状况堪忧,由于路上行人稀少,抢劫事件时有发生。因此,很多朋友提醒我,尽可能在学校附近租房,减少去学校的步行距离,以降低在路上被抢劫的概率。当然,芝加哥并不总让人糟心,它坐拥密歇根湖,徜徉在湖畔,听涛声拍岸,赏天水一色,着实令人心旷神怡。

  经过一番挑选,我圈定了两间公寓房。它们的设施相仿,租金相似,生活便利程度也相当,最大的区别在于地理位置。第一间位于 U 公寓,从 U 公寓出发,步行五分钟便可到达芝加哥大学,要去密歇根湖则需要步行二十几分钟。第二间位于密歇根湖畔的 R 公寓,从这儿出发,步行五分钟即可到达湖边,但去学校需步行二十几分钟。既追求离学校近又追求湖光美景的我难以抉择,一番心理斗争后,我倒向美景一方,畅想着在徐徐清风中漫步湖畔的惬意生活,并为这一"明智"的选择而自鸣得意。

  然而,在芝加哥的几个月里,我几乎每个工作日都要去学校。每每独自走在从 R 公寓前往学校的路上,我都懊悔不已:为什么当初没有选择更近的 U 公寓?再来说说畅想中在清风徐来的湖边漫步,在芝加哥期间，我去了几次湖边？不超过五次！也许有人会说，即使不去湖边，住个湖景房足以享受美景，此话不假，但我租住的房子恰恰背朝湖水。

在作出上述租房决策时，理性的消费者需要考虑行为发生的频次。去学校的频次远高于去湖边的频次，我本应该选择对去学校有利的选项。然而，在实际作决策的过程中，我们经常过于看重那些本不该被看重的因素，最终与理性决策擦肩而过。

理性，人之所求，却常常求之不得。很多时候，消费者行走于理性的边缘，他们的决策出现种种偏差，有悖于理性的标准。但偏差不是魔鬼，我们无须谈之色变。掌握决策偏差发生的规律与导致决策偏差的心理根源，有助于人们利用这些偏差，最终助推人们作出利人利己的选择。

本书着眼于消费者的决策理性，从心理学视角出发，依托判断与决策领域的理论和实证研究成果，解析消费者的决策规律与心理特点，希望行走于理性边缘的消费者能作出明智的选择，体验到决策幸福感。

本书将为你揭秘消费市场中充满套路的营销策略，分析它们各自的优势与弊端；带你洞悉消费者的心理，从消费者的典型行为入手，揭示这些行为背后的心理规律；和你一起认识社会关系中的消费者，探讨消费者与他人的互动过程以及他人对自身消费行为的影响；教你识别并利用决策偏差，作出理性决策；与你探讨消费者的幸福感，讨论如何花钱购买幸福。

当你翻开本书，一段探索消费者理性决策的旅程也由此开启。

陆静怡

2020 年 6 月

目录

第一章 揭秘常见营销策略

2 怀旧营销的复苏：唤醒我们的归属感
8 限时营销与限量营销的对决
14 免费试用的魔力与诅咒
20 优惠券：温柔的陷阱
26 "大白兔"润唇膏：跨界热潮下的奇特商品
34 为什么我们会拒绝命令式广告？
40 颜值是一把双刃剑
46 为什么"双十一"的开抢时间是凌晨？
52 笑容，并非越灿烂越好
57 解开"101"之谜

第二章 洞悉消费者的心理

66 孤独如我
72 颜值不够，就用能力来证明自己
79 促销成为我们享乐之借口？

84	全五星好评的商品反而让人不想买？
90	为什么排名第 11 名的商品遭到冷落？
96	为什么节食时巧克力变得特别好吃？
102	两害相权去其重
109	无债果然一身轻

第三章　理解社会关系中的消费者

116	人心可读
122	送礼有道
133	我看见损失，他人看见收益
139	被人排挤时，如何拯救孤独的自己？
146	决策太快，容易获差评？
152	想省钱，就别和闺蜜一起逛奢侈品店
157	宁当"鸡头"，不做"凤尾"：最优化决策者的悖论
163	社会阶层与从众消费
169	不患富而患不均：膨胀的奢侈品购买欲望

第四章　识别并善用决策偏差

176	"迷之自信"下的陷阱
183	大包装商品质量差？
188	便宜真的没好货吗？
194	吃霸王餐与长时间占座，哪个让商家损失更大？

目 录

200	评分上升的餐厅未来也会更好：心理动量带来的错误预判
207	消费也有"舒适区"
214	不是所有承诺都值得坚守
220	对小概率的迷信："我一定能抽中！"
226	为什么人们总是追捧最新款的iPhone？
232	如何在讨价还价中把握先机？

第五章　增进消费者的幸福感

240	巧用金钱买幸福
246	拍照发朋友圈会让人更开心吗？
253	阅读买家评价，会降低我们的购物满意度
258	一次浪漫旅行，远胜高档包包
263	被拒绝的方式最重要：别为了另一个人拒绝我
268	疯狂的最后一搏
274	先甜后苦，会不够尽兴？
279	"一帆风顺"真的优于"化险为夷"吗？
286	排队可以很愉快：来自商家的妙招
292	只怕错过，不怕后悔的"网红"时代

第六章　助推健康决策

300	数字减肥法
305	不必做苦行僧：偶尔吃顿好的，减肥更有效

311	想管好钱包，要先填满我们的胃
316	难以忍受的剥夺型好奇：潘多拉为何放纵自己？
322	挑来挑去，可能是为了弥补控制感
328	为什么购物时我们如此健忘？
334	让钱变得更温暖，慷慨解囊不再难
340	**参考文献**
358	**后记**

第一章

揭秘常见营销策略

销售套路多种多样,基本上都是利用消费者的心理特点去推广商品。理解消费者并读懂营销策略的根本目的既不是营利,也不是满足奢欲,而是助推消费者作出有利于自身、他人与社会的决策。

怀旧营销的复苏：唤醒我们的归属感

"请注意！请注意！三年级六班的李子明同学，你妈妈拿了两罐旺仔牛奶要给你！"时隔多年，李子明同学已经长大，成为李老师，但爱他的妈妈依然送来了他最爱喝的旺仔牛奶。

旺仔牛奶翻拍的这个童年经典广告广受好评，引起了80后、90后的关注，人们纷纷怀念当年看广告、喝旺仔牛奶的青葱岁月，慨叹美好时光一去不复返，同时回想起记忆中旺仔牛奶香甜的味道。

不仅是旺仔牛奶，卫龙辣条、回力球鞋、大白兔奶糖等经典品牌在近两年都活跃起来，这些承载了一代消费者童年回忆的品牌重新出现在人们的视野中，激发了消费者内心深处强烈的思念与共鸣，它们在一代人的集体追忆中焕发新的生机。2019年，大白兔开启了60周年巡展，消费者纷至沓来，追寻自己的童年回忆，品尝青春时的那一口甜蜜。大白兔快闪店前门庭若市（见图1-1），这只"60岁的兔子"

图1-1 大白兔60周年快闪店

并未老去，依然人见人爱。

经典品牌的成功复苏表明，人们喜欢那些能够唤起美好童年回忆的商品。可口可乐紧跟怀旧（nostalgic）营销的潮流，在2018年推出主题为"时光在变，在乎不变"的系列创意海报，这些海报从日常生活的角度，展现了中国改革开放40年来的变化，以及那些即使时光变迁也不会改变的情谊。

变与不变，一直是生活的主题。人们无可避免地要独立，要成长，要背负更多的压力。在贩卖焦虑的当下，人们对无尽变化的不安、对时光易逝的无力感被不断放大，"不变"带来的归属感就显得尤为珍贵。经典品牌推出的怀旧广告仿佛告诉人们，过去从未离开，只是以其他方式继续陪伴着人们。可口可乐系列海报中的一个个"不变"通过建立过去与现在的连接，安抚人们内心深处的失落与困惑，缓解紧张与焦虑，借助情感联结帮助人们找到归属感。

归属感是人们内心对自己与社会相联系的感受。人类是社会性动物，每个人都希望能与他人建立牢固的情感联结，从中获得的归属感能帮助人们真正了解"我是谁"。"绊"字曾经当选为日本年度汉字，意为"纽带、联系"，也有"牵挂"的意思，指人与人、人与物之间的感情牵绊。归属感与个体的自我建构（self-construal）、自尊等都紧密相连。美国杜克大学的利里（Mark R. Leary）及其合作者坦博尔（Ellen S. Tambor）、特达尔（Sonja K. Terdal）、唐斯（Deborah L. Downs）提出社会计量假设（sociometer hypothesis），认为建立与维护归属感是人类行为的一个基本驱动力。也就是说，人们会主动作出某些行为，以增加自己的归属感。

怀旧能够帮助人们找回曾经美好的情感联结，因而成为应对归属需要的道具。通过怀旧，人们回忆起自己与亲人、朋友等重要他人互动的美妙过往，人们与重要他人的联结也因此增强。例如，人们看到旺仔牛奶、卫龙辣条、咪咪虾条等旧日商品时，除了回忆起这些食物的口味，还会想起当年与小伙伴一起分享这些零食的愉悦，在回忆中重拾与小伙伴的情谊，归属需要也因此得到了满足。不难猜出，对怀旧的偏好与人们的归属需求的高低有关，人们越渴望归属感，就越可能出现怀旧行为。

　　什么情况下人们更渴望获得归属感呢？让我们设想以下情境：你刚刚入职一家新公司，对公司业务不熟悉，又无法融入同事的小圈子，此时，你是否渴望能有知心朋友倾听你的烦恼？你看到别人出双入对"秀"恩爱时，是否希望也能有另一半的陪伴？当你处于焦虑中，对生命的意义感到迷茫时，是否期待能获得亲密他人的支持与鼓励？将上述情境简单归纳，我们会发现，在两类情况下人们尤其需要归属感：其一，人们自身的归属感受到威胁，例如被社会排斥，无法融入周围的群体；或对现状感到不满，却没有切实可行的解决方法。其二，人们对归属感的渴望被唤醒，例如在电影、书籍中或在周围人身上看到了真挚的爱情、牢固的友情、伟大的亲情，这些美好的亲密关系令人心生向往。此时，人们在内心的渴望与需要的驱动下，更可能产生能增强自身归属感的行为，如开始怀旧，回忆过往曾拥有很强的归属感的时刻。

　　人们对归属感的需要能否促发更多的怀旧消费行为呢？来自美国亚利桑那州立大学的洛夫兰（Katherine E. Loveland）及其合作者斯梅斯特（Dirk Smeesters）、曼德尔（Naomi Mandel）进行了一个关于归属需求与消费者对怀旧商品的偏好的研究。他们认为，激活消费者的依存型自我建构（interdependent self-construal），提醒人们对情感联结的需求，能够增加人们对归属感的需要，促使人们更喜爱怀旧商品。依存型自我建构是相对于独立型自我建构（dependent self-construal）而言的，拥有依存型自我建构的消费者注重自己与他人、群体的关系；相反，拥有独立型自我建构的消费者重视自身的特点与独立性，不那么注重与社会的联结。

洛夫兰等人邀请了43名荷兰的大学生参与这项研究。这些大学生被随机分入依存型自我建构组和独立型自我建构组。首先，两个组的大学生都看到一个有关战士选择军官的故事，但在细节上略有不同。独立型自我建构组的大学生会看到这样的故事：战斗即将到来，一个叫索斯塔亚斯的战士必须选择自己要跟随哪位军官。他选择了一位才华横溢的军官，这一选择对他本人有很多好处。在依存型自我建构组的大学生所看到的故事中，索斯塔亚斯选择了他的一位家庭成员担任军官，这一选择对其家族有很多好处。上述两个版本的故事成功地激活了这些大学生的独立型或依存型自我建构。

接下来，他们需要完成一些关于电影、汽车和录像带的决策任务，这些电影、汽车和录像带有的是怀旧商品，有的是正流行的非怀旧商品。根据研究者的假设，相比独立型自我建构组的大学生，依存型自我建构组的大学生应该更偏爱怀旧商品。研究者告诉他们，有20张电影DVD，其中10张为曾经很受欢迎的怀旧电影（如《泰坦尼克号》《黑衣人》等），另外10张为正流行的、研究开展不久前播出的电影（如《加勒比海盗》《达芬奇密码》等）。同样，这些大学生需要完成从怀旧与非怀旧的汽车和录像带中选择的决策任务。当他们完成选择后，研究者通过社会支持问卷及内隐任务测量其归属需要。

研究结果显示，两类自我建构通过影响归属需求进而影响这些大学生对怀旧商品的偏好。相比独立型自我建构组的大学生，依存型自我建构组的大学生在阅读了索斯塔亚斯及其与家人的关系的故事之后，脑海中关于情感联结的想法被激活，因此产生了更强的归属需要，也更倾向于选择能带来归属感的怀旧商品。

通过上述研究，洛夫兰等人验证了自己的假设——当人们的归属需要被唤醒时，会倾向于购买怀旧商品。然而，购买这些怀旧商品能增强人们与过去的联系吗？过往虽然美好，但再多的回忆也无法让我们回到过去。购买和使用怀旧商品是无意义的投入与对情怀的挥霍，还是能有效地提供心灵慰藉，安抚消费者的迷茫与焦虑的良策？

为了探究购买怀旧商品能否增强人们的归属感，洛夫兰等人又开展了一个研究，旨在检验消费者受损的归属感能否通过怀旧消费恢复。研究者通过社会排斥引发被试的归属需求——社会排斥使人们的归属感受到威胁，遭遇社会排斥的人理应对归属感有很高的需求。

洛夫兰等人邀请了 72 名荷兰大学生参与研究，这些大学生被随机分入社会排斥组与非社会排斥组。首先，告诉这些大学生，他们正在进行一个关于心理可视化与任务表现的研究，需要完成一个在线的传球游戏。该游戏由 4 名大学生共同完成，所以每个人都要和 3 名不认识的同伴一起玩传球游戏。事实上，3 名同伴并不存在，是电脑程序设置的虚拟角色。社会排斥组的大学生仅在游戏开始时接到了 3 次球，在之后的 29 次扔球游戏中，没有球扔向他们，他们只能眼睁睁地看着球在 3 名虚拟同伴之间传递。非社会排斥组的大学生则能接到 1/4 的投球。在完成传球游戏后，研究者测量了这些大学生的归属需求。在接下来的任务中，他们需要品尝一些饼干，一半大学生品尝的

第一章 揭秘常见营销策略

是怀旧品牌"露依小王子"的饼干，另一半大学生品尝的是非怀旧品牌"纳贝斯克"的饼干。在吃完饼干后，研究者再次测量了他们的归属需求。

研究结果显示，在吃饼干前，比起非社会排斥组的大学生，社会排斥组的大学生有更强的归属需求，这表明当人们感到被排斥，归属感会受到威胁，从而产生更强的归属需求。品尝完饼干之后，归属感的第二次测量结果显示，对社会排斥组的大学生而言，相比品尝非怀旧品牌饼干的大学生，品尝怀旧品牌饼干的大学生的归属需求更弱；而非社会排斥组的大学生无论品尝的是哪类饼干，其归属需求都没有差异。这意味着，品尝怀旧品牌的饼干能够弥补因遭到社会排斥而受损的归属感；但当归属感未受损时，怀旧消费就收效甚微了。

近年来，怀旧营销大行其道。从六神花露水《花露水的前世今生》的营销视频引起人们的怀念，到加大版旺旺大礼包首次推出10天内被预订近10万份，再到《致青春》勾起人们对回力球鞋的回忆，这些经典品牌强势回归，引发人们一轮又一轮的追捧。怀旧营销与紧跟潮流的热点营销有分庭抗礼的实力，有时甚至更胜一筹，因为那些曾经流行过的商品承载着整整一代人的回忆。此外，当商家争分夺秒地迎合热点时，热点元素很容易在网络上泛滥，慢了两步的品牌不见得能在热点营销中有所收获。但怀旧营销不需要如此分秒必争，对有故事的经典老品牌来说更适用、更友好。

怀旧营销之所以受到人们的大力追捧，也与当前的社会环境密不可分。在"信息很快，人心很远"的当下，许多人反而羡慕从前那个"车马很慢，书信很远，一生只够爱一个人"的年代。社会发展太快，变化太多，不安与迷茫使人们对归属感更为敏感。很多人强烈地希望能与他人建立情感联结，获得安全感与心理慰藉，而怀旧商品提供了一条让他们与过去的亲人、朋友重建联系的道路。通过放慢脚步，追忆往昔，人们逐渐安下心来。

小结

怀旧营销深受人们欢迎。在当下充满变化的社会中，为了弥补缺失的归属感，人们开始爱上怀旧消费，频频购买怀旧商品。

限时营销与限量营销的对决

人们总是声称自己喜欢便捷、省力、轻松、自由的购物体验。例如，喜欢24小时开门的便利店，因为在那儿随时都能买到自己需要的东西；喜欢随时随地拿起手机网络购物，因为只需要点几下就能在家中坐收五花八门的商品。然而，人们并不仅仅追寻极简的购物体验，许多商家发现，如果为购物设下一些小小的限制，让人们不那么容易买到商品，反而会增加购买意向。

越难得到的东西，人们往往越想得到。无限风光在险峰，险峰越难攀登，山顶的景色就越迷人；公司中晋升的名额越来之不易，员工越会努力争取。同理，那些打出"中国第一家××风味"旗号的餐厅，往往会吸引人们络绎不绝地排队品尝。

商家深谙"物以稀为贵"，它们会使用两种常见方法来营造某种商品难以买到的假象，即限时营销和限量营销。限时营销是消费者只能在特定的时间内购买商品，在其余时间无法买到；限量营销是提供给消费者购买的商品总数是固定的，如果销售出去的商品数已经达到预先规定的数量，消费者就无法继续购买该商品。

第一章　揭秘常见营销策略

限时和限量的营销方式在生活中屡见不鲜,人们常常会被吸引。我们会看到,街边小店的门口"最后三天清仓大甩卖"的横幅挂了整整一年,店内商品依旧丰富,一点也没少,消费者进进出出,门庭若市;超市中有琳琅满目的季节限定、节日限定的小零食和小饰品促销,虽然平时也能买到这些东西,但人们还是争相购买;"双十一"或"六一八"电商大促时,前××件半价的商品3秒内被一扫而空……消费者一边批评实行饥饿营销的厂商,一边疯狂地抢购这些限时或限量供应的产品。2017年,肯德基推出的全国限量300万份的"嫩牛五方"在短短10天内被抢购一空,就是此类营销手段的成功案例。增加一些限制能够给消费者带来巨大的刺激,这两种营销方式因而成为商家发布新品或开展促销活动时的法宝。

虽然限时和限量这两种营销方式一个限制的是时间,一个限制的是数量,但都是通过塑造商品的稀缺性吸引消费者。为什么人们认为"稀"就代表"贵"呢?稀缺的背后隐含着什么意义?

当人们认为某件商品或某个促销活动是一种稀缺资源时,就会在心中抬高它的实际价值。这是因为,一方面,珍贵的东西通常是稀少的,会被赋予更高的价值。例如,徐悲鸿的画作在拍卖行中的价格已达到上千万元一幅,1953年发行的十元人民币已经达到近30万元的价格。但人们有时会忽略,这些东西的价格之所以如此之高,是因为它们拥有极高的艺术价值或历史意义,并非仅因为数量少。

另一方面,购买稀缺的商品会使人们觉得,自己充分把握了机会,战胜了其他人,是很聪明的消费者。在购物时,人们不仅根据客观价值判断商品是否合算,而且会对比自己与他人购买的合算程度。限时营销与限量营销这两种向消费者暗示商品稀缺性的营销手段,会增加消费者之间的竞争感，刺激他们与他人对比，使其更想赢。此时，人们认为购买才合算，不买就会吃亏或会输，因而常常买得更快、更多。

简而言之，带有限制的营销策略会使消费者认为商品有更高的价值，促使消费者产生与其他消费者竞争的感受，从而增加消费者的购买意向。那么，限时营销与限量营销相比，哪个更胜一筹，更能促进消费者的购买意愿？

来自美国明尼苏达大学的阿加沃尔（Praveen Aggarwal）、韩国西江大学的宋友军（Sung Youl Jun）和韩国白石大学的钟浩（Jong Ho Huh）认为，限量营销比限时营销更有效，能够吸引更多的消费者购买商品。他们提出，限量营销和限时营销的核心差异在于消费者感受到的竞争感。限时营销不那么强调消费者之间的竞争，消费者只需在商家规定的时间内购买，无论想买该商品的人有多少，都不会影响消费者的购买行为；限量营销则给消费者带来了巨大的不确定感，每当他人购买了一件商品，该商品的剩余库存就会减少一件，消费者不能确定自己究竟在何时购买才能买到商品。因此，限量营销对消费者有更多的限制，消费者也倾向于认为，限量营销的商品更有价值，更特别，从而更愿意购买。限量营销还能给消费者带来额外的满足感——自己买到了其他人趋之若鹜、争相哄抢的商品，是多么值得自豪与夸耀的事啊！抢购该商品的难度越大，抢购成功后人们就会越满足。

为了检验限量营销与限时营销之间的效果差异究竟是否因消费者感受到的竞争感所致，阿加沃尔等人邀请了121名学生参与研究。首先，这些学生需要阅读一段一个虚拟促销活动的介绍，他们得知，此次促销的商品是Swatch手表。接下来，他们被分为三组，每组设

第一章 揭秘常见营销策略

置了不同的购买条件：限时条件、限量条件和无限制条件。限时条件组的学生看到印有"仅限 6 天"的促销海报；限量条件组的学生看到印有"仅限前 100 名"的促销海报；无限制条件组的学生看到的促销海报没有任何限制条件。阅读完，所有学生均需要评估自己购买 Swatch 手表的意愿和体验到的竞争感。阿加沃尔等人使用两道题目测量学生体验到的竞争感，分别是"如果其他人先购买该手表，我可能会失去的购买机会"和"在购买该手表时，有很多消费者与我竞争"。

结果表明，限量条件组的购买意愿最高，限时条件组次之，无限制条件组的购买意愿最低。也就是说，象征着稀缺性的限购策略使这些学生更愿意购买产品，而限量营销对支付意愿的影响优于限时营销。此外，研究者还发现，与稀缺相关的限制条件通过影响这些学生感受到的竞争感，对其产品购买意愿造成影响。当学生得知产品促销为限量活动时，他感觉在与其他消费者竞争，购买意愿达到顶峰；当学生得知产品促销为限时活动时，他体验到的竞争感有所下降，购买意愿也略有降低；当学生得知产品促销无任何限制条件时，他体验到的竞争感降至谷底，购买意愿也降至最低。

虽然限量促销能够帮助商家卖出更多的商品，更受商家的欢迎，但它并非有百利而无一害。正所谓成也萧何，败也萧何，问题的关键同样出在消费者体验到的竞争感上。来自美国亚利桑那州立大学的克里斯托弗森（Kirk Kristofferson）及其合作者麦克费伦（Brent McFerran）、莫拉莱斯（Andrea C. Morales）、达尔（Darren W. Dahl）开展了一项研究，揭示了限量营销的黑暗面。他们认为，"买一个少一个"的限量营销会激发消费者之间强烈的竞争欲，甚至会引发攻击性竞争行为，例如造成"黑色星期五"抢购时的推搡、踩踏事件。相对而言，限时营销不涉及消费者之间的直接竞争，不会引发消费者的攻击性竞争行为。

克里斯托弗森等人邀请了122名亚利桑那州立大学的学生参加研究，他们被随机分入以下五种情境中：限制数量情境、限制时间情境、非限制数量情境、非限制时间情境和无限制相关信息的情境。接下来，他们需要阅读苹果手机促销海报，内容为苹果手机开展促销，由零售价650美元降为50美元，但有一定的促销条件：在限制数量情境中，仅有3台打折的苹果手机可供售卖；在非限制数量情境中，有超过3000台打折的苹果手机可供售卖。与之相应，限制时间情境的折扣活动仅开展1天，非限制时间情境中的折扣活动会持续30天。无限制相关信息情境的海报中不提示促销的数量或时间限制。除了促销条件略有不同之外，海报的其余内容均保持一致。

阅读完海报后，这些学生需要完成一个电子射击游戏，该游戏用于测量他们的攻击性。在游戏中，他们需要以第一视角持枪和瞄准，射击移动目标，游戏得分依据是击中目标的数量及击中的准确性。也就是说，为了得到更高的分数，这些学生不应该肆无忌惮地发射子弹，而应该在保障准确率的前提下射击。在这种需要权衡数量与准确性的情境中，被试发射子弹的数量越多，就意味着被试的攻击性越高，因此，研究者将被试的射击次数作为攻击性竞争行为的测量指标。

结果显示，在射击游戏中，阅读了限量促销海报的学生发射的子弹数量最多；限时促销组的学生发射的子弹数量与非限时促销组学生发射的子弹数量相比，没有类似差异。也就是说，限量促销促使这些学生作出更多的攻击性竞争行为，限时促销则不会提高他们的攻击性。

第一章 揭秘常见营销策略

难道无法规避限量营销带来的攻击性竞争行为吗？采用什么办法能够减少甚至避免限量营销的负面影响，仅仅保留消费者之间的良性竞争？克里斯托弗森等人通过另一个研究探究了如何降低消费者在限量营销中感受到的竞争性，进而减少消费者的攻击性。他们提出，社会归属能通过增加与他人的相似性与联系感，促使人们更友好地对待他人，从而减少感受到的竞争威胁性。

他们邀请了 194 名被试参与研究。这些被试首先随机看到限量促销海报与非限量促销海报中的一张，这两张海报与先前研究中相应组别的学生所阅读的海报相同。接下来，被试阅读一个与其他消费者一起排队购买商品的情境的描述，其中一半被试得知，一起排队的消费者与其来自相同的城市；另一半被试得知，一起排队的消费者与其来自不同的城市。最后，研究者通过一个视频游戏选择任务来测量被试的暴力体验偏好，以检验阅读不同海报及处于不同社会归属水平的被试的攻击性是否存在差异。被试需要从七款任天堂游戏中选出他们现在想玩的两款游戏，被试选择的暴力游戏越多，就证明被试有越高的暴力体验偏好。

研究结果显示，与阅读非限量促销信息的被试相比，在得知一起排队的消费者和自己来自不同城市的低社会归属组的被试中，阅读了限量促销信息的被试表现出更高的暴力体验偏好；但在得知一起排队的消费者和自己来自相同城市的高社会归属组的被试中，限量促销信息组的被试未表现出更高的暴力体验偏好。这意味着，虽然限量促销信息会提高被试的攻击性，但人们体验到的社会归属感能够缓解此类感受。

在今天这个市场竞争日趋激烈的时代，多样化营销手段往往能够帮助商家吸引消费者，带动产品的销售，因此受到商家的欢迎。限时营销与限量营销都通过营造稀缺性，提高了商品在消费者心中的价值，增加了消费者的购买欲望。在这两者的对决中，限量营销因为更能激发消费者的竞争感而更胜一筹。但我们不能忽视限量营销的黑暗面，过强的竞争感可能会引发消费者的攻击性行为，反而得不偿失。商家在追逐利益，进行饥饿营销时，或许可以多费一点心思，增强消费者的社会归属感，从而避免攻击性事件如踩踏、推搡等的发生。

小结

物以稀为贵。限时营销和限量营销均通过塑造稀缺感，增加人们的购买欲望。其中，限量营销鼓励人们直接竞争，虽然这样做会激发强烈的购买欲，但容易引发攻击性行为，如发生踩踏、推搡事件，因而更须慎重。

免费试用的魔力与诅咒

"帅哥、美女！游泳健身了解一下，送你两张免费体验券！"生活中，消费者常常会遇到这种"天上掉馅饼"的好事，无论是满面笑容的商场促销人员邀请你免费试吃饼干、蛋糕等食物，还是新开业美发店里的理发总监托尼老师为你免费洗剪吹和做造型，都会强调"免费"二字，免费试用成为一种常见的营销策略。

商家会向消费者发放免费的产品或提供免费的服务，美其名曰让消费者"先体验，再购买"。这种营销策略看似商家在主动吃亏，毕竟消费者可以只试不买，但商家真的这么傻吗？实际上，这些商家很好地把握了人们的互惠（reciprocity）心理，促使人们购买自己的产品。

第一章　揭秘常见营销策略

互惠指人们在社会交往中倾向于回报他人给予的恩惠。来自美国科罗拉多大学波尔得分校的克鲁潘泽诺（Russell Cropanzano）和佐治亚大学的米切尔（Marie Mitchell）提出，有三种类型的互惠：相互依存的交换模式（interdependent exchange）、民间信仰与道德规范。

作为"相互依存的交换模式"时，互惠行为源于偶然的人际交换，一方的行为会导致另一方的反应。当一方提供帮助或者给予福利时，接受方也相应作出回应，即"投我以桃，报之以李"。对于那些为自己提供过帮助和给予过温暖的亲朋好友，我们常常心怀感恩，并在他们需要时伸出援手。即使是不熟的人向我们示好并给予恩惠，我们通常也不愿欠人情，白白占他人的便宜，而是更愿意礼尚往来，用实际行为回报他人的好意。

作为"民间信仰"的互惠则体现了人们对好人有好报的期望，正是因为笃信乐于助人的人在困顿时也会得到他人的帮助，人们才会主动付出并回报他人的恩惠。

也有人将互惠视作一种"道德规范"，如果人们白白接受了他人的付出却不回报，就会受到道德的谴责。为了让自己能够心安理得，人们会作出互惠行为。

无论是何种互惠，都能够让人们在未被强制要求的情况下，自愿付出些什么。许多商家从中窥探到商机，通过常旅客计划、积分返现、免费礼品等营销方式来回报消费者的支持。消费者也倾向于回报这些给予他们额外福利的商家，购买该商家的产品或忠诚于该品牌等。可见，免费试用具有神奇的魔力，能轻而易举地吸引消费者，在不知不觉中打开他们的钱包。

然而，免费试用有时也带来诅咒。这种利用人们互惠心理的促销策略并不总是受欢迎，尤其在消费者没有付出任何代价就能收获免费的产品或服务时，就可能会对"免费的馅饼"隐隐地感到不安，甚至担忧免费的背后潜藏着未知的代价。让我们回想一下，当促销人员、化妆品导购小姐、健身顾问热情地向你递上免费产品或体验券时，你会欣然接受他们的赠予吗？还是虽然不好意思拒绝，勉强收下，但心中有了负担？你是否会礼貌地拒绝免费试用，宁愿自己多花一点钱或时间来了解产品？如果你正是如此做的，你就正在为互惠焦虑（reciprocity anxiety）所困扰。

互惠焦虑是人们处于被要求互惠的情况时感到不适与焦虑的现象。为什么互惠这一被广为接受的社会准则会引发焦虑？消费者难道不喜欢互利共赢吗？其实，人们在接受需要回报的好处时所体验到的不适源自人们不愿意被迫付出。当商家提供免费试用时，本身就暗含着消费者体验后会购买商品的期望。商家故意利用互惠的社会规范带来的压力，将买与不买的自由选择变为必须购买的负担，而当消费者敏感地知觉到自己将被迫回报时，道德绑架的压力可能会令他们倍感焦虑。如果难以承担这种"恩惠"，消费者预期要付出很大的代价，或者消费者并不想提供相应的回报，就会带来更强烈的不适感。简单地说，"吃人家的嘴软，拿人家的手短"，为了避免"嘴软"和"手短"，消费者宁愿不吃和不拿。

互惠焦虑的产生不仅与情境因素有关，而且与个体因素有关。有些人能够心安理得地接受别人的帮助和商家提供的恩惠，即使自己的回报不如他人付出的多，也不会感到困扰，毕竟人情是你来我往，本来就难以算清。但有些人不愿意亏欠人情，不愿意接受他人的馈赠，

第一章 揭秘常见营销策略

甚至会因他人的主动付出感到不安与苦恼。来自中山大学的熊希灵及其合作者郭思远、顾莉、黄蓉和周欣悦编制了一份《互惠焦虑量表》（见表 1-1），他们将互惠焦虑分为两个相互关联的维度——互惠回避与互惠痛苦。互惠回避指人们有意回避互惠的情境；互惠痛苦指人们在互惠情境中或在预期将要遇到的互惠情境中感到不适或焦虑。《互惠焦虑量表》采用 5 点评分，1 分代表"非常不同意"，5 分代表"非常同意"，分数越高代表互惠焦虑越高。如果你好奇自己是不是一个有互惠焦虑的人，不妨自测一下。

表1-1 《互惠焦虑量表》

1. 如非必要，我不会向他人求助，以免亏欠人情。
2. 通常情况下，我不会接受他人的恩惠，除非我确定我能很快给予回报。
3. 如果一个人不能回报他人的恩惠，他/她就不应该向别人求助。
4. 如果我不能报答他人的帮助，我就会避免寻求帮助。
5. 当有人提出想要帮助我，如果我不能偿还恩惠，我通常会拒绝接受帮助。
6. 我常常犹豫是否寻求帮助，因为不寻求帮助我就能避免考虑我如何回报对方。
7. 当我接受他人的帮助时，我担忧应如何回报他人。
8. 我常常害怕我不能及时地回报他人的帮助。
9. 我担心如果我没有回报他人的恩惠，人们会如何想我。
10. 有时我觉得自己过于关注如何回报他人的恩惠了。
11. 当我亏欠别人时，我会感到焦躁不安。

在熊希灵等人的研究中，被试的平均分为 3.3 分。如果你的自评得分高于 3.3 分，你就可能是有互惠焦虑的人。

互惠焦虑如何影响消费行为？熊希灵等人邀请了 235 名被试参与关于互惠焦虑与消费者受助回避行为和报答互惠行为的研究。首先，被试阅读一段关于超市情境的描述："想象你在一家超市中，在你挑选完商品，准备结账时，收银员告诉你，她有一张优惠券，可以让你享受八折优惠。她希望你使用这张优惠券，你就可以购买更多的商品，折扣适用于你本次购买的所有商品。"阅读完,被试需要评估他们有多大可能接受这张优惠券,以衡量互惠焦虑是否会影响被试接受收银员提供的帮助。

接下来,被试阅读一段关于餐厅情境的描述:"想象你邀请朋友一起去一家不错的餐厅就餐。你们发现邻座的顾客结账时使用了优惠券,以折扣价格支付了餐费。服务员告诉你,通常你要在订餐前在线获得优惠券,但他可以帮你一个忙,免费给你这张优惠券。在吃完饭后,这个服务员向你强烈推荐餐厅新推出的甜点,这份甜点的价格略高于其他甜点。"随后,被试需要评估他们有多大可能会点这位服务员推荐的甜点,以衡量互惠焦虑是否会影响被试回报为他们提供过好处的服务员。在回答完上述两道题目后,被试填写《互惠焦虑量表》。

研究结果显示,互惠焦虑越高的被试越倾向于拒绝超市收银员提供的免费优惠券,也更倾向于点先前提供过优惠券的服务员推荐的甜点。也就是说,这种免费的优惠令高互惠焦虑的消费者感到不安,他们不愿意亏欠人情,不愿意接受无偿帮助,因而会尽可能抓住机会,完成互惠行为,付出回报后才感到踏实。可以看出,此类以"免费"为噱头的营销策略并非对所有消费者都有效,高互惠焦虑的人可能直接拒绝免费赠予。

利用人们心里的亏欠感换取销售额的营销方式能够给商家带来一时的好处,但不见得能带来长远的利益。互惠焦虑水平较高的消费者对被迫互惠的不适与厌恶感是否可能转变为对商家的不满?熊希灵等人开展了一个研究,进一步探究消费者的互惠焦虑与对提供过量帮助的商家的满意度之间的关系。

被试被随机分配到过度帮助或无过度帮助两种情境中。过度帮助组的被试阅读如下文字:"请想象你正在购物,一名销售代表向你走来,面带微笑地迎接你。你在商店购物的整个过程中,这名销售代表都非常关注你。她给你递上一杯饮料和一个装满小点心的盘子,还不断向你介绍她认为你可能想购买的商品。你没有在商店中找到任何你需要的东西,所以你没有购买任何东西就离开了商店。"无过度帮助组的被试阅读如下文字:"请想象你正在购物,一名销售代表在商店里,她迎接了你,然后转身做其他事情。当你向她求助时,她会为你服务,并在你询问时把商品递给你。你没有在商店中找到任何你需要的东西,所以你没有购买任何东西就离开了商店。"接下来,被试分别评估消费满意度以及他们在多大程度上愿意再次到该商店购物,在多大程度上愿意向朋友推荐该商店。最后,被试填写《互惠焦虑量表》。

很多商家甚至消费者都相信,热情的服务、免费的赠饮代表了关怀与温暖,会受到消费者的欢迎,事实却并不完全如此。研究结果表明,高互惠焦虑的被试在被过度帮助后,其消费满意度更低,更不愿意再次光临,也更不愿意向朋友推荐该店;但低互惠焦虑的被试出现了相反的结果,他们在过度帮助情境中的消费满意度更高,更愿意再次到店消费,也更愿意向朋友推荐该店。研究结果非常直观地展现了互惠焦虑的个体差异。互惠焦虑水平较低的消费者喜欢热情的服务员与免费的食物,但互惠焦虑水平较高的消费者会因此感到困扰,满意度也有所降低。

简单来说,高互惠焦虑者容易因内心的亏欠感而回馈得到的恩惠,但因此产生的焦虑等负面情绪会影响他们对商家的态度,对这群消费者实施免费试用策略将妨碍长期销售;低互惠焦虑者虽然不会因互惠情境而产生焦虑等负面情绪,但也难以产生亏欠感去回报得到的恩惠。

这就是免费试用等利用互惠原则的营销策略自带的诅咒——要么得不到消费者的回馈，要么得到了短期回馈却损失了长期利益。

理发店的托尼、健身房的私人教练、屈臣氏的导购，被消费者调侃为三大不敢与其对视的人群，这可能与消费者的互惠焦虑有着不可分割的联系。商家想利用消费者的亏欠感增加销量，却不知主动引发这种亏欠感其实是舍本逐末，适得其反。近期，屈臣氏开展店铺改革，向"去导购化"迈进，这意味着商家开始重新思量如何建立和维护与消费者的关系。

商家需要了解免费试用的魔力与携带的诅咒，深入思考如何利用互惠准则才能既提高消费者的满意度与忠诚度，又不限制消费者的选择自由，不破坏健康、愉悦的消费环境。

小结

人们遵循互惠原则，希望滴水之恩，涌泉相报。商家借此提供免费试用的商品，让人们产生亏欠感，促使人们花钱购买商品以回报商家。人们易因被迫回馈商家而感到焦虑，产生不满。免费试用虽有魔力，但携带诅咒。

优惠券：温柔的陷阱

我的一位学生是动漫模型爱好者。通常而言，一套动漫模型的价格在200—800元之间。这对没有收入的学生来说是一笔不小的开销，当遇到两个相似的模型但只能取其一的时候，他往往难以取舍，开始纠结。他曾跟我分享过一段收集模型的经历，令我印象深刻。

一天，他在网上商城找到了自己十分喜欢的"新安洲"模型——

第一章　揭秘常见营销策略

一款出自动漫《高达 UC》的机动战士模型，售价为 380 元。在他看来，无论是机械设计还是配色，这款动漫模型都非常完美，他决定将其收入囊中。然而，另一家店铺推出的一款"原石新安洲"模型同样吸引了他的目光。这个模型和"新安洲"模型造型非常相似，只是配色不同，售价为 400 元，不过，消费者可在店铺首页领取价值 20 元的优惠券。两款动漫模型的设计类似，价格差别不大，究竟选择哪一款呢？片刻纠结之后，他最终选择了售价 400 元的"原石新安洲"。

把玩着新入手的模型，他却有些后悔，因为此时他意识到，从配色上来说，自己更喜欢售价 380 元的"新安洲"模型。为什么当时自己会作出与自身喜好相反的选择呢？一番反思之后，他恍然大悟：这一切都是因为自己在不知不觉之中掉入了 20 元优惠券的陷阱。尽管购买两款动漫模型的实际价格完全一样——380 元，但因为优惠券的存在，他对"原石新安洲"模型产生了价格错觉，认为这个模型更便宜——只需 380 元，就可以买到原价 400 元的模型。

也许你会说，原价 400 元的"原石新安洲"模型很有可能比原价 380 元的"新安洲"模型质量更好，他的消费行为是理性的。我暂且同意你的说法。让我们先观察一下生活，看看优惠券是不是温柔的陷阱。

不知你有没有留意到，淘宝商城的购物节日层出不穷，数量越来越多，间隔越来越短，在任何时候，你几乎都能发现自己正在享受优惠。发放优惠券正是其中一种非常普遍的优惠方式。最有趣也最让人匪夷所思的是，多数商家的优惠券并非限时或限量获得，或需要运气才能抢到，而是一直放置在店铺首页，无论何时，只需点一点鼠标就能轻而易举地得到。

既然优惠券的领取既没有时间限制又没有数量限制,消费者可以在任何时间领到优惠券,优惠还有意义吗?你有没有想过,商品的实际售价究竟是多少?在动漫模型的事例中,"原石新安洲"模型的价格真的是商家标注的 400 元吗?两款模型有相似的设计和相同的实际售价,仅仅因为优惠券的设置,就让我的学生选择了第二款模型,甚至为此放弃了更喜欢的配色。

我很快意识到,这件事情并非个例,在我自己身上也时常出现。例如,前阵子我向身边的朋友抱怨自己的头发干枯且分叉,于是朋友推荐了两款护发精油。我上网了解这两款精油的具体信息,发现它们口碑都不错,质量也难分高下。作为资深选择恐惧症患者,我陷入了纠结。A 精油售价 80 元,B 精油售价 100 元,不过 B 精油所在的店铺"恰好"在发放优惠券,领取优惠券之后我只需支付 80 元就可买到。毫无疑问,最终我也因为"划算"而购买了 B 精油。在使用精油一段时间之后,我又上网浏览售卖 B 精油的店铺,本应在两星期前结束的"限时"优惠券活动果然没有结束,商家依旧在发放大量优惠券。好吧,又一个优惠券陷阱,我自嘲地笑了笑。

为什么看似简单的优惠券策略轻易地让消费者一次又一次地落入陷阱中?究其原因,是"划算"的心理在作祟,用心理学语言来说,就是交易效用(transaction utility)。

"交易效用"这一概念由美国芝加哥大学布斯商学院的塞勒(Richard Thaler)教授提出。他认为,消费者在购买商品时会同时获得两种效用——获得效用(acquisition utility)和交易效用(transaction utility)。获得效用的概念来源于标准经济学理论,它取决于某商品对于消费者的价值以及消费者购买该商品时支付的费用。

例如，消费者想买一瓶矿泉水，矿泉水本身对消费者的价值以及消费者为了获得这瓶矿泉水付出的成本就形成了获得效用。而交易效用更多地涉及消费者的心理因素，它指消费者购买商品的实际价格与该商品的参照价格之差。这里的参照价格有很多种形式，可以是商品的原价，也可以是消费者心中对商品价格的预期值，例如，某件羊绒大衣的价格标签上呈现给顾客的原价，或者消费者心中对一件羊绒大衣的预期价格。不管参照价格具体是多少，交易效用反映的都是消费者认为某次交易是否"划算"。

塞勒教授设计了许多经典研究来说明交易效用的确存在，以及它会如何影响消费者的选择。在一项研究中，塞勒教授招募了一批攻读工商管理硕士（master of business administration，简称MBA）的学生作为被试。这些学生都经常饮酒，对酒比较了解。他们被随机分配到两组中。第一组学生需要设想，在一个炎热的夏日，自己正躺在沙滩上，心里想着："要是能喝上一瓶我最喜欢的品牌的啤酒该多好啊！"这时，同伴表示可以帮忙带一瓶冰镇啤酒回来。沙滩附近只有一个出售啤酒的地方——一家高档的度假酒店。同伴说那里的啤酒可能卖得很贵，询问自己愿意花多少钱购买，还说如果售价高于能承受的价格就不买了。自己很信任同伴，同伴也没有与商家讨价还价的机会，此时自己会愿意出多少钱？另一组学生的任务与上述任务相同，只是把"一家高档的度假酒店"换成了"一家又小又破的杂货店"。

研究结果表明，如果同伴在度假酒店购买啤酒，这些学生愿意支付的价格中位数为7.25美元；如果同伴在杂货店购买啤酒，他们愿意支付的价格中位数就明显降低，仅为4.10美元。

经济学的"经济人"（economic man）假设提出，每个人都是理性的，在作出购买决定时，人们应该只考虑自身的需求和商品的价格，而不应该受其他因素的影响。沙滩上的学生渴望一瓶啤酒，无论是从高档酒店购买，还是从破旧杂货店购买，只要价格相同，对他们来说啤酒的获得效用应当是相同的。显然，如果同伴从高档酒店买来了啤酒，并索要 6 美元，他们会感到这次交易非常划算并因此开心不已；若同伴从杂货店买来啤酒并索要 6 美元，就会觉得这次交易非常不划算并感到郁闷和生气。这些情绪变化恰恰源于交易效用。

现在，让我们再回到购买模型和购买精油的例子中，我的学生因为爱好才购买动漫模型，我因为需要护发才挑选精油，因此，获得效用是购买行为发生的根本原因。两种相似的动漫模型都能满足动漫爱好者的需要，实际支付的价格也相同，对我的学生来说，这两款动漫模型的获得效用就应当相同。但现实情况是，当第二家商店将模型标价为 400 元时，消费者就会将 400 元作为参照价格，在领取 20 元优惠券后，售价变为 380 元，参照价格与实际支付价格之间相差的 20 元产生了交易效用。第一家商店的模型标价 380 元，380 元便成为参照价格，最终支付 380 元，两者相减等于零，未产生任何交易效用。因此，在获得效用相同的情况下，我的学生选择了交易效用较高的商品，我购买精油的事例与此相同。可见，很多时候，消费者的行为违反了"经济人"假设，理性是一种理想却遥不可及的状态。

交易效用可以是正向的，如优惠券，往往让人感觉购买某个商品划算；交易效用也可以是负向的，如花费 6 美元在杂货店购买啤酒会让人觉得吃亏。很多情况下，正向的交易效用为我们带来快乐，但并非所有情况下正向的交易效用都会产生积极的结果。

塞勒教授曾介绍了他的一位朋友——以色列希伯来大学巴尔–希

勒尔（Maya Bar-Hillel）教授的故事，生动地展现了交易效用可能带来的负面影响。巴尔-希勒尔来到商店，准备为家里的双人床选一床被子，她发现自己喜欢的被子正在打折出售。按照平常的售价，普通双人被的价格为200美元，豪华双人被的价格为250美元，超大豪华双人被的价格为300美元，而此时它们都只卖150美元。巴尔-希勒尔没有经受住"划算"的诱惑，选择了超大豪华双人被。在接下来的日子里，她不得不忍受超大豪华双人被带来的烦恼。由于被子的尺寸比床的尺寸大太多，被子总是耷拉下来，既不美观又难收拾。

塞勒教授凭借交易效用等研究获得了2017年诺贝尔经济学奖。可以说，他是当代最卓越的行为经济学家之一。然而，谁能想到，作为行为经济学的先驱研究者，塞勒教授曾一度被主流经济学家排斥。年轻的他在学习经济学多年后，清晰地认识到传统"经济人"假设的局限。在他看来，即使是随时谈论着"理性"的经济学家在生活中也常常作出非理性的行为，他曾调侃道："可见经济学是用来照亮他人的，但最后谁也没有被照亮。"于是，他转而与心理学家合作，探究人们的非理性行为，并产生了伟大的研究成果。

受到交易效用的引诱，购买自己并不需要的东西在生活中极其常见。如果你对这句话心存疑虑，不妨马上打开衣柜，看看里面是不是放着一两件因为抵抗不了打折带来的巨大交易效用的诱惑而购买，但几乎不曾穿过的裙子或大衣。如果你的衣柜里真有这样的衣服，就证明你没能成功抵制交易效用的诱惑。

多年前，你是否特别厌恶某些商店常年挂着"跳楼甩卖"的条幅？看到这些条幅，很多消费者都产生上当受骗的感觉——常年的甩卖就相当于没有任何优惠。绝大多数消费者已经能轻而易举地识破长期"跳楼甩卖"的真相，如今很少有商店会使用这种策略了。但仔细想想，电商推出的令人目不暇接的购物节，部分商家通过优惠券实现的"天天优惠"的策略，与常年"跳楼甩卖"的策略又有什么区别？不少消费者仍无法抵挡"划算"的诱惑，乐此不疲地追逐大大小小的购物节，买下大堆实际上并不优惠，也不需要的物品。

了解交易效用，你就能意识到，优惠券是商家设下的温柔陷阱。在面对优惠券时，不要仅仅因为看上去很划算就心动，要作出理性的消费决策。你需要抵抗交易效用的诱惑，仔细计算获得效用。

小结

交易效用是指商品的参照价格与实际支付价格之差。当商品的交易效用大于零时，消费者更可能购买。如标价1000元的大衣打折后以800元出售，消费者将1000元作为参照价格，用实际支付的800元与之比较，由此产生200元的交易效用，这会让消费者感到很划算。

"大白兔"润唇膏：跨界热潮下的奇特商品

"跨界"这个概念近来持续掀起热潮，各种品牌抓住这波机会，把跨界玩出了十八般花样。也许会迎来这么一天：你穿着印有某个中年大妈头像的时尚外套，洒上白酒味香水，走进酒吧点一杯花露水味的鸡尾酒。喝酒时，你的嘴唇不小心碰到了指甲，它们传来一股炸鸡的香味。喝完后，你抽出一支奶糖味润唇膏抹了抹嘴唇，感受到整间酒吧的人投来的灼灼目光。这不是什么魔幻现实主义小说想象出的情节，在跨界的热潮下，它完全可能成为现实。你相信吗？这段不可思议的文字里出镜的商品，全都货真价实地存在。

第一章 揭秘常见营销策略

从"大白兔"的奶糖味润唇膏到"六神"的花露水味鸡尾酒,再到"老干妈"的潮流卫衣和"肯德基"的炸鸡味指甲油,乃至"香奈儿"的耳机、"泸州老窖"的"顽味"定制香水……各类品牌跨越的已经不是几条小溪,而是整整一片太平洋。这些神奇的产品组合,有不少都卓有成效地抓住了消费者的眼球,引发疯狂追捧。拿"大白兔"奶糖味润唇膏来说,开售第一天,920支润唇膏被瞬间秒杀,在闻风而来的黄牛的炒作下,二手润唇膏的价格飞涨到300元一支。等到"六神"的花露水味鸡尾酒推出时,喝光里面的酒,单剩一只空酒瓶,都能在网上挂出400元高价卖出去。趁着这波跨界热潮,"大白兔"还在60周年巡展活动中推出了多款横跨各种领域的消费品,引得人们纷纷驻足(见图1-2)。

为什么这些看似异想天开的产品如此火爆?这离不开品牌延伸(brand extension)的作用。品牌延伸是企业、品牌打造自身形象并谋求进一步发展的重要战略手段,指通过将新产品与已有一定知名度的母品牌联系起来,利用母品牌积累的资产迅速建立新产品的身份和

图1-2 "大白兔"旗下的跨界商品

个性的营销策略。像云南白药集团本来的主打产品之一是创可贴，但它推出了延伸产品——云南白药牙膏。云南白药是受消费者信赖的止血消炎药品，享有不错的声誉，因此，云南白药牙膏上市后，消费者也将优质、好用的印象投射到牙膏身上，使这款牙膏取得了不俗的销售成绩。

虎父无犬子，厉害的母品牌能够带来大量资源，让子产品获益匪浅；反过来，创新的子产品也能让母品牌扩大影响力，有积极溢出效应（spillover effect）。溢出效应是指事物某方面的发展带动了其他方面的发展。就像世博会，它为上海带来的不仅仅是来参观的海量游客，还促进了上海的基础建设、投资、信息交流等多方面事业的发展。将这一效应引申到品牌的成长与发展上，便可以发现，品牌延伸能为母品牌带来诸多好处：一方面，新产品为母品牌拓展了市场，带来了新特质和新的消费者；另一方面，优秀的新产品也让母品牌"沾光"，提高了消费者对母品牌的评价。此外，这种脑洞大开的新产品还使消费者在未来更容易接受母品牌新的延伸和创造。

我们可以回顾一下"小米"的成长历程，看看品牌延伸在现实的企业发展中如何发挥作用。最初，"小米"只是一家凭借高性价比手机走天下的公司。后来，"小米"打造了众多延伸产品——小米扫地机器人、小米手环、小米蓝牙音箱等。这些子产品帮助"小米"打通了从学生到家庭主妇的广阔市场，母品牌的形象也由单一的手机厂商跃变为智能化科技创新公司。"小米"未来推出的新产品，想必也更容易得到"米粉"的追捧。

当然，并不是所有品牌都通过品牌延伸获得了好评。白酒味香水就远远没有奶糖味润唇膏卖得红火，"娃哈哈"曾经重金打造的"不含酒精的啤酒"格瓦斯，也逐渐销声匿迹。不是每个诸侯都能发展壮大，逐鹿中原，刘关张三兄弟齐心协力才把蜀汉推上历史舞台；类似地，品牌要打好品牌延伸这一仗，也离不开自身声誉、品牌延伸的适合度、创新获益这三兄弟的合作。

老大是品牌声誉（brand reputation），这最容易理解，是指消费者对母品牌的尊重程度。鉴于品牌的商业规模、产品质量、核心理念等，消费者看到一些品牌总会"敬它三分"。像苹果、可口可乐、阿迪达斯等都是享有很高声誉的品牌。

老二是品牌延伸的适合度（fit），被定义为延伸产品和母品牌在多大程度上相似且匹配。这个"匹配"不仅仅是具体产品属性和特点上的相似，还拓展到关注品牌之间的关联性。例如，花露水和鸡尾酒就属于八竿子打不着的组合，自然，这也意味着新产品和"六神"品牌本身的适合度不高；云南白药集团推出的创可贴和牙膏都有消炎止血的功能，存在一定的关联性，品牌延伸的适合度就相对较高。

老三是品牌延伸的获益创新度（innovative benefit）。品牌延伸不仅要考虑产品对于消费者的新颖程度，而且要考虑产品的有用程度。仅仅新奇却没什么用处的商品，消费者未必愿意购买。就像白酒味香水，适宜使用的机会着实不多，消费者多远观，但很少购买。创意不足就无法与本领域的已有商品区别开，只能带来普通的获益，消费者同样不会追捧。所以，要想提高获益创新度，产品既要有趣，也要有用。

这三兄弟要怎样组合，才能"成就大业"？来自美国康奈尔大学的春（HaeEun Helen Chun）及其合作者帕克（C. Whan Park）、艾辛格里奇（Andreas B. Eisingerich）和麦金尼斯（Deborah J.

MacInnis）为了搞清楚如何让品牌延伸达到最佳效果，精心设计了一项研究。首先，他们对品牌和延伸产品精挑细选，选取了"联想"和"宏碁"这两个电子产品品牌。预实验显示，在消费者心目中，"联想"的品牌声誉明显高于"宏碁"。延伸产品则是便携式导航系统和床单，这两种商品分别代表了与母品牌有高适合度和低适合度的产品。为了区分获益创新度的高低，研究者为不同产品准备了不同的描述：导航系统在高创新条件下被描述为附带通讯录和天气预报功能，在低创新条件下被描述为电池续航能力持久和重量轻；床单在高创新条件下被描述为具有温度感知和驱除微生物的功能，在低创新条件下被描述为棉和涤纶混纺材质以及适用于多种尺寸。综合品牌声誉、适合度和获益创新度这三个因素，研究条件分为 8 种。另外，研究者又增加了 2 种品牌的非延伸产品作为控制组。这些控制组不展示延伸产品，但仍然说明了延伸产品带来的各种好处。因此，最终有 10 个实验组。

318 名大学生参与了这个实验，他们被随机分配到 10 个实验组中。在研究中，这些大学生先对品牌进行一系列评估，包括母品牌的声誉、对母品牌的熟悉度、母品牌的功能和形象。接着，通过阅读一段文字得知母品牌（"联想"或"宏碁"）推出了一款新产品（便携式导航系统或床单），他们需要评估自己对这一品牌延伸计划是否感到惊讶。然后，他们看到了一份报纸摘录，这份摘录通过真实生活中的例子告诉他们品牌延伸带来的好处。了解这些信息之后，再次进入评估模式，被试阅读一些形容词，并判断这些词与母品牌及延伸产品之间具有多强的关联（例如，被试认为"宏碁"与"性能好"之间具有较强的关联，"宏碁"的延伸产品与"舒适"具有较强的关联），接着评估延伸产品的创新程度以及延伸的适合度。怎样反映研究中品牌延伸的效果呢？研究者测量了三个指标——延伸产品能在多大程度上增强被试对母品牌的联想（例如"宏碁"与"性能好"之间的关联），被试在多大程度上认可延伸产品为母品牌带来的新联想（例如"舒适感"），以及被试对低适合度新延伸产品的接受程度。以研究中用到的"宏碁"品牌为例，如果该品牌的延伸效果好，被试就会认为该品牌与其原本具有的特点——高性能——之间的关联增强了，而舒适感等"宏碁"本来没有的特点将被纳入"宏碁"的形象中，大学生也更容易接受该品牌在未来推出的太阳镜等新产品。

研究结果表明，这些大学生对品牌的熟悉程度、是否曾经使用过该品牌的产品以及感知到的品牌功能等因素，都未对品牌延伸效果有明显影响。重要的研究结果是，"三兄弟"通过不同组合带来了不同的效果。对于那些本来就享有高声誉的品牌，当延伸产品与母品牌的适合度低、获益创新度高时，品牌延伸达到了最佳效果。也就是说，对于"联想"这种大品牌，通过出售能感知温度和驱除微生物的床单来延伸品牌，能获得最佳的积极溢出效应。因为在低适合度下，大学生对新鲜的组合感到惊讶，被吸引着对创新产品的信息进行更深入的加工，从而更强烈地欣赏这种创新带来的效益，这使神奇床单在实验中好评如潮。值得一提的是，品牌延伸带来的新特质并不会冲淡消费者认知中这些强大品牌的核心特质，卖床单的"联想"依然是人们心目中那个优秀的高科技电子公司。

对于原本声誉较弱的品牌，高适合度、高获益创新度的延伸产品才能达到最佳效果。高适合度增加了消费者对这些弱势品牌提供创新获益的信任度。具体而言，"宏碁"推出导航系统很适合其原有定位和形象，使大学生更愿意相信该品牌在导航设备上提供天气预报和通讯录功能的创新能力,从而获得最佳的积极溢出效应。

由于"联想"和"宏碁"推出的都是功能性产品,为了进一步排除品牌形象的影响,研究者又做了一项研究。这次,他们改换到时尚领域,使用具有象征性产品形象的两种品牌,再次检验上一项研究的结果。他们选中了"阿玛尼"和"巴宝莉"这两款时装品牌。在研究地点——英国,"巴宝莉"的声誉不如"阿玛尼"。延伸产品选用了闹钟和床单。高创新度闹钟被描述为具有备忘录和数码照片展示功能,低创新度闹钟被描述为拥有多种铃声、操作简单。床单则沿用了前一个研究中的温度感知型和新混合面料型两种描述。研究依然从品牌声誉、品牌延伸的适合度和获益创新度三个维度出发,增加 2 个控制组,设置了 10 个组,邀请 289 名大学生参加了本次实验并将其随机分配到其中一组中。

研究结果完全再现了之前的结论。"阿玛尼"的带备忘录的闹钟和"巴宝莉"的温度感知床单分别获胜。可见,不论是"联想"这种主打功能性的品牌,还是"阿玛尼"这种更抽象和情感化的品牌,它们服从的品牌延伸规律都一样。

在后续的研究中,不论是模拟现实状况,让大学生了解商品信息后延迟一周再进行评价,还是将价格信息添加到延伸产品的描述中,这些变化都没能撼动"高声誉 + 低适合 + 高创新"和"低声誉 + 高适合 + 高创新"这两种黄金组合在品牌延伸中的优势地位。

有人可能会想到,也许是各种广告先入为主地让消费者认识到母品牌的厉害,才使其"不识产品真面目,只缘身在品牌中"。如果不事先告诉消费者,这是某名牌的延伸产品,等他们了解产品信息后再揭秘,品牌延伸的效果会不会消失?美国马里兰洛约拉学院的克林克

第一章 揭秘常见营销策略

（Richard R. Klink）和印第安纳大学的史密斯（Daniel C. Smith）回答了这个问题。在他们的研究中，被试分为先看到品牌组和先看到产品信息组，分别对"米其林""天美时"等名牌的延伸产品进行评价。结果，两个组的被试对产品的评价并没有明显的差异。只要有"米其林""天美时"的金字招牌，不论它们是在展示产品信息之前还是之后出现，品牌延伸的效果都稳健地存在着。可见，不论怎样呈现品牌名称、延伸产品具体属性信息，品牌延伸的效果都不受影响。

回到火爆的"大白兔"奶糖润唇膏案例，我们恍然大悟，这不正是品牌延伸的黄金组合的典型案例吗？"大白兔"本身就是国民级品牌，代表了许多人的童年回忆，其声誉不必多言。唇膏和奶糖乍看之下风马牛不相及，体现了延伸产品与母品牌之间的低适合度，奶糖味润唇膏也没有实验里的虚拟商品看起来那么具有创新性，但它依然是既有趣又有用、符合创新获益要求的产品。其品牌延伸策略大获成功，这款润唇膏成为爆款也就不奇怪了。

毫无疑问，在未来我们会见到更多的跨界尝试。大品牌在执行品牌延伸战略时，适合大步流星，花样百出；小品牌在执行品牌延伸战略时，适合小步渐进，画龙点睛。那些符合品牌延伸规律的产品将更有可能突出海量试水者的重围，再次点燃消费者的热情。

小结

品牌延伸的策略是将新产品与已有名气的母品牌联系起来，迅速建立新产品的身份和个性。高声誉品牌宜推出与母品牌适合度低、创新程度高的延伸产品；低声誉品牌宜推出适合度高、创新度高的延伸产品。

为什么我们会拒绝命令式广告？

生活中，广告无处不在。有些广告很委婉，以创意和情感取胜，例如"钻石恒久远，一颗永流传"。有些广告却很直白，如同大功率喇叭，不间断地宣传。我们很容易回忆起几条耳熟能详的广告："中国山东找蓝翔""只要998，某某产品带回家""要投就投中国人寿"……通过这些广为人知的口号，商家想方设法向消费者发出命令，期望消费者在简单、直接的指示下行动起来。这便是命令式广告（assertive advertise），它借助动词直接指示消费者实施特定的行为，给人一种"不容拒绝"的感觉。"赶紧出手""马上关注我们的公众号""给我买买买"，当这样的大字映入眼帘，颇有雷霆万钧的气势，压得人有些喘不过气来。

命令式广告是广告商惯用的手法，在广告市场盛行已久。据美国发行审计局统计，美国杂志中有72%的广告含有命令，平均每条广告中会出现两个命令式语句。可以说，消费者的一举一动都会有广告来指手画脚。

广告是一门艺术，离不开各种表达技巧。有些广告我们愿意看，甚至喜欢看，而有些广告我们瞟一眼就移开目光。命令式广告便是温柔不足、刚硬有余的典型示例。相信许多人都有这样的体验：当你多次在校园里收到"每天锻炼一小时"的健身房传单时，当你无数次在网页上听到"是兄弟就一起来《贪玩蓝月》"的台词时，当你打开电视，每每看到"收礼还收脑白金"时，你会"不忍直视"，一股强烈的反抗之情油然而生。你也许会告诉自己，"我绝对不会听这种广告的鬼话"，然后一脸冷漠地把传单塞进垃圾桶，或者关掉网页，更换频道。

第一章　揭秘常见营销策略

真实生活中的消费者不是士兵，不会把广告商当作长官言听计从。有命令就常常会有反抗，人们强烈地希望捍卫自己的自由选择权利，因此会反感这些强硬风格的广告——不仅无视它们，而且对传播者给予负面评价。正如我们关注公众号并获取优惠券后，下一秒立刻"取关"；走在大街上，我们对发大字报式传单的人避之不及，更不会阅读传单。

当我们厌恶和回避这类广告时，其实是内心出现了阻抗（reactance）。阻抗是保护个人选择自由的基础性动力，当人们的自由受到威胁时，阻抗就会自动产生。它可以带来强烈的反应，甚至使消费者对正确的医疗建议视而不见，宁可危害自身健康。在市场营销中，阻抗并不罕见。缺货、贴警告标签、广告等各类会让消费者觉得选择权受限的情况，都可能引发阻抗。

以某些生硬的环保广告为例，来自美国麻省理工学院的克龙罗德（Ann Kronrod）及其合作者格林斯坦（Amir Grinstein）、瓦休（Luc Wathieu）发现，命令式环保广告实属"好心办坏事"。他们设计了两条环保广告：一条是命令式的"为减少空气污染，一定要多乘坐公共交通"；另一条是较委婉的"为减少空气污染，可以考虑多乘坐公共交通"。在研究中，被试阅读其中一条广告，然后评估自己提高公共交通使用频率的可能性。结果显示，被命令的被试更不愿意接受这些环保建议。命令一出，人们只想保护自己，而不是保护环境。

关于消费者接受广告的效果，还有一个重要因素起潜在作用，那就是消费者与广告品牌之间的关系。良好的关系建立在消费者对品牌的承诺（commitment）上，有承诺的品牌关系是长久的，它意味着消费者与品牌之间建立了强大的联系，意味着消费者对品牌的喜爱、忠诚和更高的购买频率。这种联系不仅仅是物质上的，更是情感上的。对品牌有承诺的消费者会信任品牌，认为自己有义务支持品牌，甚至感到自己对品牌有亏欠而自愿掏腰包，这就是我们平常所说的"铁粉""死忠粉"。

乍看之下，人们一般会认为，"铁粉"出于对某品牌的承诺，应该更愿意接受来自该品牌的命令。然而，来自美国中佛罗里达大学的泽马克-鲁加（Yael Zemack-Rugar）及其合作者萨拉·G. 穆尔（Sarah G. Moore）、菲茨西蒙斯（Gavan J. Fitzsimons）通过一系列研究发现，事实并非如此。

泽马克-鲁加等人首先进行了一个研究，探究命令式广告对于有品牌承诺的"铁粉"和无品牌承诺的"路人"造成的影响是否有差异。首先，他们让被试确定一个与自己有承诺或无承诺关系的服装品牌，并从多个维度描述自己与这个品牌的关系。接着，被试观看一条植入其选定的品牌的广告，研究者记录被试观看广告的时间。广告分为两种：一种是非命令式广告，广告画面中显示品牌名称和"冬装造型2012"；另一种则是命令式广告，画面中除了品牌名称和"冬装造型2012"，还加了一句"现在就买"。看完广告后，被试评估自己对这条广告的喜好程度，并填写一个关于品牌承诺关系的量表，以检查对品牌承诺关系的操纵是否有效。被试最后还报告了他们购买所选品牌商品的频率以及服装类型。

结果显示，在不同研究条件下，被试的购买频率、购买商品的类型、观看广告时长均未对广告喜好度造成明显影响，但被试对广告的喜好度受到他们对品牌的承诺关系的影响。相比无品牌承诺的消费者，有品牌承诺的消费者更讨厌命令式广告，两者对非命令式广告的喜好度相似。此外，有品牌承诺的消费者更喜欢非命令式广告，而无品牌承诺的消费者对命令式广告和非命令式广告的喜好度没有明显差异。形象地说，"铁粉"看广告和"路人"看广告的感受其实差不多，唯一能明显降低消费者对广告好感度的情况来自"铁粉"遭遇命令式广告的时候：他们明显更讨厌喜欢的品牌的命令式广告。而"路人"感觉无所谓，他们对两种广告的喜好程度相差无几。

为什么会出现这种看似反常的现象？泽马克-鲁加等人认为，关键在于命令式广告带给消费者的内疚感和压力。在接下来的研究中，他们试着探究内疚感和压力在命令式广告的失宠过程中扮演的角色。他们将品牌领域从服装换到了零食，将广告词从购买命令换成在社交媒体上关注品牌的命令，例如"在微博上关注我们品牌"。这次，泽马克-鲁加等人测试了被试因不服从广告的命令而感到内疚的程度，以及被试感知到应该遵守命令的压力大小，其他实验程序保持不变。通过分析，他们发现，对品牌有承诺的消费者体验到了更强的内疚、更大的压力，进而对广告给出了更低的评价。可见，正是内疚感和由此引发的压力，共同搭建了命令式广告使消费者厌恶的桥梁。说得形象点，"铁粉"没有遵从品牌的要求时，感受到的内疚程度与路人消费者不是一个级别的。

消费者与品牌间的忠诚关系包含着强大的服从准则，也正因如此，命令式广告为忠诚的消费者制造了更大的压力。如果他们忽略了这些命令式信息，就会认为自己未遵守承诺，违背了信任关系，为此深感内疚，产生了更多的压力，这会导致对广告和品牌的喜好度降低，也使得消费者更少购买这些品牌的产品。

通常，在人际关系中，内疚感会提升人们的依从性，帮助人们修复关系、保持和谐。但到了人与品牌的关系中，内疚感可能产生截然相反的作用。如果品牌令消费者感到内疚，消费者会立刻开始怀疑品牌的意图。也许我们体验过，一个人对某样事物"粉"得越深，一旦转"黑"，便会"黑"得越厉害，正如"爱之深"后面连着的是"恨之切"。品牌毕竟是商业化的，其终极目标是获取利益。因此，消费者可能会认为，造成自己内疚和压力的源头是品牌的商业利益目标，而不是品牌对彼此间关系的真正关注。品牌的命令式广告被视为一种公开的说服企图，引起消费者的怀疑，激活消费者的"阴谋论"模式，使其感知到品牌试图操纵自己，增加了阻抗。这些推论都意味着，命令式广告伤得最深的可能是对品牌最忠诚的那批人。

除了内疚感和压力，被试会不会因为对品牌的广告方式本来就存在某种期望，进而因广告类型不符合自己预期的形式而产生厌恶感？为了排除这种假设，研究者进行了后测。他们换用了多种广告词，让被试评估这些广告词是否典型，是否符合自己的预期。得出的结论是，不论被试选择什么品牌，其对广告方式的期望与广告类型都不会产生共同作用，从而影响对广告的喜好程度。

命令式广告就这样被忠诚的粉丝判处极刑，没有挽回余地了吗？研究者又设计了几个研究来探究如何减弱命令式广告的负面影响。

在新的研究中，研究者用不同的方式改良了原本生硬的命令式广告词，在保留行动指示的基础上更换了表达方式：第一招，有礼貌地"请"你买。在这版广告中，研究者加入了"请"字等礼貌性表达，期望在给消费者施加压力的同时，通过礼貌来表现尊重、体贴，提高消费者的顺从度。第二招，减少蛮横的指示。研究者换用了不那么直白的指示形式，例如，将"买买买"换成"这是个购买的好机会"，期望用相对委婉的指示减少消费者的阻抗。研究流程保持之前的模式，被试被随机分配，接受以下四种广告类型中的一种：命令式广告、"有礼貌"的命令式广告、"委婉"的命令式广告、非命令式广告。我们可以将它们分别形象地理解为："买买买""请买吧""这是购买的好机会""新装上市"。结果显示，礼貌的广告并没有效果，"请"不动消费者；但委婉的"好机会"成功打动了消费者，降低了阻抗，提高了评价。

研究者还通过后续研究进行了五花八门的广告改造。他们尝试在广告词中强调忠诚，例如，"为了我们而买"。这种表述增强了消费者从忠诚关系中感受到的内疚和压力，自然，也让他们更厌恶命令式广告。这进一步验证了内疚和压力是消费者不喜欢命令式广告的重要原因。在另一种情况下，如果消费者在看完广告后回顾和肯定自己与品牌间的积极关系，就能够增强他们对这种关系的信心，降低对命令式广告的厌恶。

从泽马克-鲁加等人的一系列研究中，广告商应该学到教训：虽然命令式广告简洁明快，但它们非但不能走进消费者的心中，还会戳痛消费者。即使不听从这些命令并没有实际的负面后果，消费者仍然会感受到压力并开始阻抗。事实上，我们回忆中那些耳熟能详的命令式广告，几乎从来不是因为好评而让我们记住的，反而是由于它们的高出镜频率和直白粗犷的语言，以及唤起我们的种种负面情绪，才令我们印象深刻。

消费者不会铁石心肠，只要广告把故事讲舒服，讲述方式动人一点，他们都更容易、更愿意买单。忠诚的核心消费者是品牌最宝贵的资产之一，能获得他们的支持是品牌的幸运。对于这个群体，哪怕你试图强硬地命令他们,只要稍微包装一下"买买买"式文案,委婉地号召消费者,甚至把品牌与消费者间的关系搬出来回味一番,都能够降低命令式广告带来的不爽,不让消费者轻易"脱粉"。在大力推广产品的同时,品牌绝不应该忽视这些"铁粉"的感受。失去一群"铁粉"带来的损失,可能远远不是几句命令式广告刷屏的收益能够弥补的。

小结

命令式广告直接下达行动指令,容易激发人们的阻抗与反感。忠诚于广告品牌的消费者最易受此影响,因自己的不服从行为感受到内疚和压力,降低对品牌的好感;普通消费者受到的负面影响较小。

颜值是一把双刃剑

在这个看脸的时代,颜值是每个人都格外在意的属性。美,是一种享受。美女与俊男带来视觉盛宴,总免不了让人回头多看两眼;有美感的商品同样令人愉悦,可以牢牢吸引人们的目光,正如在一片理工科风格的格子衬衫中,拥有一件潇洒的英伦风衣就可以鹤立鸡群。

在大众看来,商品那么漂亮,应会更愿意为之留步并打开钱包;美是如此重要,以至于美学上的优势可以有效激励人们去购买。营销人员因此开始改变策略,越来越多地通过产品外观设计之美诱惑人们。我们可以看到,高颜值商品层出不穷,朴素的作业本蜕变成充满复古感的牛皮笔记本,普通的夹心糖变身为晶莹剔透的琥珀糖,传统的鸡尾酒升级成梦幻又浪漫的星空鸡尾酒(见图1-3)。

不过,美也是一把双刃剑:有人入手高颜值商品后立刻开心地体验,有人宁愿盯着这些"艺术品"发呆,因为它们太漂亮了,让人不

图 1-3　高颜值商品

舍得使用。翻着从封皮到纸张都充满文艺气息的高雅笔记本，你不愿意在上面留下任何一道笔迹，于是它只能一直躺在抽屉里；看着一杯荧光闪烁的星空鸡尾酒，你担心自己会迅速喝干整个银河系，每次只肯小酌一口，于是它的星光慢慢沉淀，变得黯淡；望着一罐五彩斑斓的琥珀糖，你不忍让那些高贵的宝石消失，吃掉一颗就盖上盖子，于是它们逐渐融化。

　　我们可以想象这样一个典型的"颜值妨碍使用"的例子：你在蛋糕房里相中了一个做工精致、造型生动的小猪蛋糕，它宇宙级的颜值让你当即慷慨解囊。当你回家拆开包装，掏出餐具，准备享用美味时，却不忍心把刑具般的刀叉插进小猪的身体，仿佛这样就杀死了一件栩栩如生的艺术品。你挣扎了好久，最后，爱美之心战胜了贪吃的嘴，你把这个小猪蛋糕"供"了起来。于是，蛋糕失去了最大的价值，你宁愿等它变形、融化，也不愿让它完成作为食物的使命。

　　类似现象在心理学家的研究中得到了再现。美国亚利桑那州立大学的吴（Freeman Wu）及其合作者进行了两个现场研究来检验颜值是否会妨碍消费者使用商品。在第一个研究中,他们选定了一家健身房,将其洗手间里的普通卫生纸换成有印花的卫生纸。结果令人捧腹:平时,人们上一次洗手间平均要用 6 张普通卫生纸;但换成印花卫生纸后,人们开始爱惜物品,每次只用 3 张印花卫生纸了。

这个卫生纸研究或许还无法说服你,接下来研究者又抛出一个来自实验室的证据。吴等人招募被试吃蛋糕,他们告诉被试,这个研究的目的是探究哪些食物最适合在看视频时吃。他们准备了两种蛋糕,一种是普通的糖霜蛋糕,另一种是精美的玫瑰糖霜蛋糕。研究开始后,被试被随机分到普通蛋糕组或精美蛋糕组中,先评估自己的饥饿程度,然后边看视频边吃蛋糕;蛋糕不限量供应。视频看完后,被试评估自己对蛋糕的喜爱程度并估计其价格。研究结束后,研究者收集被试吃剩的蛋糕"残骸"称重,对比研究开始前蛋糕的形态,获知被试吃了多少蛋糕。结果显示,吃普通蛋糕的被试胃口大开,吃精美蛋糕的被试却有所收敛,他们吃掉的蛋糕明显少于普通蛋糕组。而且,不论被试有多饿,精美蛋糕的颜值都明显发挥了作用,成功抑制了被试的欲望;普通蛋糕在饥饿的被试面前则充分发挥美食的魅力,被吃掉很多。

通过卫生纸研究和蛋糕研究,我们可以感受到颜值的神奇魔力。"美到下不了口",这究竟是怎么回事?研究者认为,有两条路把消费者引向这个美丽陷阱。

其一,消费者认为,商品的颜值高意味着生产者在制造它时付出了更多的努力。在消费之前,消费者担心会破坏这种努力的成果。消费者对美的欣赏,也是对其背后付出的努力的欣赏。根据归因理论(attribution theory),人们总是会寻找事件发生的原因。是什么让商品如此美丽动人?消费者往往没有严谨地思考,而是凭直觉作出推断,认为这些商品的设计、生产过程中饱含匠心与汗水。我们常说要"创造美","创造"这个词本身就意味着智慧的火花和思维的奔涌,可见,在我们心目中,美和努力密不可分。

其二,在消费之后,商品的美观程度因使用而受损,消费者认为自己的消费行为使商品的美感下降,产生更多的负面情绪。对于非耐用型商品,消费就意味着破坏商品原先的美丽外观。例如,一块小熊造型的肥皂本来很萌,但随着不断使用,它的身体渐渐融化,熊脸被抹花。消费者这时会明显地感觉到,是自己让它的颜值暴跌,因而感到遗憾、难过。在对待非耐用型商品时,消费者会更不敢轻举妄动。

为了更深入探究,吴等人又进行了这样一个研究:被试想象自己在一家烘焙工厂边吃早餐边工作,此时,他们不小心碰翻了咖啡,咖啡流到了文件上,得赶紧想办法清理。柜台上放着纸巾,被试可以使用这些纸巾来清理。研究者为不同组的被试提供了不同类型的纸巾。一半被试可使用普通的白色纸巾,另一半被试可使用印花纸巾。随后,被试需要回答他们有多大可能性使用纸巾来清理咖啡,以及他们将使用多少张纸巾。最后,请被试评估在制作这些纸巾的过程中生产者付出了多少努力,使用这些纸巾在多大程度上破坏了他人的努力,以及自己愿意为一包纸巾支付多少钱。

研究者发现,被试在使用印花纸巾时更谨慎,使用的可能性和数量都更低。预想中的第一条路径果然出现了:被试明显感觉到,印花纸巾含有更多的努力成本,使用印花纸巾破坏了努力的成果。可见,在高颜值商品身上,努力程度通过强大的存在感打压了消费的念头。

那么,第二条路径"美观程度因消费而受损"是否存在呢?吴等人接着做了一个研究,他们在打翻咖啡的情境基础上改编了研究材料:

被试先看到纸巾的图像并评价它们的美观程度，接着读完打翻咖啡的场景描述，最后看到用于清理的纸巾沾满咖啡的惨状。这时，邀请被试对浸透了咖啡的纸巾进行审美评价，然后评估使用纸巾清理咖啡时内心经历的负面情绪（例如紧张、后悔、内疚等）的强度。

结果显示，使用高颜值纸巾清理咖啡的被试体验到了更多的负面情绪；高颜值纸巾在使用过程中，其颜值大大下跌——在用它清理咖啡前，被试认为它明显比普通纸巾美，但使用后，它与普通纸巾一同沦为垃圾，不再有任何审美上的优势。研究者分析，颜值暴跌正是导致消费者产生负面情绪的罪魁祸首。至此，通向"美丽陷阱"的两条路径都被探索出来。

研究者由此推论：如果能让消费者相信，制作高颜值商品并不费力，自己的消费也没有破坏他人努力的成果，也许就能使消费的车轮重新转动。针对这个假设，吴等人补充了一个研究，试图填上"美丽陷阱"。这次，他们依然采用打翻咖啡的故事，不同的是，他们让被试观看两种纸巾——漂亮的绿松石色纸巾和普通的白色纸巾——的图片。控制组的被试直接选择将用哪种纸巾清理咖啡；实验组的被试则被告知，曾经有同事透露，生产绿松石色纸巾实际付出的努力和成本都更少。然后，所有被试都评估纸巾的成本。

研究者发现，被试想当然地推测努力程度时，有 80% 的被试选择使用普通白色纸巾，只有 20% 的被试忍心使用绿松石色纸巾；一旦这种推测被打破，被试得知绿松石色纸巾更易生产，63% 的被试欣然选择使用高颜值的绿松石色纸巾，此时颜值终于失去了魔力。

并不是所有的美都意味着精巧的设计、更多的努力。就像北欧风家居，正是因为简洁的设计才体现出其美学概念，这样简洁、好用的

第一章　揭秘常见营销策略

简单美不像精雕细琢的美那么脆弱，不再使消费者望而却步。

当然，想要美起来，还有别的路线可以走。美国波士顿学院的年科夫（Gergana Y. Nenkov）与佛罗里达州立大学的斯科特（Maura L. Scott）发现，和束缚消费者的高颜值相比，"萌萌哒"之美反而可以提高消费者的购买动力。

一些商品能展现异想天开式可爱（whimsical cuteness），例如外形为卡通笑脸的勺子、小动物张嘴造型的订书机。需要注意的是，这种有趣的"萌"与亲切的"萌"不同，后者指幼儿式可爱，往往与关爱、脆弱等联系在一起。使用异想天开式"萌系商品"会激发对乐趣的关注和追求，提高消费者的自我奖励（self-reward）倾向，进而导致"任性"的消费。也就是说，看到有趣的"萌系"商品时，消费者的玩乐之心被激活，更容易放纵自己。

在年科夫与斯科特的研究中，被试受邀参加"冰激凌口味测试"，他们先报告自己的饥饿程度以及对冰激凌的喜好程度，并随机获得一个普通的勺子或一个卡通人物造型的"萌系"勺子。接着，被试来到一个冰激凌罐子前，想吃多少就用勺子舀出来，然后在接下来的 10 分钟里边观看风景视频边吃冰激凌，最后点评冰激凌的颜色和口味。实验结束后，研究者检查冰激凌罐子的重量变化，结果不出所料：用"萌系"勺子的被试吃掉了更多冰激凌。在后续的实验中，研究者换用了包括订书机、电影海报等在内的多种商品，都成功复制出这种现象，并发现被试在使用"萌系"商品时，在测量自我奖励水平的量表上得分更高。而一旦"萌"仅仅是小朋友式的亲切"萌"（例如小熊饼干），离开了乐趣与花样，就不再起到促进消费的作用。通过这一研究可以发现，人们往往把乐趣与内在的奖励联系在一起，所谓的"好玩"能够给消费者提供享乐价值，"萌系"商品因为有趣而刺激消费。

回顾在前文中见识过的各种"美"，我们可以这样总结：美的商品有时让消费者望而却步，有时让消费者欣然行动。把颜值系商品与"萌系"商品对比，虽然两者给人的第一感觉似乎都是"美"，"美"法却大不相同，内里乾坤相去甚远，最终走上了不同的道路。现在，我们可以试着回答：这么漂亮的商品，我们舍得用吗？答案可想而知：若被它的精美折服，便会有所顾忌而"不敢用"；若被它的可爱逗乐，便会心花怒放而"使劲用"。

小结

人们认为生产颜值高的商品需要付出大量努力，会因不愿破坏它而不敢消费，并因商品的颜值随消费过程下降而体验到负面情绪。外观有趣、可爱的商品能让人们更关注玩乐，提高自我奖励的可能性，从而促进消费。

为什么"双十一"的开抢时间是凌晨？

2009年，淘宝商城的首届"双十一"购物狂欢节一炮走红，渐渐地，全网电商都加入了这场狂欢。现在，"双十一"俨然成为一场全民大狂欢，也是商家冲业绩的最佳时机。"双十一"的成交量年年攀升，2019年的11月11日，淘宝商城的成交量达到2684亿元。

有趣的是，每年"双十一"的抢购时间都被设置在零点。为了抢购心仪的产品，消费者总是强忍困意，等着零点的到来。淘宝商城为什么要无视消费者的困倦，将抢购起始时间设置在凌晨的起始点呢？你可能会说，因为零点标志着一个自然日的开始，11月11日从零点开始,抢购时间当然也要从零点开始。不可否认,这的确是原因之一,但事情没有这么简单。

零点开抢暗藏何种玄机?在给出答案前,让我们先思考两个问题。

当你特别累的时候,是否觉得自己的脾气不易控制?很多人都有这样的体会:身心疲惫时,我们会因为一件小事而暴跳如雷,也会为一两句话与亲近的人拌嘴。

你是否记得电视剧里经常出现的老套情节?平时注重控制饮食热量的女主角在失恋后一反常态,边哭边疯狂吃高热量的巧克力和薯片,又约上闺蜜,潇洒地走进商场,把以前想买但嫌贵的东西全都买下来,最后提着"战利品"高兴地回家。

这两个例子和"双十一"的开抢时间有关系吗?大有关系!心理学家将控制冲动和管理欲望的心理资源称为自我调控资源(self-regulatory resource)。自我调控资源好像一个蓄水池,其容量是有限的。如果人们调用这种资源用于某件事,就可能导致库存减少甚至见底。当人们需要再次调用自我调控资源时,会发现库存不足,无资源可用了。以蓄水池为例,刚蓄满水时,水量充足。要洗衣服、洗菜时,人们都可以从水池里取水。渐渐地,水池中的水越来越少,终有一时,水池里的水全都用尽,此时人们只能望"池"兴叹了。心理学家把"无水可用"的状态称为自我损耗(ego depletion),它是指人们的自我调控资源已经耗尽,没有资源可被调用的现象。

如何证明自我调控资源是有限的?来自美国佛罗里达州立大学的鲍迈斯特(Roy F. Baumeister)及其合作者进行了一项有趣的研究。他们把被试分成两组,一组被试需要吃难吃的胡萝卜,另一组被试比较幸运,可以吃美味的曲奇饼干。紧接着,所有被试都需要解几道很难的几何题目，不过他们可以随时放弃解题。研究者发现，吃胡萝卜组的被试很快就放弃了，平均而言，他们只坚持了 8.35 分钟，而吃曲奇饼干组的被试更坚韧不拔，他们足足坚持了 18.90 分钟。为什么两组被试会表现出如此大的差异？这是因为第一组被试在强迫自己吃胡萝卜的过程中，消耗大量自我调控资源，等到解几何题时，这些被试的自我调控资源就捉襟见肘了，因此，他们的自我控制能力大大降低，很快就放弃了。而第二组被试在吃曲奇饼干的过程中没有消耗自我调控资源，这就使得他们在面对几何题时能充分调用自我调控资源，表现得更坚韧不拔。

在第二项研究中，鲍迈斯特等人招募了另一群被试，给他们看喜剧片。研究者告诉其中一部分被试，他们在看喜剧片的时候可以自由地表达自己的情绪，想笑就笑，但告诉另外一部分被试，看片子时不准笑，也不准与他人交流。看完喜剧片之后，所有被试依旧要解几道很难的几何题目，他们可以随时选择放弃。结果表明，那些想笑却不能笑，又不能与人交流的被试，在控制情绪的过程中消耗了大量的自我调控资源，因而在随后的解题任务中早早放弃。而那些可以自由表达情绪的被试由于保存了足够的自我调控资源，在解题任务中坚持了更长时间。

在消费领域中也存在相同的情况。当消费者的自我调控资源余量不足时，他们更容易作出冲动性消费行为，例如购买计划外或超出预算的商品。美国明尼苏达大学的福斯（Kathleen D. Vohs）和费伯（Ronald J. Faber）为我们展现了自我调控资源如何影响冲动消费。在研究中，被试需要观看一段时长为 6 分钟的视频，但是视频没有声音，视频中一位女士正在接受采访，屏幕底部出现了一系列常见的单音节词，例如 play、tight、greet 等。研究者要求一组被试不要阅读屏幕底部的单词，如果发现自己正在阅读，必须马上停止并把注意力集中到视频中接受采访的女士脸上。很显然，这一任务大量消耗了被试的自我调控资源。研究者告诉另一组被试，他们可以随心所欲地观看视频。对这一组被试而言，看视频任务没有过多地消耗他们的自我调控资源。在视频播放结束后，研究者给被试呈现 18 种商品的图片，要求被试回答他们愿意为每种商品支付多少钱。

结果表明，可以随心所欲观看视频的被试在出价时拥有足够的自我调控资源，因此他们能够打败心中的魔鬼，抑制住出高价的冲动，最终给出的价格较低。那些不能阅读视频中单词的被试由于在看视频任务中消耗了大量的自我调控资源，在出价时自我调控资源不足，无法很好地控制自己的行为，便倾向于出价更高。

这种冲动性在真实的消费情境中依旧存在吗？为了解决这一问题，福斯和费伯进行了第二项研究。他们用美国哈佛大学韦格纳（Daniel M. Wegner）设计的"白熊范式"来消耗被试的自我调控资源。在这个范式中，研究者要求被试报告脑海中的想法，无论他们想到什么都需要大声说出来。之后，任务难度有所升级，研究者告诉被试不准想白熊，如果想到了就需要按铃报告。尽管有令在先，被试仍然忍不住想白熊，在 5 分钟内，被试平均每人按铃 6 次。

福斯和费伯套用了"白熊范式"，要求一组被试不能想白熊，每当他们想到白熊时就需要在纸上记录下自己的想法；另一组被试可以思考任何事情，包括白熊，同样，他们也需要记录下自己的想法。在控制自己不想白熊的过程中，第一组被试的自我调控资源被大量消耗。

白熊任务结束后，每位被试获得 10 美元，他们进入模拟的购买环境。福斯和费伯告诉被试,这是一家书店的调研活动,书店希望了解消费者的购买意愿。然后向被试展示 22 种商品,这些商品分属多种类型,从口香糖到咖啡杯,价格有高有低。被试可以什么都不买,也可以购买任何商品。福斯和费伯发现,经历过"别想白熊"折磨的消费者更轻易地将钱花了出去,他们花了更多的钱购买更多数量的商品。研究结束后,被试需要评估自己的购买行为在多大程度上被诱惑驱使。冲动消费的被试此时恍然大悟,惊觉自己像着了魔一般,被诱惑着购买了许多商品。

福斯和费伯认为,情绪耗竭也会消耗自我调控资源,促使消费者冲动购物。在第三个研究中,为了不让被试察觉研究目的,福斯和费伯告知被试,此次研究希望探讨人们在工作时如何朗读材料,因此,被试的任务是大声朗读研究者提供的材料。材料源于一本科学家传记,内容几乎不包含情感信息。一组被试自然地大声朗读段落,另一组被试则被要求在大声朗读时要展现夸张的面部表情,并使用丰富的手势来表达快乐和热情。很显然,相比第一组被试,第二组被试需要刻意监控自己的表情、行为和情绪,会消耗大量的自我调控资源。

朗读任务结束后,被试获得 10 美元。此时,摆在他们面前的有 8 种标明价格的食物,包括健康的麦片棒以及不健康的甜甜圈等,被试可以用手头的 10 美元购买这些食物。结果正如研究者猜想的那样,情绪消耗的被试花费了更多的钱购买了更多商品,但是对于选购商品的类型,两组之间没有差异。这就是为什么人们过于兴奋或者过于悲伤的时候,更易作出冲动消费行为。

吃胡萝卜、看视频时控制注意力、强迫自己不想白熊和富有感情地朗读材料,这一系列需要调用自我调控资源的任务消耗了人们本就

第一章 揭秘常见营销策略

有限的自我调控资源，导致人们在随后的任务中难以控制自己，作出缺乏自控力的行为，例如早早放弃解数学题和冲动购物。

现在，你知道为什么"双十一"的开抢时间要设置在凌晨了吧？在每年的11月10日，你上了一整天的班，听了一整天的课，抑或照顾了一整天的孩子，这些都是极度消耗自我调控资源的事件。到了晚上，你疲惫不堪，自我调控资源严重短缺。此刻，你多想马上睡觉，却又割舍不下购物车里的那些宝贝。事实上，消费者越是想睡觉，越是被商家的圈套套牢。消费者的购买决策往往是商品的诱惑与自我控制能力之间不断搏斗的结果，凌晨时消费者实在太困了，自我监控资源已经消耗殆尽，自控力异常薄弱，此时，购物的冲动轻而易举地突破自控力的防线，消费者鬼使神差般把购物车里那些平时想买又不舍得买的商品统统收入囊中。

商家深谙此道，他们知道，如果在白天游说消费者买买买，他们只能说服一些自控力较弱的消费者，对那些自控力较强的消费者无能为力。一旦将抢购开始时间设置在凌晨，无论何种消费者都面临自我调控资源匮乏的困境。此时，不费吹灰之力就能令一大群消费者"缴械投降"，乖乖打开钱包，购买那些不怎么需要或并不优惠的商品。

前文提到的失恋后疯狂购物、疲惫时对家人发脾气的例子也是自我调控资源不足的表现。电视剧中的女主角因为失恋而过度伤心，情绪耗竭严重，自控力大大下降，继而作出一系列看似疯狂的行为。在忙碌了一整天之后，人们的自我调控资源严重匮乏，一旦遇到不顺心的事情便大发雷霆。

如何解决自我调控资源不足呢？请想想蓄水池的例子，水池中的水用完了就要重新蓄水，自我调控资源用尽后也要再补充资源。如何补充？最好的方法就是睡觉和休息。睡醒之后，又是全新的一天，自我调控资源重新填满，又能较好地抵御诱惑，避免冲动消费行为了。

小结

当负责控制冲动和管理欲望的自我调控资源不足时，人们的自控力就会下降。"双十一"抢购开始时正是凌晨时分，抵挡不住困意的人们因自控力不足容易冲动消费，购买不需要的商品。充足的休息有助于恢复自我调控资源。

笑容，并非越灿烂越好

如果要评选人类最好看的表情，笑一定名列前茅。我们喜欢别人对我们微笑，我们也常说"爱笑的人最美"。笑容总让人心生喜悦，它似乎与一切负面感受绝缘。我们往往给面露真诚微笑的人冠上善良、诚实、善于交际、令人愉快、无忧无虑、有礼貌等众多光环。所有这一切都向世人宣称：笑容越灿烂越好。

正因如此，笑容在营销中广泛应用。早在20世纪，美国"旅馆大王"希尔顿（Conrad Hilton）就从实践中总结出，笑是"简单、容易、不花本钱而行之久远"的吸引顾客之法宝。所以，希尔顿实行微笑服务的经营策略，要求服务员不管工作多辛苦，都要对每一个顾客展现真诚的微笑，即使在经济萧条的日子，也要让希尔顿旅馆的笑容成为旅客心中的阳光。直到现在，绝大多数商家为了吸引顾客，也会要求服务人员提供微笑服务，试图通过笑容让消费者产生宾至如归的感觉，拥有更好的购物体验，从而更愿意为服务和产品买单。无论是空姐、高铁乘务员还是酒店服务人员、商场导购员，他们在上岗前都要经过严格的"微笑训练",一些严苛的标准甚至要求上述人员在微笑时必须露出八颗以上牙齿。

一些商家将笑容包装为自己最大的卖点。以海底捞为例,从消费者迈进店门的那一刻开始,一直到消费者离店,服务人员始终带着明媚的微笑提供服务。也正是靠着这一点,海底捞吸引了大批前来感受微笑服务的新客,收获了一批反复消费的忠实顾客。

不过,灿烂的笑容真的有百利而无一害吗?营销人员的灿烂微笑总是带给顾客良好的感觉吗?试想一下,如果你选择的不是一家今晚歇脚的旅店,而是一套你未来会永久居住的住宅;如果你面对的不是一个火锅店的服务员,而是一名可能管理你全部资产的证券经纪人,灿烂的笑容是否还会给你无限的好感?这时,营销人员灿烂的笑容是不是反而会让消费者产生某种顾虑?

来自美国中佛罗里达大学市场营销系的王泽及其合作者发现,灿烂的笑容并不总是吸引顾客,有时它会适得其反,使顾客退缩。对营销者来说,并非"笑得越灿烂,效果越喜人",还需巧妙使用笑容。这源于笑容会影响消费者对营销者的判断,进而影响消费者是否愿意购买产品或服务,而消费者往往依据热情和能力这两个维度评价营销者。

社会心理学家贾德(Charles M. Judd)及其合作者提出,热情和能力是人们赖以评价他人的基本维度。人作为社会性动物,为了生存和繁殖,需要快速判断其他人会帮助自己还是会伤害自己,以及他们具有什么样的能力。前者就是对热情的判断,包括对善良、友好、可信以及乐于助人的评估;后者是对能力的判断,包括对成功、智力、权力和技能的评估。这两个方面加起来,几乎可以描绘出人们评价一个人的完整图景。

笑容影响消费者对营销者的判断同样体现在热情和能力这两个方面。首先，灿烂的笑容会使营销者看起来更热情，它使人与人的关系更亲近。和微微一笑相比，灿烂的笑容传达出营销者渴望建立社交联结的信息，使其显得更友好、可亲。但有得必有失，灿烂的笑容会使人显得缺乏能力，因为它象征着缺乏野心，而野心、表现欲是获得地位和权力不可或缺的特征。灿烂的笑容还暗示人们对现状满意，不急于提升自己的地位。人们常常认为一个总露出灿烂笑容的人是无忧无虑、安于现状的乐天派，这种人生态度往往与有决心、目光高远、严肃等体现能力的特质不相符。

为了检验上述观点是否正确，王泽等人招募了一群被试，给其中一部分被试观看一个男子微微一笑的照片，给另一部分被试观看同一个男子笑容灿烂的照片，要求评价该男子。结果显示，这个男子在露出灿烂笑容时让人觉得他热情、善良，还能让周边人的生活变得愉悦；而微微一笑时，他显得有能力、很聪明，让人觉得他很可能因为出色的能力而获得很多客户，在作出与顾客相关的决策时也充满自信。

看来笑容的灿烂程度的确会影响消费者的判断。既然如此，消费者何时更看重热情，何时更看重能力呢？对于销售人员，何时该露齿一笑，何时该抿嘴微笑呢？

在回答这个问题之前，让我们先了解消费者的两类动机——提升（promotion）和防御（prevention）。具有提升动机的消费者看重前进和成长，迫切想要获得收益。他们的目标是努力实现自己的理想和愿望，取得好的结果，因此对积极线索特别敏感。而具有防御动机的消费者想要身处安全地带，渴望规避损失。他们努力避免失败和错误，力求把坏结果发生的可能性降到最低。这两种不同的动机会影响消费者对同一行为的判断。例如，如果一个演讲者在演讲时语速飞快，你会怎么判断？具有提升动机的人倾向于觉得演讲者充满自信，而具有防御动机的人觉得这是鲁莽的表现。

让我们再回到之前的问题，灿烂的笑容何时打动顾客，何时劝退顾客，在很大程度上取决于消费者具有哪种动机。当营销人员带着灿烂的笑容面对顾客时，具有提升动机的消费者更可能发现笑容的积极作用，认为灿烂的笑容意味着销售人员愿意提供帮助；相反，具有防御动机的消费者更可能看到笑容的消极作用，认为灿烂的笑容是缺乏能力的标志。

想象一下，同样是到4S店选购汽车，一个具有提升动机的消费者看重的是汽车能否带给他良好的体验，而热情提供服务的销售员有利于消费者实现这一目标，此时灿烂的笑容就成了热情的代言人；一个具有防御动机的消费者极力避免糟糕的结果，他非常需要一位专业能力过硬的销售员，此时，如果销售员笑得太灿烂，就可能使消费者心生顾虑，认为销售员缺乏能力，不够专业。

为了检验上述猜想是否正确，王泽等人请被试观看一则律师广告。这则广告有两种版本的广告语，一种版本的广告语为："如果您想获得全额赔偿，请放心把您的案子交给我！"这一广告语会使消费者想到打赢官司、获得经济利益这些好的结果，此时的消费者具有提升动机。另一种版本的广告语则写道："如果您在事故中受伤，请放心把您的案子交给我！"这一广告语使消费者想到输掉官司、损失金钱，此时的消费者具有防御动机。同一名律师微微一笑或笑容灿烂的两张照片，配合两种广告语，就构成了四种不同类型的广告。被试需要评价广告上介绍的律师。结果显示，具有提升动机的被试觉得笑容灿烂的律师比微微一笑的律师更热情，而具有防御动机的被试认为笑容灿烂的律师没有微微一笑的律师能力强。

除了消费者的动机，消费风险也在其中起到决定性作用。消费风险指消费者在购买产品或者服务后得到不利后果的可能性。消费者经常置身于多种消费风险之中。选择一款新口味的果汁时，人们面临不幸"踩雷"的风险；选择某一只股票时，则面临股市动荡、遭遇巨大经济损失的风险。在不同的消费情境中，消费者感知到的消费风险有高低之分。

当感知到的风险很高时，消费者会想方设法将风险降低到可控范围内，例如通过购买熟悉品牌、知名品牌的商品或具有良好声誉的企业提供的服务而降低风险。能力强的营销者往往可以帮助顾客选购到满意的商品，控制风险。所以，当消费风险很高时，消费者更看重营销者的能力，此时灿烂的笑容对能力感知的消极影响也更加突出。营销者有多热情无益于降低风险，例如，股票经纪人的友善、和气并不能为投资者带来任何收益，消费者就不大可能因股票经纪人灿烂的笑容产生好印象。当消费者觉得风险较低时，情况就完全不同了。消费者会更在意消费体验是否愉悦，灿烂的笑容会使消费者认为营销人员十分热情，却不会因此认为他缺乏能力。例如，到海底捞就餐的消费风险就很小，笑容明媚的服务员会使消费者更愉悦，消费者也不关心服务员的能力，自然不会因此觉得服务员缺乏能力。

为了检验这一假说，研究者使用女性营养师的广告照片做了另一个研究。同样，一张照片中的营养师微微一笑，另一张照片中营养师面带灿烂的笑容。在观看广告前，一部分被试看到的指示语在结尾处强调：来自营养学家的误导性建议或者不恰当的饮食调整可能导致严重的健康问题。此时，被试感知到购买营养学家提供的服务具有较高的健康风险，这些被试就被归入高健康风险组。另一部分被试没有看到此信息，他们感受不到决策的风险，因此被归入低健康风险组。

研究结果表明，低健康风险组的被试在看到笑容灿烂的照片时认为该营养师更热情，究竟是笑容灿烂还是微微一笑并不影响被试对营养师能力的判断。在风险较高的时候，情况恰恰相反。灿烂的笑容不再是营养师热情的标志，反而会让消费者觉得营养师能力较低。也正是因为这一原因，在低风险组，当营养师笑容灿烂时，消费者更愿意购买她提供的服务；在高风险组，微微一笑更能使消费者买单。

到此，读者应该能明白，为什么当进行诸如购买手机或电脑等高风险消费时，营销人员露出海底捞式灿烂微笑其实会让人略微感到不适。营销人员在推销服务和商品时，还需多动脑筋，分析具体的购物情境。对于消费者，如何管理自己的表情也同样重要。在类似微信朋友圈这种建立社交联结的场合，人们也许应该多发笑容灿烂的照片；而在招聘等看重能力的场合，微微一笑更恰到好处。

小结

营销人员常采用微笑营销，希望通过笑容来推销服务和产品。但笑容并非越灿烂越好，灿烂的笑容会使营销人员显得热情却缺乏能力。当人们力求避免损失与面临高风险时，灿烂的笑容反而会让人们犹豫，减少购买行为。

解开"101"之谜

《创造101》的火爆使得2018年顺理成章地成为中国偶像元年，

无论是大街小巷都在传唱的《燃烧我的卡路里》，还是杨超越一跃成为新一代"锦鲤"，被粉丝顶礼膜拜，都展现了这档节目的影响力。除了女团成员悦耳的歌声与动人的舞姿之外，《创造101》的成功是否也得益于它的取名？无独有偶，某著名防脱生发品牌也选取了"101"这一数字，加上创始人的名字，将产品定名为"章光101"。再想想我们小时候，是否也曾与《一千零一夜》里的故事相伴入眠，又或曾被《101忠狗》的勇敢打动？再大一些时，是否懵懵懂懂地捧着收音机听《101不眠时间》，不知不觉间又度过了一个夜晚？

为什么这些制作人、商家、作家在将数字放入节目名、品牌名、书名中时，不选用便捷好记的圆整数（round number），如100、1000，也不采用更大一些的数字，如102、103或198、199，却偏偏选择101、1001这样略大于圆整数的数字呢？我们不妨先想一想：如果将"章光101"改为"章光100"或"章光102"，会影响人们购买该品牌的产品吗？

也许你的回答是"不会"，你认为更改品牌名中的数字不会影响人们的购买行为，毕竟你更看重产品本身，而品牌名与产品的品质无关。持有类似想法的你看起来是一位理性的消费者，能够很好地把握产品的关键之处，但不妨继续往下读，检验一下自己是否偶尔也会被无关因素带偏。如果你的回答是"会"，那么恭喜你发现了产品名中数字的秘密！这些数字看似无关紧要，实则会影响消费者对产品的感知，甚至改变消费者的购买行为。

来自美国华盛顿州立大学的古纳斯蒂（Kunter Gunasti）和康涅狄格大学的罗斯（William T. Ross, Jr.）探讨了产品名称中的数字会如何影响消费者的决策。他们认为，产品名中的数字越大，消费者对产品的偏好也会随之增加，这是因为"越高越好"是我们生活中的常用标准。例如，分数考得越高越好，工资发得越多越好，手机型号中的数字越大代表越新发行、品质越佳……由此，古纳斯蒂和罗斯提出，即便产品名中的数字不具备任何特殊含义，消费者也会倾向于选择产品名中数字更大的产品。

古纳斯蒂和罗斯找来了51名本科生作为被试，他们需要从两台数码相机和两台复印机中各选择一台。被试得知，这两款数码相机在三个属性上有所不同：像素、光学变焦倍数、LCD屏幕尺寸。两款数码相机各有千秋，一款相机具有7200万像素、8倍光学变焦和2.6英寸的LCD屏幕，另一款相机则具有8100万像素、7倍光学变焦和2.2英寸的LCD屏幕。一半被试看到前一款相机的名称为DC-700MX，后一款相机的名称为DC-800MX，另一半被试看到的与之相反。类似地，两款复印机也在两个属性上有所不同：最大复印速度和最大进纸量。一款复印机的复印速度为每分钟22页，最大进纸量为2995页；另一款复印机的复印速度为每分钟31页，最大进纸量为1995页。两款复印机的名字为CR-P20和CR-P30，同样的，一半被试看到前一款复印机的名字为CR-P20，而另一半被试看到的与之相反。此外，被试还得知，两款数码相机和两款复印机的所有未特别标注的其他属性（包括价格）都是相同的。

研究结果正如古纳斯蒂和罗斯所料，就其中一款具有7200万像素、8倍光学变焦和2.6英寸的LCD屏幕的数码相机而言，当名为DC-800MX时，64%的被试都选择了这款相机；而当其名为DC-700MX时，仅有31%的被试选择了此款相机。再来看看复印机，结果也是相似的，就复印速度为每分钟22页、最大进纸量为2995页的复印机而言，当它名为 CR-P30 时，选择该复印机的被试占 55%；而当它名为 CR-P20 时，选择该复印机的被试占比下降到 23%。简而言之，产品名中的数字会影响被试对产品的选择，产品名中的数字越大，产品就越能得到消费者的喜爱。

产品名中的数字可简单地判断为越大越好吗？或许也不尽然，古纳斯蒂和罗斯的研究涉及具体的产品型号，被试很容易将 DC-800MX 和 DC-700MX "脑补"为新旧版本的更替，在潜意识里觉得数字更大代表版本更新，也就意味着产品更好。然而，在很多时候，并非"数字越大就越好"这么简单，例如，人们觉得越少人拥有的限量版商品就越珍贵，在排名时人们也觉得名次越前（数字越小）越好。而如本节开头提到的"章光 101"、《一千零一夜》等，它们名称中的数字不会被轻易更改，也不会如产品型号一般不断更迭，这些名称中的数字大小就更加不可能影响产品质量。也就是说，数字大小与消费者偏好的关系不是绝对固定的。那么，当消费者明确知道数字与产品质量并无关联时，数字会怎样影响消费者的行为？本节开头提到的"101"这一数字为什么在命名时广受商家的青睐？

来自南京大学商学院的黄韫慧和上海财经大学商学院的龚晗通过一系列研究揭开了"101"型数字的神秘面纱。黄韫慧和龚晗提出，圆整数在生活中很常见，人们很容易就能在脑海中检索到，也常常会不自觉地用于分类。例如，考试满分常为 100 分，如果告诉你某场考试的满分为 101 分，你一定会在心中大大地打一个问号。这种略微高于类别边界（如 100）的数字（如 101）与人们现有的图式（schema）不一致，与人们内心的期望不符，因而能唤起人们的注意。当这种数字在产品的描述中出现时，人们又会把这种注意错误地

第一章 揭秘常见营销策略

归因，认为是自己对产品的渴望引发了这种注意，"101"这一数字因此促进了人们的消费行为。

为了检验"101"型数字能否促进消费行为，黄韫慧和龚晗开展了一项研究，对比了999、1000与1001这三个数字对消费决策的影响。黄韫慧和龚晗认为，999小于1000，所以999属于"1000以内"这一类别，而1001大于1000，不属于"1000以内"的类别，因此，虽然999和1001与1000都相差1，但是1001会唤起人们更高水平的注意。

在研究过程中，被试需要观看一则关于限量版手表的广告，手表仅有999（或1000、1001）只。观看结束后，被试需要回答他们愿意为购买这款手表付多少钱。此外，黄韫慧和龚晗还测量了被试对该限量版手表的价值感知和稀缺性感知。

研究结果显示，得知限量版手表仅有1001只的被试，愿意为手表支付的钱最多，平均达到628.13美元；其次是得知限量版手表仅有999只的被试，平均愿意为手表支付209.77美元；得知限量版手表仅有1000只的被试，愿意为手表支付的钱最少，平均仅为196.9美元。此外，得知不同手表数量的被试对手表的价值感知和稀缺性感知相差无几。

上述研究证明了1001更能提升消费者的购买意愿，按照这个思路延伸下去，如果数字再大一些，如1002，能否比1001更有力地促进消费？还是"1001"这一仅高出圆整数一点的数字最令人感到别扭，所以最能增加人们的关注？黄韫慧和龚晗又开展了一个研究，进一步对比101与102对消费行为的影响。被试被告知，赫芬顿邮报（美国新闻网站）宣布了美国最好的100（或101、102）家比萨店。

然后，被试需要报告他们愿意为一块排第 1 名的比萨饼最多支付多少钱，以及愿意为一块排第 100 名（或第 101 名、第 102 名）的比萨饼最多支付多少钱。

研究结果验证了假设：被试愿意为"最好的 101 家比萨店"中排第 1 名的比萨饼支付最多的钱，可达 7.24 美元；紧随其后的是"最好的 102 家比萨店"中排第 1 名的比萨饼，被试愿意为其支付 5.43 美元；而被试仅愿意为"最好的 100 家比萨店"中排第 1 名的比萨饼支付 4.88 美元。同样，被试愿意为"最好的 101 家比萨店"中排第 101 名的比萨饼支付 3.57 美元，高于"最好的 102 家比萨店"中排第 102 名的比萨饼的 3.04 美元，以及"最好的 100 家比萨店"中排第 100 名的比萨饼的 2.65 美元。简言之，当数字刚好高于边界时，消费者就会更想要与其相关的产品。101 对消费的促进不仅强于圆整数，还强于离边界更远的 102 等数字。

上述研究充分展现了"101"这个数字的神奇作用，进一步的问题是，是不是错误归因导致了这一结果？黄韫慧和龚晗提出，如果消费意愿的提升是由于消费者将"101"这个数字唤起的关注错误归因为产品自身的作用，那么改变消费者错误归因的方向，就会使"101"效应不复存在。换句话说，如果给消费者提供其他一些原因，让消费者认为自己更关注产品是由其他外在原因造成的，与产品本身无关，若此时"101"型数字无法再提高消费者的购买意愿，就能够说明错误归因是"101"效应的关键所在。

在之后的研究中，被试被随机分入有外部条件组和无外部条件组。有外部条件组的被试首先需要评价一张风景照片，且被告知这张照片会使人们在未觉察的情况下感到激动和兴奋。外部条件组的被试需要评价这张照片是否令他们感到激动和兴奋。无外部条件组的被试也观看相同的风景照片并评价这张照片是否令他们兴奋,但是并不知道这张照片拥有类似兴奋剂的作用。接下来,被试需要报告自己的性别,并随后看到对应性别的一副男士/女士墨镜。一部分被试看到的墨镜型号为 BL500,另一部分被试看到的墨镜型号为 BL501。最后,被试报告他们愿意支付多少钱来购买该墨镜。研究结果显示,无外部条件组与过往的研究结果类似,被试愿意为型号为 BL501 的墨镜支付更多的钱。但在有外部条件组,"101"效应消失了,被试甚至愿意为型号为 BL500 的墨镜支付更多的钱。这一结果说明,错误归因正是消费者愿意为"101"型产品付更多钱的原因。

人们常常会给无意义的数字添加一些特有的含义,或主动根据过往的经验,认为"大等于好",或不自觉地被特殊的数字如 101 唤起注意,却误以为产品本身对自己有吸引力。或许是期待着消费者会有"聪明反被聪明误"的时候,"101"型数字因此吸引了无数不走寻常路的商家。

小结

与产品质量无关的数字会潜移默化地影响人们的购买行为。"101"型数字刚好超过了数字的类别边界(如 100),违背了心理预期,吸引注意力,人们因而更愿意购买"101"型产品。

第二章

洞悉消费者的心理

面对媒体塑造的铺天盖地的完美形象,人们如何看待自己?是会自惭形秽还是会奋起直追?为什么人们不愿意购买全五星好评的商品?为什么人们总觉得他人的社交生活多姿多彩,自己却形只影单?塑造决策行为的根本因素是人们的心理活动规律。

孤独如我

人们在很多方面总是无比自信。现在,请你思考以下问题:

- 你觉得自己是否聪明?
- 你觉得自己是否道德高尚?
- 你觉得自己是否快乐?
- 你觉得自己是否健康?

早在1986年,来自美国华盛顿大学的布朗(Jonathon D. Brown)就提出,一般情况下,人们会认为自己在上述各方面的表现都比大多数人优秀,这就是好于平均效应(better-than-average effect):人们会认为自己在很多方面的表现要比平均水平好。

很显然,好于平均效应反映出人们的自我评价偏差。因为在任何一个群体中,就任何能力而言,总有人的表现高于平均水平,也总有人的表现低于平均水平。人人高于他人是不现实的,但很多人都陶醉于错误的自我认知。这样的"迷之自信"显得人们很自大,但它其实是在帮助人们建立积极的自我形象,从而拥有更高的幸福感和生活满意度。

当然,在某些时候,也会出现差于平均效应(worse-than-average effect)。你觉得自己的表演能力如何?如果你不是演员或主持人,表演能力对你而言无关紧要,此时,你倾向于认为自己的表现低于平均水平。当然,如果你是演员,演戏是你的看家本领,你就会觉得自己的表演能力高于群体的平均水平。可见,人们似乎只承认自己在那些无足轻重的领域的表现低于平均水平,此类认知也不损害人

第二章 洞悉消费者的心理

们对自己的良好感觉，因为这些并不重要。

然而，人们并非永远这么自信，也会时不时地自我怀疑，陷入自卑之中。我们就从社交生活说起。你的社交生活丰富吗？与朋友相比，你的社交生活丰富程度如何？古时候的通信技术不发达，面对分离，人们只能通过"举头望明月"来遥寄相思情。散落在天涯海角的人靠几个月才能寄到的书信保持联系。相思太苦，若想尽早联系上对方，方法只有飞鸽传信或者快马加鞭地寄送书信。时光如高铁，岁月如动车，在通信技术无比发达的今天，电话、短信、QQ、微信等工具让人们时时处于社交状态中。社交的形式也日新月异，除了文字消息和语音聊天，人们越来越多地使用视频聊天。同时，微信朋友圈、微博、抖音等社交媒体增加了人们分享自己生活的渠道，无论是感到开心还是难过，都可以就此发布一条动态。即使是很久没见的朋友，也可以从其发布的动态中得知近况。总之，每个人都与很多人保持着密切的联系，似乎都拥有丰富的社交生活。

对绝大多数人而言，社交的重要性不言而喻。根据马斯洛（Abraham H. Maslow）的需要层次理论，社交需要是人的基本需求之一。拥有高质量的社交生活对人有很大助益，例如提高情绪稳定性，提高生活满意度，提升心理健康水平，降低患病率，等等。

既然社交生活如此重要，人们应该认为自己的社交生活要比他人丰富，但事实真的如此吗？回想一下你刚才的答案。如果你和绝大多数人一样，就很可能觉得自己的社交生活平淡无奇，而朋友的社交生活多姿多彩。一聊到社交生活，人们就显得不那么自信了，但当代社交生活明明已经比古人甚至比10年前丰富了许多。为了理解这种看似反常的不自信，来自美国康奈尔大学的德里（Sebastian Deri）与合作者达维达伊（Shai Davidai）、吉洛维奇（Thomas Gilovich）进行了系统探索。他们从网络上招募了一批被试，先让被试回想自己和认识的人的社交生活，然后要求被试回答6个问题：你与其他人相比，谁参加的聚会更多？谁的朋友更多？谁的社交网络更广？谁更经常在外用餐？谁的社交圈子更大？谁与家人保持更多的联系或者更频繁地与家人见面？通过这些问题，研究者希望知道，在被试眼里，自己与他人比较时谁的社交生活更丰富。

结果显示，被试普遍认为自己的社交活动比他人的少。最令人咋舌的结果来自对聚会频率的评估，82%的被试认为，自己参加的聚会比别人的少。在被试眼中，自己总是孤独地"宅"在家中，而朋友们像社交达人一般活跃在各类聚会中。被试的判断准确吗？从统计的角度来说，总有人的社交生活比他人的更丰富，也总有人的社交生活比较贫乏。平均而言，被试对自己社会生活的判断是存在偏差的。

会不会是因为参加研究的被试都比较内向，导致了上述结果？毕竟，内向的人更可能躲在电脑屏幕后面参加网络研究，而外向的人都出去参加聚会了。为了排除这种可能，研究者特意找了两组外向的被试，一组是在商场中热情招待客人的工作人员，另一组则是青春洋溢的大学生。这两组人也需要回答研究者提出的6个问题。研究结果显示，即使是外向的人，也觉得自己的社交生活比其他人的社交生活平淡。内外向并不是影响人们对自我社交情况的知觉的关键因素。

收入水平会左右消费者的社交知觉吗？社交生活是需要金钱支撑的，去朋友家做客需要给朋友购买礼物，邀请朋友聚餐需要花钱买单。

收入水平较高的人具有进行社交活动的经济基础，而囊中羞涩者缺少维持社交生活的金钱资本。为了回答该问题，研究者又招募了1110名不同收入水平的被试，让他们评估自己与他人的社交生活。研究结果一如既往地稳定，无论是高收入者还是低收入者，人们对自己的社交生活都感到不自信。这说明，无论是内向者还是外向者，无论是高收入群体还是低收入人群，人们普遍认为自己的社交生活比不上他人。所以，你羡慕朋友是社交达人时，说不定他也正在羡慕你永远有聚会呢！

你可能会问：如果研究者采用其他测量方法，能得到一致的结果吗？德里等人采用了另外两种测量方式。在第一种方法中，研究者询问被试自己和他人社交活动的频率。结果还是与之前的相同，被试认为自己的社交频率低于其他人。在第二种方法中，研究者告诉被试，人们都会进入社交圈（见图2-1），但有些人更接近圈子的中心，有些人会远离中心。越靠近中心，说明与他人的联系越紧密；离中心越远，说明与他人的关系越疏远。接下去，被试需要将自己与一个熟人、一位脸书（Facebook）上的好友、一个亲密朋友和一位点头之交分别标注到社交圈中。通过分析被试的标注情况，就能得知在他们眼中谁更靠近社交圈的中心。结果与前文所述基本一致，被试依旧认为自己远离社交圈中心，而他人更加靠近中心。唯一的不同在于，被试觉得自己和点头之交的朋友一样，都处于社交圈外围。这大概是因为人们对点头之交不太熟悉，在脸书上都没有互相关注，导致人们无法获取其社交信息。也有可能是被试认为，点头之交之所以是点头之交，是因为这些人不善于社交。

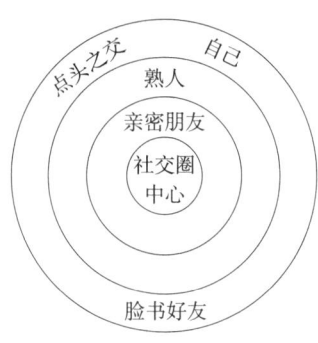

图 2-1 社交圈示意图

这么多研究都说明，我们觉得自己是孤独的，而他人的社交生活丰富多彩。我们为什么对自己的社交生活不自信呢？人群中总有社交达人，也总有不善社交的人。德里等人猜想，我们在考虑社交生活时很容易想到那些社交达人，不善社交的人在我们脑海中隐身了。我们以为他人都是社交达人，自己的社交生活平淡无奇。

为了检验这个猜想是否正确，德里等人先让被试描述他们的社交生活，并说明如何将自己的社交生活与他人比较。在此过程中，被试还需要将最先想到的 8 个人记录下来，对其社交水平评分。结果非常有趣：被试首先想到的的确是社交生活最丰富的人；被想到的人顺序越靠后，其社交生活越不丰富。猜想得到了验证，人们与他人比较社交生活时，总是先想到社交达人，而社交生活不丰富的人会被遗忘。将自己与社交达人对比，自然会觉得自己的表现很糟糕。

认为自己的社交生活不如他人的丰富，会对生活造成负面影响吗？前文已经提到，社交生活的实际数量会影响情绪稳定性、生活满意度、健康水平等，感知到的社交生活的数量会有相同的效果吗？德里等人要求被试先与社交生活丰富或贫乏的人作比较，然后评价对

第二章 洞悉消费者的心理

自己的生活是否满意。结果显示，与社交达人比较后，被试的生活满意度跌入谷底；与不善社交的人比较后，被试对自己的生活非常满意。

最后一个问题是：人们在现实生活中是否对自己的社交生活满意？为了探讨这一问题，德里等人首先让被试将自己的社交生活与他人比较，然后问被试：在理想的社交生活中，谁更常参加聚会？自己还是其他人？结果显示，被试对现有的社交生活不满意，希望自己能与他人一样，拥有丰富多彩的社交生活。理想是丰满的，现实是骨感的。人们对自己社交生活的定位似乎永远处在骨感的状态，并认为他人的社交生活更丰满，这样的认知偏差让人们感到不满。

当今生活中，人们能轻而易举地从社交网络上获取他人的生活动态。人们更愿意在社交网络上发布怎样的信息？一个人孤独地"宅"在家里看电视的信息，还是在聚会上与朋友谈笑风生的信息？答案显然是后者。当人们百般无聊，只能通过阅读他人发布在社交媒体上的信息来打发时间时，他们看到的几乎都是朋友出去吃喝玩乐的照片。久而久之，就会相信，他人的社交生活都如此丰富，只有自己形单影只。更可怕的是，在与他人比较社交生活时，人们并不会先理性地计算所有人社交的平均水平，然后再比较，而是首当其冲地想到社交达人，陷入"我不如他人"的死循环之中。

如何才能摆脱对社交生活的错误认知？其实很简单，只需要两步。第一步，需要认清一个事实：我们看到的他人并不是真正的他。朋友在社交媒体上发布参加聚会的照片并不意味着他天天外出参加聚会，也不意味着他不孤单，他只是没将自己孤单的情景通过社交网络发布出来罢了。第二步，比上不足，比下有余。去寻找一个不善社交的朋友，将其作为比较标准，这样一来，生活满意度将快速提高。

小结

人们错误地认为自己的社交生活不如他人丰富，这是因为人们会不自觉地对比自己与社交达人的生活，随后认为自己非常孤单，他人的社交生活都丰富多彩。这种错误的信念会降低生活满意度。

颜值不够，就用能力来证明自己

媒体中充斥着完美形象。女模特面容姣好，身体修长，没有一点儿赘肉；男模特身姿挺拔，满身肌肉。在媒体的狂轰滥炸下，人们会不由自主地与这些拥有完美身材的模特比较，对比之下只能发出一声叹息："自己的颜值如此低，身材如此不堪！"

阿尔戈（Jennifer J. Argo）等人的研究发现，理想形象对人们的自我意象（self-image）产生极大的威胁。例如，联合利华公司曾针对全世界各地的女性消费者进行了一项调查，请她们用一个词描述自己的外貌。结果，绝大多数女性消费者认为自己外貌平平、毫无亮点，仅有2%左右的女性消费者用"漂亮"来形容自己。由此可见，长期暴露于展示拥有完美容颜与身材的模特的商业氛围中，消费者会对自己的外貌缺乏自信，感到不满。

说到完美形象，最典型的例子是芭比娃娃。芭比娃娃诞生于20世纪50年代，在过去几十年中，这个拥有天使容颜、骨感身材的娃娃是全世界最广为人知的玩偶，陪伴一代又一代女孩成长。芭比娃娃甚至已经超越了一个玩偶的价值，成为美国女性的象征，点燃了全世界女性的梦想与希望。全球知名杂志《经济学人》（The Economist）

的调查显示，美国女孩平均每人拥有 10 个芭比娃娃，意大利与英国的女孩平均拥有 7 个，中国香港地区的女孩平均拥有 3 个。如此频繁地接触拥有完美形象的玩偶会给女孩造成负面影响吗？拥有芭比娃娃的女孩如何评价自己的容颜？

　　来自美国约翰·肯尼迪高中的杰利内克（Rebecca D. Jellinek）、弗吉尼亚卫斯理学院的迈尔斯（Taryn A. Myers）以及宾夕法尼亚州立大学的凯勒（Kathleen L. Keller）探讨了玩偶的形象如何影响女孩的自我评价。她们选取了 112 名 6—8 岁的小女孩参加研究，并将这些小女孩随机分配到四种实验条件中。在第一种条件中，她们要求小女孩玩身材苗条且身着泳装的芭比娃娃；在第二种条件中，小女孩玩身材苗条且身着日常服饰的芭比娃娃；在第三种条件中，小女孩玩身材较圆润且身着泳装的女性娃娃特蕾西（Tracy）；在最后一种条件中，小女孩玩身材较圆润且身着日常服饰的女性娃娃特蕾西。在玩过这些娃娃之后，小女孩需要评价自己的体型。

　　研究结果显示，玩偶的衣服类型不影响小女孩对自身体型的评价，真正影响自我评价的是玩偶的体型。玩了体型丰满的玩偶特蕾西之后，小女孩对自己体型的评价还不错；然而，在玩了体型苗条的芭比娃娃之后，糟糕的情况出现了，小女孩开始嫌弃自己的身材，她们怎么看都觉得自己过于圆润，希望能够变得更瘦。

　　可见，媒体中的完美形象的确会引发人们的社会比较，进而降低对自身形体的评价。在自我评价降低之后，人们体验到自我威胁（self-threat）以及诸多负面情绪。为了维持积极的自我感觉并获得愉悦的情绪体验，人们表现出特有的消费模式，例如购买化妆品，改善自身形象。也有人通过多种方式减肥，其中有些方式是健康的，例如"管住嘴，迈开腿"，但也有很多方式极具危害性，包括服用减肥药、过度节食等，这些不健康的减肥方式有可能引发厌食症等疾病。还有一些人为了迎合美的标准，追求不切实际的美，选择进行整形手术。如果对自己的形体始终不满意，甚至会有人产生自杀的念头。

  商家却非常乐意看到消费者对自身形象不满，因为不满的背后孕育着营销良机。商家甚至提出了一种新的营销方式——自尊营销。它分为两步：第一步，通过给消费者提供完美的模特形象诱发他们的上行社会比较（upward social comparison）。上行社会比较指人们与优于自己的人比较，这种比较往往会威胁自尊。例如，商家在广告中给女性消费者呈现细腰宽臀的女性形象，观看此类广告后，女性消费者的自尊受到威胁，会嫌弃自己膀大腰圆。第二步，给消费者提供能够弥补自尊的产品。例如，在广告中宣传减肥产品，号称能帮助消费者重塑"小蛮腰"。美图秀秀、美颜相机之类的图片处理软件，也是趁消费者对自身形象不满之机，通过帮助改善形象占据市场。

  近几年来，无论是消费者、营销者还是政府机构人员，都越来越关注理想化模特引发的负面结果。芭比娃娃的设计总监库尔蒙（Kim Culmone）表示，不切实际的完美身材一直让芭比娃娃饱受争议，甚至有消费者将该玩偶的外形称作"男性凝视下的女性形象"。2016年1月，新芭比娃娃系列重磅上市，其中包括瘦小、高挑、丰满等三种体型的芭比娃娃。芭比娃娃终于拥有了普通人的模样。多芬（Dove）公司推出了"多芬全球真美活动"，邀请消费者代替明星作为广告模特，他们有的纤瘦，有的丰满，宣传了真实的美。英国时尚品牌JD威廉姆斯（JD Williams）发起了名为"完美的不完美"的活动，鼓励消费者发现自身的优点。为改变年轻人被理想化模特形象误导的局面，

第二章 洞悉消费者的心理

法国政府于 2017 年规定，所有对模特外形作修图处理的图片都必须配有"图片经修改"的标签。

然而，完美的模特形象真的一无是处吗？它们给消费者带来的都是负面影响吗？别急着给出答案，让我们先来看一个例子。假如唱歌是你的好朋友的拿手好戏，他每每亮嗓都是天籁之音，和这位朋友在一起时，你有何感受？也许，你会因为自己一点儿都不能歌善舞而自惭形秽；也许，你感受到榜样的力量，决定奋起直追，有朝一日也练就一副好嗓子。当然，要奋起直追可不容易。那些具有演唱天赋的人经过一段时间的刻苦训练，可能会实现愿望。但天生五音不全者空有一腔抱负，即使付出再大的努力也难遂心愿。请不要担心，你还有一种选择。著名相声演员冯巩曾在某次表演中戏称："在相声界，我影视剧演得最好；在演员界，我导演导得最棒；在导演界，我编剧编得最巧；在编剧界，我相声说得最逗。反正我就想玩个综合实力！"既然唱歌不如朋友，你何必以卵击石，在唱歌方面与其角力？每个人都要发挥自身的特长。你可以展现自己出众的口才或优秀的空间定位能力，在其他方面展示优势。也就是冯巩在相声中所说的，"和帕瓦罗蒂比劈叉，和美国总统比说中国话"。

社会心理学家特塞（Abraham Tesser）提出的流体补偿理论（fluid compensation theory）讲的就是这个道理。根据该理论，每个人都拥有多个目标，这些目标有高低层次之分。位于高层的往往是比较宏观的大目标，而位于低层的往往是比较具体的小目标。举例来说，"我要成为一个有价值的人"是一个宏观的目标，因此位于高层；"我要塑身""我要唱好歌""我要练就好口才"则是具体的小目标，因此位于低层。实现低层中任何一个目标都有助于实现高层的目标——

无论是练就好身材、好嗓子还是好口才，都能帮助你成为一个有价值的人。一个身材不完美的消费者就没有机会成为一个有价值的人吗？显然不是，通过练就好嗓子或形成其他方面的优势，依旧可以成为一个有价值的人。人们不必为自己的劣势而纠结，提升其他维度上的表现依然可以实现自己的宏观目标，这一过程被称为流体补偿。

说到补偿，也许会让人想到"补偿性消费"（compensatory consumption），它指消费者为了弥补某种心理缺失或自我威胁而作出的行为。例如，当男性被指责"娘娘腔"之后，他们倾向于选择能够彰显自己男子气概的商品，如越野车等。说得通俗一些，补偿性消费的核心思想是"缺啥补啥"。同样是补偿，流体补偿强调的是人们用其他方面优秀的表现补偿某方面糟糕的表现，与之截然不同。从这个角度来说，理想化模特未必只会对消费者产生负面影响，让他们自惭形秽，理想化的模特或许能激励消费者在其他维度上努力表现得更好，例如，彰显自身突出的消费决策能力，从而体现人生价值。对普通人来说，如果颜值不够，还可以致力于发展能力。

消费者优秀的决策能力体现在哪些方面？加拿大康考迪亚大学的索博尔（Kamila Sobol）和约克大学的达克（Peter R. Darke）认为，选择符合经济理性标准的选项和抑制放纵消费能够体现消费者的决策能力。什么叫"选择符合经济理性标准的选项"？通常而言，消费者会从多个方面评估一个选项。例如，你打算购买一台电脑，会考虑候选电脑在硬盘、内存、显卡、显示屏、电池、外观、重量等方面的表现。经济理性标准要求消费者先对所有候选电脑在每个维度上的表现打分，然后确定每个维度的重要性，并为所有维度赋予重要性权重（见表 2-1）。最后，进行加权求和，算出每个选项的总分。在表 2-1

的例子中，电脑 C 的加权求和总分最高，因此，理性的消费者应该选择电脑 C。"抑制放纵消费"很容易理解，即消费者通过自我控制不作出冲动的选择。

表 2-1 用加权求和法选购电脑

	硬盘	内存	显卡	显示屏	电池	外观	重量	总分
权重	25%	25%	20%	10%	10%	5%	5%	100%
电脑 A	9	7	6	7	5	5	7	7.00
电脑 B	6	9	8	6	6	7	7	7.25
电脑 C	7	8	8	7	7	9	6	7.50

索博尔和达克招募了一批商学院的学生参与研究，并把他们随机分成两组。在实验组中，被试观看 6 位商务人士的照片，这些商务人士身着西装，正在参加商业活动。对商学院的学生而言，这些"模特"拥有理想的职业形象。在控制组中，被试观看 6 位正在参加学校活动的学生的照片。之后，两位研究者测量了商学院学生的理想自我与现实自我之间的差距，以此检验有理想的职业形象的"模特"是否让被试自惭形秽。接下去，这些学生需要完成三个决策任务，分别是购买计算器、选择电影以及选择队友。在每一个任务中，研究者提供两个候选项以及它们在几个维度上的得分。如果学生的选择符合经济理性标准，他们应该遵循加权求和的原则，选择加权求和得分最高的选项。研究者记录了每个学生在三个决策任务中选择最优选项的次数。

研究结果显示，观看商务人士照片的学生体验到自惭形秽的感觉，他们认为现实自我与理想自我之间有很大的差距，但观看学生照片的被试没有产生类似的感觉。最重要的是，在看到理想化的"模特"之后，这些学生作出更多符合经济理性的选择，以彰显自己优秀的决策能力，从而补偿在职业形象方面现实自我与理想自我之间的差距。

在第二个研究中，索博尔和达克拟考察观看高颜值模特的照片能否促使消费者作出更理性的选择。这一次，实验组被试观看4位高颜值模特的照片，而控制组被试观看4位相貌平平的模特的照片。无论在哪个组，男被试观看的都是男模特的照片，女被试观看的都是女模特的照片。然后，实验组被试需要描述自己的形象与模特的形象有哪些不同之处，控制组被试需要描述自己的形象与模特的形象有哪些相同之处。接下来，被试完成前一个研究中的三个决策任务。

结果一如既往：相比观看普通相貌模特照片的被试，观看高颜值模特照片的被试在决策中更多地采用加权求和法，更偏好符合经济理性标准的选项。可见，无论是在职业形象方面还是在外貌吸引力方面，理想化模特都能有效地激励消费者提升并彰显自身的消费决策能力，作出更理性的选择，从而体现自我价值。

检验完了理性决策，再来看看放纵消费。索博尔和达克重新招募了一批被试，要求一半被试在他们认为重要的3—5个属性上写下真实自我与理想自我的差异，另外一半被试描述3—5个日常习惯。随后，索博尔和达克给被试呈现三个决策任务，每一个决策任务都包含一个放纵选项和一个非放纵选项。例如，决策任务是订阅杂志或报纸，放纵选项是订阅娱乐杂志，非放纵选项是订阅新闻报纸。研究者计算被试选择非放纵选项的次数。

研究结果完全符合预期：相比描述日常习惯的被试，意识到真实自我与理想自我有差距的被试在之后的消费决策任务中，选择了更多非放纵选项。这些被试打败了内心放纵的魔鬼，提高了自己的决策能力，补偿了自己在其他方面的劣势，实现了自我价值。

第二章　洞悉消费者的心理

在美国脱口秀节目《菲尔博士脱口秀》(Dr. Phil)中，心理学家菲儿博士曾表示，我们生活在一个渲染女性瘦即美的时代，很多女性因为长期接触媒体宣传的理想形象，一味地追求瘦，最终患上厌食症。的确，媒体上充斥着完美形象，它是如此不切实际，甚至纯粹是修图软件的产物。这些完美形象让人自叹不如，甚至对自己心生厌恶。它们带来情绪困扰，威胁人们的自我价值，导致不健康行为……但我们也不能完全否定完美形象，有时，它们也会产生意想不到的积极作用。理想化的模特形象让人们意识到自身的差距，因而通过提高在其他方面的表现证明了自己的价值。

小结

媒体中充斥着完美形象。与拥有完美形象的模特比较会让人们对自己的外貌不满，引发不健康的行为。但这种比较有时也有积极影响，人们可以通过提高自己的决策能力，弥补外貌上的不足，彰显自我价值。

促销成为我们享乐之借口？

每到年末，"双十一""黑色星期五""双十二"接连到来，各大电商为这一场场盛大的岁末大促销大力造势，人们年年都会吐槽自己的钱包在轮番碾压下囊空如洗。但事实上，人们相当愿意为这种促销活动买单：2019年的"双十一"购物狂欢节，仅在"天猫"商城，消费者就造就了用时14秒，成交额突破10亿元的壮举。

在这惊人的成交额背后，人们到底买了些什么？诚然，一些精打细算的人可能会选择在"双十一"这天囤够一年所需的纸巾、洗衣液和洗发水等生活必需用品，或购置"全年最低价"的羽绒服、毛衣等过冬的"刚需"衣物,但即使把此类"必须购买的商品"的成交额全部加在一起,也远不足以支撑如此惊人的总成交额。来看看我们的订单中还有些什么:巧克力礼盒、半熟芝士蛋糕新品、限量版眼影盒……再对比我们平时的购物单,在打折的这天,我们似乎比平时购买了更多非必需但给我们带来极大快乐的商品。

这是为什么?莫非促销改变了我们的购物需求?明明各类商品都在打折,难道不同种类商品打折的效果有所不同?

让我们先看看上面这两类商品有何区别:纸巾、洗衣液、洗发水和羽绒服等能够满足人们特定需求的功能性商品,可以称为实用商品(utilitarian product);巧克力、芝士蛋糕、香水和珠宝等能让人们在感官体验和情感上获得愉悦感受,但并不具有某些必需功能的商品,可以称为享乐商品(hedonic product)。从满足人们基本需求的程度来看,享乐商品对人们的意义不像实用商品那样必要和重要,人们也就更难为自己的享乐消费找到正当的理由。而在许多文化的传统观念中,勤俭节约是值得崇尚的美德,如果将钱财花在不必要的享乐商品上,就可能被视为铺张浪费,甚至骄淫奢侈。因此,在钱财有限的情况下,人们如果把钱财花在享乐商品而非实用商品上,常会产生内疚感和负罪感。

享乐商品往往能够满足人们丰富的欲望,带来巨大的快乐,人们自然会对它们充满渴求。这促使人们心甘情愿地为享乐商品买单,可负罪感为购买享乐商品增添了心理负担。我们很喜欢吃美味的芝士蛋糕,但是如果将可以吃一顿午餐的钱用来买一小块芝士蛋糕,我们会立刻感受到罪恶感——芝士蛋糕又贵又不健康,我们不应该买。我们常常会在芝士蛋糕诱人的香味中,为是否购买而犹豫不决。然而,如

第二章　洞悉消费者的心理

果恰逢今天芝士蛋糕促销，我们就很容易在"满30减10"或"买二送一"的诱惑下告诉自己："买吧，买吧！今天芝士蛋糕难得打折，我又不是天天吃。"也就是说，在促销时，我们更容易购买享乐商品。

针对这种现象，来自美国哥伦比亚大学商学院的基韦茨（Ran Kivetz）和来自清华大学市场营销系的郑毓煌认为：促销能够为我们购买享乐商品提供理由，一旦有了理由，我们就不那么容易感到愧疚，足以为自己购买享乐商品的行为辩护了。

对于实用商品，促销能否起这么大的作用？让我们回忆一下：如果我们想购买香水、巧克力礼盒，是不是经常等到"双十一""黑色星期五"打折时再下单？但当我们需要购买纸巾、洗衣液时，是不是立刻下单购买了？

基韦茨和郑毓煌指出，事实上，人们本就有充足的理由购买实用商品——羽绒服帮助御寒，洗衣液是清洁衣物所必需的……这些实用商品是我们生活中不可或缺、满足我们基本需要的东西。既然本来就需要购买，当然不需要借助促销为自己提供购买理由。与实用商品相比，促销活动对消费者购买享乐商品的促进作用更大。

基韦茨和郑毓煌希望为这一假设提供数据支持。在进行研究前，他们指出：有时候同一种商品可以既是享乐商品，又是实用商品。例如，当我们强调巧克力棒可以帮助我们"快速补充能量、恢复体力"时，它就是一件实用商品；而当我们强调巧克力棒有"香甜酥脆的口感，醇厚的可可香"时，它就是一件享乐商品。如果研究发现，当一件商品被描述成享乐商品时，促销活动会使消费者更可能购买这件商品，而当同一件商品被描述成实用商品时，促销活动对消费者的购买倾向没有这么大的提升作用，就能够支持基韦茨和郑毓煌的观点。

两位研究者招募了 345 名大学生,让他们设想自己将要参加一个前往伦敦的交换项目,正在考虑订阅一本城市指南杂志《伦敦时间》(Time Out London),以帮助自己熟悉伦敦。这本杂志的价格是 24.99 英镑/半年。所有大学生被分为两组,一组大学生看到的杂志被描述为享乐商品:杂志有着诱人的广告语——"伦敦有着无限可能:无论是观赏美景、品尝美食还是逛街购物,每一天你都可以在这里有全新的体验。伦敦也是世界的娱乐之都,如果你不看这本杂志,你将在伦敦迷失。它是你伦敦生活的向导。"与此同时,广告还附有许多有关伦敦的娱乐活动、夜生活的配图。另一组大学生看到的杂志被描述为实用商品:"这是一本周刊,提供伦敦各处的推荐榜单、相关评论和娱乐活动。它是你伦敦生活的向导。"广告也只附了一个杂志图标。

在浏览完杂志信息后,这些大学生还会看到它的价格信息。在看到"享乐杂志"和"实用杂志"的大学生中,都分别有一半大学生看到的价格是原价,另一半大学生看到的价格是打折 50% 后的促销价。根据杂志的产品信息和价格信息,他们需要决定是否订阅此杂志。

研究结果显示,当杂志被描述为享乐商品时,如果不打折,有 36.7% 的大学生选择订阅;如果打折,就会有 55.8% 的大学生选择订阅。也就是说,打折促销使订阅"享乐杂志"的大学生的比例增加了 19.1%。然而,当杂志被描述为实用商品时,不论是否打折,都有 58% 左右的大学生选择订阅,打折促销并不会影响他们订阅杂志的可能性。看来,打折促销对消费者购买享乐商品的促进作用的确更大。

打折促销显然会影响消费者购买商品实际支付的价格,属于价格性促销。而在生活中,商家还常常采用并不影响消费者实际支付价格的非价格性促销,例如购物送消费积分,购物送抽奖机会,等等。那么，促销对消费者购买享乐商品或实用商品的促进作用上的差异，仅仅存在于价格性促销中吗？

基韦茨和郑毓煌认为，非价格性促销也会大大增加消费者购买享乐商品的可能性，对于实用商品的购买同样没有这么大的促进作用。他们再次招募了 115 名大学生，让他们想象自己想要购买一副耳机。一半大学生想象自己购买耳机是为了听音乐、看电影等娱乐活动，此时耳机可以视为享乐商品；另一半大学生则需要想象自己购买耳机是为了学习英语，此时耳机可以视为实用商品。购买享乐商品和实用商品的两组大学生，都分别有一半被分配到促销活动情境：如果他们在网上商城通过信用卡购买这一耳机，将会得到 10 倍的消费积分；而另一半大学生没有遇到任何促销活动，不会有额外的消费积分。所有大学生都需要评估自己购买这副耳机的可能性。

研究结果显示，当耳机被描述为享乐产品时，消费积分促销活动会大大提高这些大学生购买耳机的意愿；而当耳机被描述为实用商品时，无促销时和有积分促销时，大学生购买耳机的意愿并没有区别。

相比实用商品，消费者购买享乐商品时更容易产生负罪感，才会需要某些特殊理由来说服自己购买。"难得打折，不能错过"和"今天购买比平时购买积分加倍"都能够为消费者提供理由。而消费者购买实用商品不需要那么多理由，促销的作用也就没那么大了。

事实上，除了促销活动，还有其他很多借口也能够帮助我们说服自己购买享乐商品，例如"最近天天加班太辛苦了，我要好好犒劳自己""今天发工资了，一定要买点好东西给自己"，等等。陆静怡、刘正艳和方喆提出，为他人购买商品时，"买这个可以让对方更快乐"也能为我们购买享乐商品提供充分的理由。我们常常有这样的经历：平常我们买给自己时比较犹豫、不太舍得买的享乐商品，例如精致的音乐盒、限量版的香水等，在为朋友挑选生日礼物时，我们很可能非常爽快地买下了。我们为自己的行为作出解释："我买这个商品，是为了好朋友的快乐！"

基韦茨和郑毓煌也指出，如果人们已经提前为自己购买享乐商品找到了正当的理由，就不那么需要促销为自己提供理由了。

这为营销者带来了一些启示：在节日促销时，可以将用于促销的预算更多地用在享乐商品上，而非实用商品上。如果有将实用商品和享乐商品组合在一起优惠销售的情况，可以更多地强调享乐商品的优惠力度。例如，如果要做"购买一盒早餐饼干和一袋巧克力，立减10元"的促销活动，可以将其形容为"购买一盒早餐饼干，加购巧克力时立减10元"，将折扣说成是巧克力这一享乐商品带来的，更能给消费者提供放纵自己的理由。

作为消费者，我们或许该注意一下自己在购物狂欢日的购买清单：可别清一色全买平日不会购买的享乐商品，彻底掏空了自己的钱包！

小结

人们在购买享乐商品时常感到内疚，需要为购买行为寻求合适的理由。促销能够为人们提供理由，因而增加人们的购买行为。

全五星好评的商品反而让人不想买？

网购浪潮已经席卷全球，现在，人们只需坐在沙发上，点几下手机屏幕，就会有快递送货上门。网购成功蔓延到生活中的每个角落，成为人们不可或缺的购物模式，同时也带来了海量的经验分享和商品

第二章　洞悉消费者的心理

评论。隔着屏幕购物，商品可望而不可即，这使人们都想了解更多信息，辨别商品的优劣。除了查看商家提供的描述，下单之前，人们往往会先仔细研究商品的评论区，看看有没有"前车之鉴"。

我们回想一下自己网购的过程：当你考虑是否将某件商品加入购物车时，你来到评论区寻求帮助。爆款商品的评论区热闹非凡，消费者七嘴八舌。你从头看到尾，映入眼帘的是齐刷刷的好评，不管是详细描述型评价还是惜字如金型评价，无一例外，都给这款商品打出了最高分。这时你心里反而打起鼓来：全是五星好评，会不会有点假？

于是，你来到另一家店，找到类似商品。在这款商品下面，好评仍然占了绝大多数，但你注意到，这款商品有为数不多的零星差评。你当然想听听这几条差评说了什么，点开它们后，发现内容都无关痛痒："东西很好，但是快递公司太慢了""质量还行，但是我女朋友不喜欢""看起来没毛病，但不适合我的风格"……这些差评与商品质量并不直接相关，似乎也无法帮助你作出有效的推断。此时，对比前后两家店，你会在哪家店购买呢？更多人愿意选择后者！

这是怎么回事，全五星好评的商品反而吓跑了消费者？商品身后无数好评，此时屏幕另一头的消费者却疑虑丛生。为了解释背后的玄机，来自以色列理工学院的舒赫姆（Meyrav Shoham）及其合作者提出了这样的观点：评论区的好评中夹杂几个无关痛痒的差评，可以给消费者带来更好的印象。

无关痛痒的差评指什么？舒赫姆等人这样定义：不提供有效的商品信息，无法反映特定商品的质量，或因特殊原因只涉及个别消费者而与其他消费者无关的评论。例如，一位作家发现，自己的作品仅仅因为是电子书而不是实体书，就被一名消费者打了一星差评。这种差评与他的作品内容毫无关系，是典型的无关差评。

为了验证"有一些无关差评胜过全五星好评"这个看似不合常理的观点，舒赫姆等人做了这样一个研究。被试想象自己需要在线上购物网站选购一台咖啡机，舒赫姆等人为他们提供了有关咖啡机的评论。评论分为三组：每组都有四个好评，这些好评包括一个四星评论和三个五星评论，均改编自真实的购物网站的评论，分别从咖啡机的尺寸小和便携性高、冲泡咖啡的质量好、冲泡迅速等性能方面，为咖啡机点赞。在此基础上，完美组额外多一个五星好评；瑕不掩瑜组额外多一个"无关痛痒"的差评；对照组则没有额外评论。所谓的无关评论在此处为"使用矿泉水和使用自来水，泡出来的咖啡的口味有很大差异"。完美组和瑕不掩瑜组都使用了这个无关评论，但它在两个组分别显示为一星评论和五星评论。浏览完评论之后，被试评估这台咖啡机的质量，并判断这条无关评论是否有助于作出购买决定。

从研究结果来看，被试认为，无关评论对是否作出购买决定并没有帮助。然而，这条评论确实无形之中发挥了作用：瑕不掩瑜组对咖啡机的打分显著高于完美组和对照组。也就是说，无关痛痒的差评确实让被试对商品产生了比全好评时更好的印象。

如何解释这种看似无用的评价的作用呢？请看舒赫姆等人的另一个研究。他们把商品换为相机，除了重复之前的研究，还让被试评估评论的总体可信度与了解的相机信息的完整性。研究结果显示，被试认为瑕不掩瑜组的评论更可信，由此了解的信息更完整。真相水落石出，"无关痛痒"的差评可以提高评论的可信度和信息的完整性。

面对海量的互联网数据，人们不得不筛选和验证所获信息的完整性及价值。人们对不同类型的评论持有不同的态度。尽管那些好评似

第二章 洞悉消费者的心理

乎暗示着商品的高质量，但在网络上，这些评论的来源不可知，其可信度和参考价值也要大打折扣。相对地，人们更关注差评，因为这些负面信息具有更强的诊断性，也更重要。好评将窗纸裱糊好，差评却能一针见血地捅破它。

提到信息的完整性，我们可以回忆自己想要说服别人的时候。这时如果能从正反两方面阐释自己的观点，就容易显得客观、真诚，相对容易成功。这是因为信息听上去更完整，会有效地提高可信度。类似地，网购中出现差评在一些情况下也起到相同的作用，尤其是在这些差评无关痛痒的时候。一方面，差评的出现让人们吃了颗定心丸，认为商家没有控制评论区，刻意刷好评，信息的可信度提高；另一方面，这些差评又无关痛痒，并非质疑商品质量，也不影响商品的使用。此时，人们便有了充足的理由选购这款商品。

也许你会问，这种无关痛痒的差评的作用到底有多大？舒赫姆等人进一步探究，发现小小一个差评竟然大大提升了可信度。通过一个学生评课情境的研究，舒赫姆等人发现，来自陌生人的无关差评提升了课程总体评价的可信度，甚至使其可信水平与评价来自朋友时的可信水平相提并论。换句话说，无关差评带来的信任加成几乎与熟人带来的信任加成平分秋色。举个例子，如果你在选课时看到某门课程的评论区多为好评，只有一条来自陌生人的差评，内容为"这门课和我的必修课时间冲突了，差评"，这时你对整个评论区的信任程度将不亚于其中有来自你室友的评论"这课不错"的时候。

在完美之中带有一点瑕疵，看上去更真实、靠谱，更能打动消费者。心理学家还发现，除了无关差评，有时真正的差评也能造成积极效果，这便是瑕疵效应（blemishing effect）。

瑕疵效应是指在对商品的正面描述中添加一个相对次要的负面细节，可以让它在人们眼中的形象更积极。这个效应背后的核心逻辑是，当人们已接收正面信息后再看到较弱的负面信息，这些弱负面信息反而能突出正面信息的重要性，并最终带来更多的积极评价。我们举个例子：你在点评类 APP 上挑选餐厅时，一家新开的时尚餐厅吸引了你，你点开评论，发现大多数评论都很积极——菜好吃，氛围轻松愉快，服务到家。接着，你看到了一个负面评论：餐厅不提供停车位。这个小瑕疵反而能提高你对餐厅的评价，增加你光顾餐厅的可能性。

原因在于，小瑕疵可以让人们停下脚步，重新评估商品在心中的第一印象。在这次重新评估中，由于负面信息很弱，无法动摇正面信息的统治地位；通过重评，人们原先的好印象再次巩固，增强了对商品优点的感知。

来自以色列特拉维夫大学的艾因-加（Danit Ein-Gar）及其合作者通过一个现场研究验证了瑕疵效应。这个研究在炎炎夏日进行，研究者在大学校园里实地寻找两种被试：一种是在散步的学生，一种是面临考试的学生。散步的学生很放松，内心没有负担，动脑加工商品信息的难度不大。面临考试的学生则处于紧张状态，满脑子都是考试的事，想要仔细考虑商品信息会难度较高。研究者向两种被试提供巧克力棒。为了呈现不同的信息类型，巧克力棒的描述分为两种：一种是全积极信息组，包括三条好评，它们分别指出，巧克力棒的口味颇受消费者欢迎，在大热天不容易融化，价格优惠力度大。另一种是有好有坏组，在与全积极信息组相同的三条好评中间，插入巧克力棒容易断掉的信息，人们可以通过透明的包装看到巧克力棒确实断了。

第二章 洞悉消费者的心理

这些巧克力棒以市场价的半价出售，被试可以购买任意数量的巧克力棒。

结果显示，散步中的学生有更好的思考条件，在看到小瑕疵之后会整理信息，再次评估，对巧克力棒产生更积极的印象，比起全好评条件时购买了更多的巧克力棒。而面临考试的学生在压力之下没有仔细考虑的余地，匆匆扫几眼就作出决定，也不会因为小瑕疵而改变印象，提高购买巧克力棒的数量。可见，小瑕疵确实能让有机会好好思考的消费者更乐于购买。

不过，艾因-加等人还意识到，想让瑕疵效应出现，首先留下好印象很重要。没有这个优秀的第一印象，瑕疵就无法引发思考并通过对比凸显优点。因此，他们又做了一个研究，调整好坏信息呈现的顺序，希望检验在不能先建立好印象时，瑕疵效应是否会消失。

在这个研究中，被试被告知，他们正在参加一项市场调研。这次，研究者给被试提供的商品是登山靴。正面信息是关于靴子透气、防水、舒适的几条描述，负面信息是装这双靴子的鞋盒有轻微破损。研究者发现，观看信息顺序为"先正面后负面"的被试对商品的评价明显高于观看顺序为"先负面后正面"的被试。果然，没有先发制人的好印象，瑕疵效应没能重现。所以，"先抑后扬"是行不通的，必须"先扬后抑"，才能扭转乾坤，提高消费者的评价。

我们可以发现，差评对商品来说并不一定意味着负面影响。不过，需要注意的是，不论是无关痛痒的差评还是瑕疵效应，都是在一片好评之中夹带极少数差评，这些差评无伤大雅，才最终实现了瑕不掩瑜的效果。如果评论区的差评很多且都质疑商品质量，就不仅起不到提高评价的作用，也救不回商品的声誉和销量。

小结

差评并非一无是处，它可能提高人们对商品的评价。若出现少量与商品质量无关的差评，可以提高商品评论区的可信度和信息完整度，使人们对该商品有更高评价。在好评出现后呈现少量不重要的差评，会让人们花精力思考商品的优点。

为什么排名第 11 名的商品遭到冷落？

排行榜随处可见。当你心血来潮想吃肠粉，大众点评网会为你呈现当地肠粉排行榜；当你寻找一首好听的歌曲，新歌榜、热歌榜、美国"Billboard Hot 100"（《公告牌》最热门的一百首歌周榜）在等待你来查询。10 大宜居城市、10 大热门专业、100 所世界著名高校……在人生重大决策上，各种排行榜争相为人们提供建议。

排行榜提供了丰富的信息，对人们的决策产生巨大的影响。人们往往根据某个商品或服务是否榜上有名作出决策，排行榜成为决策指南。正因如此，很多商家与组织不惜投入大量时间与金钱来提高自己的产品在权威榜单上的排名。

面对一份榜单时，人们如何评价不同名次的事物？排名如何影响人们的选择？美国西雅图大学的艾萨克（Mathew S. Isaac）和申德勒（Robert M. Schindler）针对《美国新闻与世界报道》（*U.S. News & World Report*）发布的美国大学排行榜开展了一项调查。《美国新闻与世界报道》是仅次于《时代》（*Time*）、《新闻周刊》（*Newsweek*）的美国第三大新闻杂志。自 1983 年来，该杂志每年都要对美国大学及其院系进行排名，该排名在美国具有较高的知名度。

第二章 洞悉消费者的心理

研究者调查了全美各大商学院在排行榜上的排名变动如何影响该学院的申请人数。

艾萨克和申德勒从美国研究生入学管理委员会那里得到了2005年7月1日到2008年3月31日间参加管理科学研究生入学考试(graduate management admission test,简称GMAT)的近50万名考生的信息。GMAT考试规定,在参加考试之前,每名学生最多可以选择5所学校。考试之后,成绩单会被寄到考生选择的学校。因为绝大多数商学院都要求申请者提交GMAT成绩单,所以每个商学院收到多少份GMAT成绩单能反映有多少学生申请了这所商学院。

艾萨克和申德勒针对在2006、2007、2008年中至少有一次进入美国大学商学院排行榜前50名的54所商学院开展了追踪调查。结果显示,各商学院在排行榜上的排名变动程度以及排名趋势是上升还是下降并不会影响申请该学院的学生人数。但是,如果一所商学院的排名上升,进入了前5名、前10名、前15名……前45名,申请它的学生人数就很可能增多。

这一结果符合绝大多数消费者的生活经验。当一名学生的成绩在前10名内上下浮动一两名时,大家可能并不在意;但当一名学生从第10名不慎退步至第11名,或从第11名一跃进入前10名时,就很容易引起老师和家长的注意。同样,如果要安排一场重要的饭局,你会格外关注餐厅排行榜中前5名、前10名的餐厅。

5,10,15……这种数字为何拥有特殊的魔力?同样实力不凡的第6名、第11名又为何遭受冷落?

原来,当人们看到排行榜时,并非将它看作一个整体,而是在心里人为地将长长的列表切分成几个更小的类别。这是因为人的大脑没有计算机强大的计算能力，它处理复杂数组的能力有限。为了能用有限的加工能力直观地掌握复杂的信息，人们自动将复杂的数组重新编码为更小、更易管理的小类别。打个比方，不论是大人还是小孩，都会给数字分类，将数字分成整数和小数、奇数和偶数、正数和负数等。

　　一旦人们在心里将列表分类，他们就认为不同类别的事物之间的差异比类别相同的事物之间的差异更大。例如，梅基（Ruth H. Maki）在一项研究中给被试呈现了 12 个虚构的城市名字，并告诉被试，其中 6 个城市位于同一个州，另 6 个城市位于相邻的一个州。在随后的距离估计任务中，被试认为位于同一个州的两个城市之间的距离较近，而位于不同州的两个城市之间的距离较远。类似地，人们将排行榜分类之后，就会在心里放大不同类别产品之间的差异。

　　刚刚提到的 5，10，15……是一种特别的数字，叫作圆整数，它可以是 10 的倍数（例如 20，30，40）以及 5 的倍数（例如 15，25，35）。圆整数在消费领域具有特殊的魔力，巧妙利用圆整数可能影响人们的行为。人们在生活中也经常使用圆整数——如果问你天上的星星有多少颗，你是不是倾向于给出一个圆整数作为答案？波普（Devin Pope）和西蒙松（Uri Simonsohn）在 2011 年的一项研究指出，人们在表达自己的目标时经常使用圆整数。例如，在即将到来的假期，你希望自己可以读 5 本书，看 10 部电影，等等。

　　第 11 名之所以遭受冷落，可能是因为人们使用圆整数对排行榜进行分类，将前 5 名、前 10 名知觉为一个整体，因此觉得第 11 名与第 10 名相差甚远。为了检验这一推论是否正确，艾萨克和申德勒给被试看一个写有 28 个名字的名单，然后告诉被试这是选修某门数学课的 28 名学生的名字，按照他们上次考试得分排序。研究者对名

第二章　洞悉消费者的心理

单做了点"手脚",让一个名为皮普的学生在不同被试看到的名单中排名不同。研究者将被试随机分为五组,每组被试看到的皮普的排名分别为第 8 名、第 9 名、第 10 名、第 11 名和第 12 名。除了皮普的排名不同,五组被试看到的其他同学的名字都是相同的。在看完排名表之后,被试既要对皮普的数学能力进行评价,又需评判皮普与比他排名前一位的同学在数学能力上有多大差距。

结果显示,相比看到皮普排第 11 名的被试,看到皮普排第 10 名的被试认为皮普的数学能力更强,但看到皮普排第 8 名、第 9 名以及第 10 名的被试对他的评价相差无几,看到皮普排第 11 名和第 12 名的被试对他的评价也没有什么不同。对皮普与排名在他前面一位同学的差距评价揭示了相同的规律:与其他四组被试相比,当皮普排第 11 名时,被试认为他和前面一位同学的差距最大。也就是说,在人们的眼中,第 11 名和第 10 名有很大差距,但第 7 名和第 8 名、第 8 名和第 9 名、第 9 名和第 10 名,乃至第 11 名和第 12 名,并没有太大差别。

人们为什么会在心中将排名表按照圆整数分类?因为对大众来说,圆整数分类具有较高的认知易得性。认知易得性是指从大脑中提取某种事物的便捷程度。那些在生活中经常出现以及在脑海中的形象鲜活生动的事物比较容易从记忆中调动出来,也就具备高认知易得性。

研究者对各种排行榜的长度进行了调查,他们对 1—100 的整数在 Google 上用 "top+ 这个数字 + ?" 搜索。例如,对于 98 这个数字,研究者会在搜索框中输入 "top ninety-eight+ ?",然后记录共得到多少条搜索结果。结果表明,用以 0 和 5 结尾的数字进行搜索得到的结果条目数量远远多于其他数字。这说明,排行榜列出的条目数量一般为圆整数。人们在生活中常看到"校园10大歌手""10大必吃餐厅""100首热门歌曲""世界500强公司"等排行榜,却几乎看不到条目数量为非圆整数的榜单。可见,圆整数分类的认知易得性高,人们不自觉地使用圆整数分类。

如果降低圆整数分类的认知易得性,使用圆整数分类的倾向是否会减弱?艾萨克和申德勒招募了来自美国西雅图大学的一些学生,让他们查看一些声称自己的产品被纳入某个排行榜的广告。这些大学生需要看四张分别推销功能饮料、摩托艇、智能手机和住所的广告。在一部分被试看到的广告中,四个商家分别声称自己的商品名列前5名、前20名、前25名、前100名。而在另一部分被试看到的广告中,商家声称自己的商品名列前6名、前19名、前24名和前101名。

然后,所有大学生都需要查看一张相同的排行榜——《福布斯》(Forbes)杂志评选出的15家最佳工作公司。仔细阅读后,艾萨克和申德勒要求他们评价排第11名的在线鞋类和服装零售商Zappos和排第10名的抵押贷款公司Quicken Loans之间有多大差距,以及Zappos和排第12名的美国梅赛德斯-奔驰之间有多大差距。

事实上,研究者事先做过调查,如果不给人们看这个排行榜,人们通常认为这三家公司都是非常好的求职选择,它们之间没有明显的差异。但这个研究的结果显示,在被试看过那些宣称自己进入前5名、前20名等圆整数排行榜的公司广告后,他们觉得第11名和第10名之间的差距要比第11名与第12名之间的差距大;如果被试之前看的广告中呈现的是非圆整数排行榜,例如前6名、前19名,他们就觉得第11名和第10名之间的差距等于第11名与第12名之间的差距。进一步分析显示,相比看到非圆整数排行榜的被试,看到圆整数排行榜的被试认为,第 10 名和第 11 名之间的差距更大。

  这个研究说明,由于人们在生活中经常见到圆整数排行榜,如"校园十佳歌手""10 大拍照圣地",久而久之,他们就用圆整数对排行榜进行分类,如将前 10 名归为一类。人们会夸大不同类别的事物之间的差距,这就是为什么人们觉得第 11 名和第 10 名之间的差距,要比第 11 名和第 12 名之间的差距大得多。如果让被试查看非圆整数排行榜,例如"9 大知名品牌""19 家必吃餐厅"等,被试就没那么容易想到圆整数分类,圆整数的魔力也随之消失了。

  圆整数在生活中随处可见,但某些领域有更常见的分类方法,此时人们便不再使用圆整数了。

  艾萨克和申德勒这次给所有被试看一个有 8 个男性名字的列表(第 1 名,杰卡布;第 2 名,本杰明;第 3 名,威廉姆……)。虽然被试看到的排名表是一样的,但研究者对这个排名表的介绍在不同组被试之间有所不同。研究者告诉一半被试,这是去年使用频率排前 8 名的男宝宝的名字;告诉另一半被试,这是最近一次男子游泳比赛前 8 名得主的名字。然后,被试需要将这个列表分成两类,但是不能改变任何一个人的相对位置。也就是说,要分出"顶尖组"和"末尾组"。为了防止被试"偷懒",直接将列表从中间分开,研究者不允许被试在第 4 名和第 5 名之间划线,将列表对半分成两类。

  结果显示,当被试认为这个列表是 8 个最受欢迎的男宝宝的名字时,他们当中绝大部分的人将前 5 名归为一类,后 3 名归为一类;如果被试认为这是游泳比赛的排名,他们就更倾向于将前 3 个人分为一类,后 5 个人分为一类。这是因为给宝宝名字排名表分类时,没有什么常用的分类方式，于是人们就使用生活中常常出现的圆整数；但体育项目和奥运会联系紧密，评价运动员的标准往往是他能否获得奖牌，人们就很自然地将前3名归为一类。

有趣的是，如果询问被试为何这样分类，那些用圆整数给宝宝名字排行榜分类的被试完全说不出其中原因，但是给游泳运动员排行榜分类的被试能清楚地说出原因，例如"因为前3名可以获得金牌、银牌和铜牌"。这说明圆整数对人的影响是潜移默化的，人们很难察觉。一旦某个情境有约定俗成、易于察觉的分类方法，人们便不会按照圆整数对排名表分类了。对于商家，将排名从第11名提升到第10名，或者从第26名提升到第25名，无疑会受益匪浅。

最后，需要指出是，第11名会受到冷落与之前提到的"101"型数字能提升消费意愿并不矛盾，这两种效应都是由圆整数造成的。正是因为人们常常使用圆整数来表述，"101"型数字才会令人们感到奇怪、不解，引起关注；也正是因为人们习惯使用圆整数，才会觉得10和11之间有巨大的鸿沟。这两种效应看似对立，实则殊途同归，就看商家如何运用这些神奇的数字了。

小结

面对排名表时，人们倾向于使用圆整数对表上的事物分类，认为同一类别的事物差异较小，不同类别的事物差异较大，因而觉得第11名和第10名相距甚远，这导致排第11名的商品遭受冷落。

为什么节食时巧克力变得特别好吃？

想保持良好身材，"管住嘴，迈开腿"是最基本的要求。越来越多

第二章　洞悉消费者的心理

的人开始注意饮食，减少高糖分、高脂肪食品的摄入，甚至记录自己每一餐摄入了多少热量。当然，对于大多数人，不太可能完全杜绝美食的诱惑。看电影时，朋友递来的爆米花散发着奶油的甜香，我们常常难以抗拒；周末，与同学难得小聚，一起出去吃火锅，很少有人在一旁独自选择吃沙拉。"就吃这么一次，没关系的。"我们这样安慰自己。毕竟，即使是严格的节食者，也常常隔一段时间就选一天作为欺骗日（cheat day），让自己偶尔放纵一下。

当我们大快朵颐时，如果同桌的某人突然说："天呐，我觉得吃一顿火锅大概会胖10斤吧！"抑或一同看电影的朋友发出疑问："你不是在减肥吗？怎么敢吃爆米花！"我们一定会非常扫兴。谁不知道节食期不该吃高热量食品呢？但既然选择了放纵，我们当然想单纯地享受美食带来的快乐，把"脂肪拥有巨大热量""吃下这一餐，减肥会功亏一篑，甚至重新长胖"这些会引发罪恶感的念头用力抛在脑后。

罪恶感好像总在我们最享受时跑出来，泼上一盆冷水，让我们的愉悦感折损大半。这么看来，罪恶感似乎是愉悦感最大的敌人。

当真如此吗？让我们回忆一下孩童时期。那时候，父母常常规定我们先做完作业才能看电视，我们却常在父母不在家时偷偷打开电视，一面紧张地看动画片，一面分心听着楼道口传来的脚步声，在父母开门前关上电视，迅速坐回书桌前，假装一直都在写作业。不知道为什么，在作业没做完时，怀着罪恶感，背着父母看的那一小会儿动画片总是格外精彩。同样，长大后考试周之前熬夜看的小说，也比考完后看更有趣；减肥时看到的巧克力、芝士蛋糕与珍珠奶茶，显得尤其美味。作为一种负面情绪，罪恶感本该大大减少我们观看动画片、阅读小说和享受美食的快乐，可是为什么怀着罪恶感的我们常常体会到更强烈的愉悦感呢？

  针对这种矛盾的现象，美国西北大学凯洛格管理学院的戈德史密斯（Kelly Goldsmith）等人提出：罪恶感会让我们更愉悦！

  罪恶感与快乐、愉悦联系在一起的现象并不少见。一方面，大众媒体时常将它们放在一起宣传。例如，拉斯维加斯的旅游部门曾经推出一句著名的广告语："What happens in Vegas, stays in Vegas."（发生在拉斯维加斯的一切，就让它们只留在这里吧！）广告上，人们在离开这座著名的赌城前，一边为自己的彻夜饮酒狂欢等行为感到羞耻和罪恶，一边得意地咧嘴大笑。许多书名、电影名和歌词中也包含诸如"罪恶的快乐"（guilty pleasures）的表述。另一方面，在实际生活中，人们经常同时体验到罪恶感和愉悦感，例如当一块芝士蛋糕融化在口中时，人们可能既会因为醇厚的奶香而体验到巨大的满足感，又会因担忧长胖而产生强烈的罪恶感。美国得克萨斯A&M大学（Texas A&M University）的帕拉马纳坦（Suresh Ramanathan）等人也在研究中发现，无论是十分冲动的人还是极为谨慎的人，在吃完一大块饼干后，都会体验到愉悦感和罪恶感混合形成的复杂情绪，这两种情绪都非常强烈。

  戈德史密斯等人认为，既然无论是在大众媒体的宣传中，还是在人们自身的日常体验中，罪恶感与愉悦感都常常同时出现，那么久而久之，这两者的联结可能会日益紧密，以至于当其中一种被激活时，另外一种也可能被自动激活。的确，罪恶感是一种负面情绪，但当它在日常生活与媒体宣传中，总是反复与高度享乐、高度愉悦的结果相伴发生时，人们就容易在罪恶感与愉悦体验之间建立认知上的联系。于是，当节食中的我们接过友人递来的巧克力时，巧克力换算出的卡

第二章 洞悉消费者的心理

路里数字使巨大的罪恶感瞬间包围了我们,可是与此同时,巧克力的香脆与甜美所带来的愉悦感也被放大了。

为了寻找支持这一猜想的证据,戈德史密斯等人决定在实验室中观察被激活了罪恶感的人会不会觉得巧克力更好吃。103 名被试参与了这一研究,他们首先都需要完成一个"句子完成"任务,将 16 组被打乱的词语重新排序,组成 16 个完整的句子。这些词语其实暗藏玄机——在一半被试整理的句子中,有 8 句包含与罪恶感相关的词语,如内疚、悔恨、罪恶等;另一半被试整理的句子中不包含与罪恶感相关的词汇,所有句子都是中性的。这样,通过句子完成任务,研究者就激活了一半被试的罪恶感。

接下来,戈德史密斯等人邀请被试参与一项看似无关的"味觉研究"任务。他们给了被试一小碗巧克力,请被试品尝,并为自己有多喜欢这些巧克力评分,说明自己愿意为一袋这样的巧克力(含 20 颗)支付多少钱。研究结束 3 天后,他们通过电子邮件联系了所有被试,请其回想实验过程,并根据回忆评价自己有多喜欢当时在"味觉研究"中所吃的糖果。

研究结果显示,那些被激活了罪恶感的被试,会比其他被试更喜欢巧克力,也愿意为 20 颗这样的巧克力付更多钱。在回忆这段经历时,这些带着罪恶感品尝巧克力的被试对当时的巧克力念念不忘,比那些没有被激活罪恶感的被试更喜欢当时的巧克力。可见,带着罪恶感去享乐,反而容易体会到更强烈的愉悦感。

然而,日常生活中,我们的罪恶感并不像以上实验设定,由无关事件引起,它往往就源于某种享受。巧克力上的卡路里标签,友人对我们正在减肥的提醒,都让享受美食这件事充满罪恶感。当罪恶感由我们正在享受的事物本身带来时,它还会增加我们的愉悦感吗?

戈德史密斯等人再次招募了 40 名女大学生,让她们观察 6 本杂志的封面,并仔细阅读其中 1 本,写一篇短文来回答为什么这本杂志比以前更受欢迎了。这些女大学生被随机分为两组,其中一组阅读的杂志中有 4 本与健康相关,她们需要仔细阅读的杂志也是与健康密切相关的《营养》;另外一组则阅读与健康完全无关的《摄影爱好者》。接下来,所有女大学生都需要参与一个看似无关的"味觉任务":品尝一种巧克力棒,为自己有多喜欢这种巧克力棒评分。

研究结果显示,那些阅读与健康相关杂志的女大学生,明明知道"吃巧克力棒"这一行为与"保持健康"的目标冲突,并因此觉得这件事非常罪恶,却还是比阅读与健康无关的杂志的被试表现得更加喜欢自己品尝的巧克力棒。也就是说,即使罪恶感正是由"吃巧克力棒"这件事引发,它还是会让我们手中的巧克力棒变得更加美味。

罪恶感作为一种负面情绪,居然会让我们享乐时的愉悦感不减反增!那么,所有负面情绪都会反过来让我们在享乐时更开心吗?戈德史密斯等人发现,事实并非如此。当在研究中不再激活被试的罪恶感,而是激活另一种典型的负面情绪——厌恶感时,被试对巧克力的喜爱程度并没有提高。这证明并非激活各种负面情绪都能让巧克力变得更好吃,只有罪恶感具有独特的效果。

罪恶感为什么会让巧克力变得更好吃?是否的确如戈德史密斯等人所设想的——在我们的脑海中,罪恶感与强烈的愉悦感早已建立了紧密的联系?

研究者再次招募了 58 名被试,首先还是使用"句子完成"任务激活了其中一半被试的罪恶感,而另一半被试的罪恶感没有被激活。

第二章 洞悉消费者的心理

接下来,所有被试需要完成一项"单词完成"任务:他们将看到 7 个只包含开头几个字母的"单词碎片"(如"CH_ _"),需要在后面几个空格中填上合适的字母,使原本的单词碎片形成一个完整的单词(如"CH<u>AIR</u>")。在这 7 个单词碎片中,有 3 个单词碎片("EN _ _ _""PLE _ _ _ _ _""TA _ _ _")既可以填成与快乐、愉悦相关的单词("EN<u>JOY</u>""PLE<u>ASURE</u>""TA<u>STE</u>"),也可以填成无关的中性单词("EN<u>TER</u>""PLE<u>ADING</u>""TA<u>BLE</u>")。被试将 3 个单词碎片填成愉悦相关单词的数目越多,在一定程度上反映出这些被试在当下更容易联想到愉悦感。

研究结果显示,那些被激活了罪恶感的被试,比其他被试更多地将 3 个单词碎片填成与快乐、愉悦相关的单词。这告诉我们,当我们头脑中的罪恶感被激活之后,我们的确更容易想到与快乐、愉悦相关的感受。

在日常生活中,人们意识到这一点了吗?恐怕没有。在研究者进行的一项小调查中,82% 的被试认为,罪恶感会降低自己品尝甜品的快乐;13% 的被试认为,罪恶感不会影响这种快乐;只有 5% 的被试预测出,罪恶感会让自己觉得甜品更美味。当身处节食期的我们接过朋友递来的巧克力时,我们很可能担忧着数天的节食和运动功亏一篑,觉得这块散发着卡路里的"罪恶气息"的巧克力必定没有平时香甜;然而,事实上,当没能抵制住诱惑的我们真的将巧克力放入口中时,它的香脆与甜美可能远超平日。我们都以为罪恶感会让我们食不知味,可我们的大脑诚实地告诉我们:真的很好吃!

当然,罪恶感对愉悦感的增强作用并非任何时候都存在。无论是节食期吃巧克力,没有写完作业就看电视,还是考试前熬夜看小说,我们之所以会感到罪恶，都是因为自己当下的享乐行为与个人目标发生冲突——吃巧克力不利于保持身材或减肥，看动画片耽误了写作业，考前熬夜看小说浪费了有限的复习时间，这些都让我们感到自己的意志力不够强大，做了当下不该做的事。这种情况下，小小的罪恶感会增加我们享乐时的愉悦感。诸如吸毒、对伴侣不忠诚、伤害他人等严重破坏社会道德规范的行为会带来强烈的罪恶感，这种罪恶感的负面作用往往是压倒性的，很可能并不会激活愉悦感。

总而言之，小小的罪恶感才会放大我们的愉悦感。如果节食期的我们真的无法抵制巧克力的诱惑，就不用担忧自己既达不到保持身材的目标，又无法像往常一样快乐地享受美食了——事实上，我们不仅能愉悦地享受美食，还会比平时更开心。

对于商家，如果销售的本就是炸鸡、芝士蛋糕这一类让人感到罪恶的商品，就不必过多强调它们"健康低脂"了，突出炸鸡酥脆的口感、芝士蛋糕醇厚的奶香，或许更能为人们带来"罪恶的快乐"。

小结

吃高热量食品使人感到罪恶，但这种罪恶感并不会降低愉悦的感觉，反而会将其放大。这是因为在人脑中罪恶感与愉悦感有较紧密的联结，罪恶感被激活时，愉悦感也被相应激活了。

两害相权去其重

> 黄色的树林里分出两条路，
> 可惜我不能同时涉足。
> 我在路口久久伫立，

第二章 洞悉消费者的心理

向着一条路极目望去，

直到它消失在丛林深处，

我却选择了另外一条路……

——弗罗斯特（Robert Frost，*The road not taken*，1916）

如果将生活比作一段旅程，这条道路上一定有许多分岔路口。每一天，人们都站在分岔路口前，在不同的选项间选择。小到选择今晚到哪家餐厅吃饭，大到选择和怎样的人结婚，正是这些大大小小的选择构建了人们的人生。

存在主义强调自由，认为人是自己生活的创造者和建筑师。也正是出于对自由的渴望，人们都希望可以自主作出选择，而不是将选择权交付于命运或者他人。事实上，自己作选择确实可以给人们带来诸多益处。比起他人，人们自己更有能力选到最符合心意的选项。现在，请想象两种情况。在第一种情况下，你在两条华美的裙子中反复试穿、挑选，最后下定决心购买了其中一条；在第二种情况下，你试穿了同样两条裙子，然后你妈妈做主让你买下了其中一条。当这条裙子终于挂在你的衣橱里时，在哪一种情况下，你觉得它更美？很多研究表明，在选择上花费的心血会让人们更喜爱自己所选的事物。

正因为自由选择具有诸多魔力，人们开始面对更多的选择情境：商店里会摆放各种品牌的同种商品；教育模式从给学生设置完全固定的课程发展成提供名目繁多的选修课程；越来越多的公司让员工自己选择医疗保健和养老金计划……然而，自由选择真的有百利而无一害吗？在所有情况下，自由选择都会带给人们更好的体验吗？

每个人都希望摆在自己面前的是富有吸引力的选项，但天不遂人愿，有时候，人们不得不在糟糕的选项中作出选择。小说《苏菲的选择》(Sophie's Choice)就描写了这样一个艰难的抉择：在到达纳粹集中营的列车上，医生强迫苏菲在两个孩子中选择一个，未被选择的将被立即送到毒气室去。在这种情况下，选择任何一个选项对苏菲来说都极端痛苦。此时，拥有选择权反而意味着左右两难、进退维谷。

生活不是一帆风顺的，人们时常发现自己站在分岔路口，面前一条路荆棘遍布，另一条又险象环生，没有哪个选项令人满意。尽管很少遇到苏菲那样的极端情况，但人们在日常生活中也常需要在若干毫无吸引力的"坏"选项中作出选择。例如，饥肠辘辘的你迫切想要吃东西，但附近只有几家在大众点评网上评分在4分以下的餐厅；打开选课界面的你发现自己对可供选择的课程毫无兴趣；即将毕业的你察觉眼前没有一条出路能令自己满意……在类似的情境中，人们往往举棋不定，难以抉择。

在坏选项中选择会让人们对自己的决策缺乏信心，对结果更不满意。人们不愿意作这样的选择，常常逃避、拖延作决定的时刻，或者直接将选择权交给他人或命运。例如，当一位病人需要选择进行危险系数很高的手术还是难以阻止病情恶化的保守治疗时，就很难在这样两个选项中作出选择；即使勉强选择一种，也会一直怀疑自己的决定是否正确。由于缺乏信心，他可能拖延下去，迟迟不采取行动，以致病情恶化到无法进行手术，不得不接受保守治疗。美国芝加哥大学的博蒂(Simona Botti)及其合作者发现，当所有的选项都缺乏吸引力时（例如两种难吃的食物），比起自己作选择，消费者在有别人替自己作选择时反而对结果更满意。

然而，很多时候人们无法让他人替自己作选择，还是得依靠自己。

第二章　洞悉消费者的心理

在这种艰难的情境下，如何才能让人们更果断地作出决策并在决策后对自己的选择更有信心呢？

美国加州大学伯克利分校的佩费克托（Hannah Perfecto）及其合作者提出，当所有选项都没有吸引力时，排除法能有效提升人们对决策的信心。在他们的研究中，被试想象自己在为一家新成立的广告公司挑选模特，每个人都会看到16对女性的头部照片，其中8对的外貌具有魅力，另外8对则缺乏吸引力。每看到1对照片，被试就要作一次决策。一半被试的决策任务是选择自己认为合适的模特，而另外一半被试的任务是排除自己认为不合适的模特。在每次决策后，被试都需要报告自己对这次决策有多自信，并预测其他被试中有多少人会给出与自己相同的答案。

研究结果表明，当可供选择的两个模特都具有魅力时，运用选择法的被试比运用排除法的被试对自己的决策更有信心，预测更多的人会和自己作出同样的选择；而当两个模特都相貌平平时，使用排除法会让被试更有自信，觉得更多人和自己站在同一阵营。

为什么会出现这种结果？首先，选择更好的和排除更差的这两种策略虽然客观上完全相同，却带给人们不一样的心理感受。选择法使选项的优秀属性更加凸显，而排除法强调了选项的糟糕属性。当人们采用选择法在优秀的选项中作决策，采用排除法在糟糕的选项中作选择时，他们感受到元认知（metacognition）的流畅感。

也许你对"元认知"这个概念很陌生，让我们来了解一下。元认知指消费者对自己的行为、想法以及思考过程产生的观察、感知和评价。简单来讲，就是人们"跳出自己"来观察自己的行为和思考过程。打个比方，你在买衣服时，可能会思考"我看重这件衣服的什么特点""我作决策的依据是什么""我有什么样的感受",此时你便在运用自己的元认知能力。

什么叫元认知的流畅感呢？这是一种觉得面前的信息加工起来很容易的体验。就拿《神奇动物：格林德沃之罪》这部电影来说，如果你曾认真阅读过《哈利·波特》(Harry Potter) 系列小说并多次重温《神奇动物在哪里》，你在头脑中加工电影展现的人物关系和情节时，就会感觉轻松自如，水到渠成，"跳出自己"观察整个观影过程时，也会觉得容易和顺畅，这便是元认知的流畅感。如果你对魔法世界完全陌生，又被朋友强拉进电影院观看这部电影，就会感到人物关系错综复杂，思维难以跟上剧情发展，观影体验不佳，这反映的便是元认知的不流畅感。

在使用选择法时，由于人们的目标是选择更好的选项，他们的注意力会集中在选项的优点上。如果此时面对的是几个好的选项，人们会体验到元认知的流畅感；如果此时面对的是几个坏选项，人们脑海中充满选项的缺点，任务又要求关注选项的优点，会体验到强烈的冲突，在"跳出自己"观察整个决策过程时有不流畅感，认为要作这么一个决策是一件困难的事，从而对自己作出的决策缺乏自信。

相反，在使用排除法时，由于人们的目标是排除更差的选项，注意力会集中在选项的缺点上。如果此时面对的是几个好的选项，人们感受到冲突，有不流畅感；但如果此时面对的是几个坏选项，选项的坏属性与选择策略的要求——关注坏属性——正好匹配，这种匹配让决策显得不费吹灰之力，提高了人们对决策的自信。

佩费克托等人的研究为这种解释提供了支持。他们要求被试阅读5对积极的词语（例如快乐与亲吻）和5对消极的词语（例如谋杀和肿瘤）。一半被试需要在每对词语中选出自己更喜欢的，另一半被试则需要在每对词语中排除自己更不喜欢的。另外，研究者随机选出一半被试，在他们作出决策之后告知他们，"过往研究表明，将决策表述得积极还是消极，以及选项的好坏，会共同影响你心目中这个决策的难易程度"。所有被试在每轮决策之后都要报告他们对自己的决策有多大的信心，以及预测多少人会和自己作出相同的决策。

结果表明，不给被试提供过往研究信息时，使用选择法在好选项中作决策以及使用排除法在坏选项中作决策增加了被试的自信，也使他们预测有更多人的答案会和自己相同。这说明两利相较应取其优，两害相权应去其重，才能有效地提高被试对所作决策的信心。

有趣的是，一旦提供给被试过往研究的信息，这一效应便消失甚至反转了。人们得知自己对决策的自信程度很容易受外界因素干扰后，他们就不再通过决策有多容易来推断自己对决策的信心了，更不会因此觉得他人会和自己看法一致。

耶鲁大学的萨洛维（Peter Salovey）在一节公开课上讲过一个原理相同的故事：一名耶鲁的男生和相识不久的女生看过演唱会后一起去喝咖啡，女生点了一杯双倍浓度无咖啡因的咖啡，但马虎的店员给她上了一杯双倍浓度咖啡因的咖啡。当他们喝完咖啡一起散步的时候，女生的心跳开始加速，掌心开始冒汗。"我为什么会有这样的感受？"不知道自己喝了双倍咖啡因咖啡的她把这些生理上的感受都归因为她对这个男孩动心了，于是认为这次约会的体验妙不可言。如果有人告诉她店员犯的小小错误，她便会知道，自己心跳加速是咖啡因的作用，而非坠入爱河了。

当然，之前介绍的决策情境都是让被试依据自己的主观喜好来作决策，这些决策没有客观上的正确答案。当人们面对有绝对正误的决策情境时，依旧可以两害相权去其重吗？试想你身处考场，正在为一道要求在两个选项中选择一个正确表述的题目而纠结。根据你对这个知识点的了解，你觉得这两个选项或多或少都存在毛病。此时，相比选择更正确的选项，排除更错误的选项还会让你更自信吗？

为了搞清楚这个问题，研究者让被试看两对高卡路里的食物（双层芝士汉堡和辣香肠比萨、美国水牛城鸡翅和小份奶酪比萨）、两对低卡路里的食物（水果胡萝卜和芹菜秆、四盎司淡橙汁和四盎司淡柠檬水）。一半被试需要判断哪种食物的卡路里更高，另一半被试需要判断哪种食物的卡路里更低。每次作出判断后，被试都要报告自己对这次判断有多大的信心，并预测有多少人会给出与自己相同的答案。研究者还询问了被试他们觉得作这个判断有多简单。

结果表明，面对两种低卡路里食物时，要回答哪种食物卡路里更低的被试感觉轻而易举就能作出判断，因此对自己的答案更有信心，预测他人也会给出相同的答案。而在面对两种高卡路里食物时，结果恰好相反。这说明，即使在作有正确答案的客观选择时，仍然存在选项属性与决策策略的匹配效应，两利相权取其优，两害相权去其重，能有效提升消费者的决策信心。

"黄色的树林里分出两条路，可惜我不能同时涉足……"当面前的道路都开满鲜花时，为了提高决策信心，人们需要问问自己："在这些道路中，我最喜欢哪条？"而当面前的道路都荆棘密布时，人们往往伫立在分岔路口，难以前进，此时不妨问问自己："在这些道路中，我最不愿走哪条？"

小结

人们很多时候不得不在两个缺乏吸引力的选项中作出选择。在"两害相权"的情况下,排除更不喜欢的选项要优于选择更喜欢的选项。排除法使人们更易作出决策,对决策更自信。

无债果然一身轻

在中国文化中,债务通常被认为是一种负担。相似地,英文中"Out of debt, out of burden"(无债一身轻)的表述同样是将债务暗喻为有重量的实体。由此可见,无论是在东方文化中还是在西方文化中,债务都常常与"身体负担""沉重感"联系在一起,而摆脱债务常常与"轻松的感受"联系在一起。

将债务比作身体负重,的确有其道理。沉重的背包、担子等,需要人们耗费体力去背负,这是一种体力上的负担,会带来不良的身体感受。债务是哪类负担呢?我们常提到的债务有两种:一种是金钱债务,人们有义务去偿还自己欠他人的财物,这是一种经济上的负担;另一种则是我们俗称的"人情债",人们常常觉得自己必须去报答他人的帮助或关照,这是一种情感上的负担。无论是哪一种债务,都会给人带来压力,产生不良的心理感受。这样看来,身体负重和债务,一种会带来身体上的压力和不良感受,一种会带来心理上的压力和不良感受,的确有一定相似性。

诸多文化都将债务与身体的沉重感联系在一起,仅仅是因为两者都会带来不良的感受吗?除了这种表面上的相似性,负债与身体沉重感是否的确有内在联系?针对这个问题,中国科学院心理研究所的刘洪志、李纾和饶俪琳提出了一个有趣的设想：当人们负债时，是否会像背负重物一样，感到身体十分沉重？

想探明负债与身体沉重感之间的关系，请我们先回忆当我们背着沉重的背包，我们会有哪些感受。首先，我们的身体会感受到巨大的压力与疲惫感，随着体力的消耗，肩上的背包似乎越来越重。接下来，我们是不是会感到眼前的路特别漫长，山坡特别陡峭？体力的消耗会影响知觉判断，让我们认为眼前的路比平常更漫长、坎坷，环境比平常更具有挑战性。

的确，虽然距离的远近、山坡的陡峭程度看似只需要根据视觉信息来判断，但事实上，这些判断会受个人状态的影响。美国弗吉尼亚大学心理学系的普罗菲特（Dennis R. Proffitt）曾经指出，人们拥有的体力资源和行动能力会影响他们对现实世界的感知与判断。例如，当人们因年迈、疲劳、背负重物而感到体力耗尽时，山坡会显得更陡峭，路途会显得更遥远。也就是说，体力资源的充沛或耗竭，会影响我们对现实环境的判断。

不仅仅是体力资源，人们的心理资源同样可能影响对现实世界的感知与判断。心理资源的减少会使人们认为眼前的环境更具挑战性。英国剑桥大学心理学系的李（Eun Hee Lee）及其同事发现：相比让被试去想一个支持、喜欢自己的人，当让被试去想一个不喜欢、不支持自己的人时，他们会认为面前的山坡更陡峭；相比个人权力感较高的人，个人权利感较低的人会把手上的箱子判断得更重。这些现象都说明，当心理资源较为匮乏时，人们对现实世界的知觉判断也会受到影响，这种影响与人们的体力资源被大量消耗所带来的影响十分相似。

背负重物，毫无疑问意味着体力资源的消耗。无论是金钱债务还

第二章　洞悉消费者的心理

是人情债务，都会给人带来压力，意味着心理资源的消耗。既然如此，背负债务给人带来的影响，的确可能与背负重物所带来的影响相似。

债务是否会像身体负重一样，影响人对现实世界的知觉判断呢？为了探明债务与身体沉重感的内在联系，刘洪志等人首先希望探究背负债务的人是否会将自己与目标之间的距离判断得更远。

日常生活经验告诉我们，当我们身背重担时，迈出的每一步都比平时更辛苦，需要耗费更多的体力，明明同样长度的距离会比平时显得更远。如果我们的目的是将某个东西投掷到一段距离外的地方，我们将这段距离估计得越远，我们就会越用力地投掷手中的东西。例如，篮球初学者常常错误地估计篮筐与自己的距离，有时他们过于用力地把球抛出，球就会越过篮筐砸在地上。指定人们按照固定距离投掷，就能观察到人们对这段距离的远近判断是否准确。

研究者首先招募了 194 名被试，将他们随机分为三组：一组被试进入金钱债务组，他们需要回忆并详细描述自己曾经欠下的最大的一笔钱；一组被试进入人情债务组，他们需要回忆并详细描述自己曾经欠下的最大的一个人情；另一组被试不背负任何债务，他们需要回忆并详细描述自己曾经见过的最大的植物。在回忆后，所有被试需要将一个装满豆子的布袋扔向 2.65 米外的地方。

猜猜哪些被试会将布袋扔得更远？研究结果显示，相比不背负任何债务的被试，那些背负金钱债务或者人情债务的被试将布袋扔得更远，这说明他们认为自己和目标之间的距离更远。

看来，无论是金钱债务还是人情债务，的确都会让人们觉得目标离自己更远，这一点与人们背着沉重背包时的体验非常相似。债务还会带来其他类似的影响吗？

日常生活中我们还有这样的体验：如果只携带非常轻便的装备登山，我们往往步伐轻快，如履平地，一边登山，一边还有余力欣赏沿途的美景；而如果背着笨重的大包登山，我们常常觉得向上迈出每一步都很困难，抬头望望，这山如此陡峭，令人望而生畏。身体负重让我们觉得山坡更加陡峭，负债是否也会对我们产生相似的影响？

研究者再次招募了 196 名被试，仍然是将他们随机分配到背负金钱债务组、背负人情债务组和无债务组中。人们一般认为，会带来压力的是尚未偿还的债务，而不是已经还清的债务，因此，这次研究者让两个债务组的被试分别回忆并详细描述他们尚未偿还的最大的一笔金钱债务或人情债务。在回忆后，被试观看印有一个山坡的图片，估计山坡倾斜的角度。研究结果显示，相比不背负任何债务的被试，那些背负金钱债务或者人情债务的被试认为山坡倾斜的角度更大。债务会让人们觉得眼前的山坡更加陡峭，这一点也与人们负重时的感受非常相似。

这样看来，债务会让人觉得眼前的距离更远，山坡更陡……但是，会不会是负债的人倾向于将任何量都估计得更大呢？为了排除这种可能性，研究者还让这 196 名被试估计了一些与身体沉重感毫无关系的量：估计某张桌子的坚固性、某个水瓶的耐用性、某张图片中公园的气温。研究结果显示，两种债务组的被试对这些量的估计都与不背负债务组被试的估计没有区别。也就是说，背负了债务的人并不会将其他与身体沉重感无关的量估计得更大，但会将环境知觉得更极端，更充满挑战。债务会影响人们对现实世界的知觉，这种影响的确和有形的身体负重产生的影响非常相似。

要想更直接地探明负债与身体沉重感之间的联系，考察实际负债

的人是否会感到自己的身体更沉重不失为最简洁的方法。研究者另外招募了114名本科生,其中55名学生使用了助学贷款,属于真实负债者;另外59名没有使用助学贷款,属于无负债者。真实负债组的学生首先需要填写自己的助学贷款债务总额,无负债组不需要进行这一步。接下来,研究者询问这些学生:"人们有时会感到自己的体重变重了或者变轻了。与你的平均体重相比,你现在感觉自己的体重是多少?"参与者需要在一根11.8厘米的线段上画"|"来标注自己当下的主观体重,这根线段的一端代表"远低于我的平均体重",另一端则代表"远高于我的平均体重"。研究结果显示,相比无负债者,背负助学贷款的学生在主观上会认为自己当前的体重更重。这说明真实负债者的确会感到自己的身体更沉重。

刘洪志等人的研究揭示了负债对人们知觉判断的影响——负债之人,正如身负重担之人,会感到身体十分沉重,会感到现实世界比往常更不友好,更具有挑战性。从另一个角度来看,负债对人们知觉判断的影响,进一步证明了感知者具有的资源会影响自身对现实世界的判断。我们看到的世界不仅仅反映了我们的眼睛接收到的视觉信息,也受我们个人当前所处状态的影响。身负重物意味着一种指向体力资源或生理资源的压力,而债务同样是一种指向自身资源的压力。"无债一身轻"的俗语并非凭空产生,诸多文化广泛地将债务比作重物,果然有其内在原因。无论是金钱债务还是人情债务,都会如同具有重量的实体,使人们看到一个更极端、更令人生畏的世界。

债务在当代十分常见。在信用经济时代,金钱债务似乎比过去更普及了:一张张信用卡轻若无物,更不用提根本没有重量,只显示几个数字变化的花呗、白条……人们不再谈债色变,对超前消费习以为常,甚至将其视作一种风尚。人情债同样广为存在:通信手段的飞速发展使人们的社交范围比从前更广,人与人之间更容易产生各种各样的相互帮助与关照。对于重视人际关系和互惠原则的人,自己应当对他人的帮助感恩,而感恩意味着应当努力回报,这何尝不是一种普遍存在的债务?无论是金钱债务还是人情债务,似乎都是没有实际重量的,可是它们宛如有重量的实体,真实地压在我们肩头,影响我们对这个世界的看法。

债务的影响远比我们想象的更广泛。金钱债务不仅仅事关欠条、信用卡和财务账单,人情债务也不仅仅事关有恩必报和礼尚往来,它们影响我们眼中看到的世界,也随之在诸多方面影响我们的判断与决策。

小结

背负重物会消耗体力,背负债务则会消耗心理资源,两者带来的影响非常相似。金钱债务和人情债务都会影响人们对现实世界的判断,如觉得身体沉重、距离遥远、山坡陡峭等——债务会使人们觉得现实世界更极端、更具挑战。

第三章

理解社会关系中的消费者

人并非孑然一身。几乎所有人都生活在社会中，拥有形形色色的人际关系，不时地与他人互动。无论是商家还是我们自己，都需要理解作为消费者，我们的选择如何受周遭他人的影响。

人心可读

人们总想了解他人的所思所想，尤其是亲密之人。但人心是这个世界上最复杂的事物，读懂绝非易事。"朋友喜欢我送的礼物吗？""同事不说话是在生我的气吗？""如果我这样做，邻居会怎么想？"人们常常在猜想中挣扎，渴望知道这些问题的答案。

有什么方法可以帮助人们更好地了解他人的所思所想？在日常生活中，有两种常用的读心术。一种是通过观察他人的行为来推测其感受，我们把它叫作行为观察法。将这种方法发挥到极致的例子是美剧《别对我说谎》中的莱特曼（Cal Lightman）博士。在剧中，他能从人的面部表情、肢体语言、音色和言辞中读出其想法，还原事情的真相。莱特曼博士的这项本领令人艳羡，市面上也出现了各种推广微表情读心术的课程和书籍。

另一种方法是换位思考，也叫推己及人法。哈珀·李（Nelle Harper Lee）在长篇小说《杀死一只知更鸟》（*To Kill a Mocking Bird*）中写道："你永远也无法真正了解一个人，除非你从他的角度去看问题，除非你披着他的皮囊行走世间。"要想知道他人在某种情况下会有怎样的感受，人们可以将自己置身于同样的情况下，用切身感受指引自己了解他人。

在这两种读心术中，哪种可以更好地帮助人们理解他人呢？当你想知道某人是否喜欢吃夹心软糖时，你该去观察他吃这种糖时的反应，还是干脆自己去尝尝这块糖？当你想知道穷人的感受时，你该去观察一个穷人的生活，还是应该自己过一周节衣缩食的生活？

来自上海科技大学创业与管理学院的周昊天及合作者马伊卡

（Elizabeth A. Majka）等人在实验室中检验了这两种读心术的效果。

他们招募来12名被试作为体验者，让他们观看50张选自国际情绪图片系统的图片，这些图片反映的情绪有非常消极的，也有非常积极的，还有比较中性的。在看图片之前，体验者被告知在他们看图片时，会有网络摄像头将他们的表情记录下来。每看完一张图片后，体验者要报告自己此时此刻的情绪感受。

接下来，研究者又招募了一批被试作为预测者，他们的任务是猜测某位体验者看到图片后的情绪感受。研究者随机选取一名预测者和一名体验者匹配在一起。这些预测者被随机分为三组——行为观察组、推己及人组和两者兼备组。行为观察组的被试通过观看体验者看某张图片时的视频来推测其感受，推己及人组的被试只能看到体验者的静态照片，他们需要通过亲自观看体验者当时所看图片来推测其感受，两者兼备组的被试既可以看到体验者的行为视频，也可以看到体验者当时观看的图片（见图3-1）。在每轮实验中，预测者需要预测体验者对这张图片的情绪感受。

图3-1　两者兼备组被试的实验界面
（引自Zhou et al., 2017）

研究结果显示，三组被试预测体验者的情绪感受的准确度都明显高于随机猜测。进一步的统计分析发现，在92.30%的情况下，推己及人组的被试都能比行为观察组的被试更好地预测体验者的情绪感受。令人惊讶的是，两者兼备组被试的预测准确程度和推己及人组被试的预测准确程度相差无几，这一结果说明，能够观察到体验者的行为未能让被试作出更准确的预测。

如此说来，换位思考并推己及人的读心准确度比起莱特曼博士的读心术有过之而无不及。人们能否意识到推己及人这一读心术的可贵之处呢？研究者再次招募了一批被试来到实验室，完成推测体验者情绪感受的任务。除了参加实验的基本酬劳之外，研究者还许诺会额外给准确率排名前20%的被试10美元作为奖励。

这次，被试被随机分配到无选择组或有选择组中。无选择组的被试像在上个研究中一样，被随机指派到推己及人组或者行为观察组。而研究者给有选择组的被试详细介绍了在推己及人以及行为观察两种情况下他们会看到的材料，然后让被试自行选择接下来要使用哪种方法来预测。这些被试按照他们自己的选择同样进入推己及人组和行为观察组。接下去，有无选择的被试都在看完对应的材料后推测体验者的情绪感受，并报告他们对自己推测的准确程度有多自信。

结果显示，无论人们是自行选择还是被随机分配，推己及人组的被试都比行为观察组的被试更准确地预测了体验者的情绪感受。如果人们能够意识到推己及人法的魔力，为了提高自己的预测准确度从而获得更高的报酬，他们在有选择权时就应该更多地选择使用推己及人法。可惜的是，在有选择的时候，仅有48.89%的被试选择了推己及人法，可见，人们并没有这种先见之明。

第三章　理解社会关系中的消费者

关于自信水平的结果显示，当预测完体验者的情绪后，推己及人组的被试比行为读心组的被试更确信自己的推测是准确的，该结果带来的好消息是被试拥有后见之明。然而，与此同时还有一个坏消息。在 91.10% 的情况下，推己及人组的被试拥有更高的准确率，但他们只有 68.54% 的概率比行为观察组的被试更自信。也就是说，在完成推测后，人们仍然低估了推己及人法的价值。

读到这里，也许你会质疑，推己及人法真的拥有魔力吗？是不是因为参与研究的体验者都太善于隐藏自己的真实反应，才使行为观察法的效果大打折扣？针对这个问题，研究者又做了一个类似的研究。这次，研究者将体验者也分为三组，一组体验者需要尽可能喜怒形于色，一组体验者则需要喜怒不形于色，第三组体验者没有得到任何指示。预测者仍然被分为推己及人、行为观察和两者兼备三种情况，他们需要推测体验者观看图片时的情绪感受，报告对自己推测的自信程度。

结果显示，采用行为观察法的被试能够比较准确地预测喜怒形于色的体验者的情绪感受，但无法准确地预测喜怒不形于色的体验者；即使在体验者已经尽量表露情绪的情况下，行为观察组被试的准确率仍远远不如推己及人组。而兼用行为观察法和推己及人法的被试也没有领先于只用推己及人法的被试。可惜的是，虽然推己及人法遥遥领先，但采用这一方法的被试的自信心没有相应地高涨。

这个研究结果再次说明推己及人法是颇具效力的读心方法，即使他人喜怒形于色，行为观察法也很难与其匹敌。风靡网络且被拍成连续剧的行为观察法为何不如人们想象中有效？这是因为人们觉得他人的心理状态可以清晰地反映在其肢体动作和表情中，过分依赖行为线索，即使行为可能具有误导性，仍认为行为能反映他人的内心世界。

例如，吉尔伯特（Daniel T. Gilbert）和琼斯（Edward E. Jones）的研究发现，即使被试知道另一名被试表达的政治态度言不由衷，受到他人的影响，也依然认为此人所说等于所想。事实上，行为和表情并不像人们想象的那样可以轻易地"出卖"人们的内心。阿维泽尔（Hillel Aviezer）及其合作者的研究表明，如果只看网球运动员的表情，人们甚至分不清这位运动员究竟是赢了比赛，正欣喜若狂，还是输了比赛，正痛苦不堪。

颇为管用的推己及人法为何被人小瞧呢？这是由于生活经验告诉我们，不同的人对同一情况会表现出截然不同的反应。从这个角度来看，推己及人法毫无优势可言。但事实上，人与人之间的区别并没有我们以为的那样大，人们高估了政治态度两极分化的程度、信仰不同者的行为差异、心理特点的性别差异……同样，人们也高估了自身经历的独特性，因而认为将自身的体验推及他人是不准确的。当要推测和自己相似者的体验时，人们就更愿意使用推己及人法。

在新的实验中，被试需要读心的对象是过去的自己。在研究的第一个阶段中，被试作为体验者，观看之前研究中的50张图片，并报告自己看每张图片时的情绪感受。在看图片的过程中，他们的脸部表情和身体语言会被隐藏的摄像机拍摄下来。8周后，研究者再次联系这些被试，邀请他们参加第二阶段的研究。在这个阶段，被试需要观看第一阶段的录像来推测自己及另一名随机选取的被试对每张图片的情绪感受。之后，被试要回答如果不是观看录像，而是重新观看体验者（自己/其他被试）查看的图片，他们的预测会有多准确。最后，研究者让被试重新观看图片，并报告情绪感受。

结果显示，当使用行为读心法时，也就是通过观看表情以及肢体动作来预测情绪感受时，被试判断自己情绪感受的准确性和其他被试的准确性没有差别。而无论是判断自己还是判断他人，推己及人法的准确率都要超过行为观察法。这验证了研究者的预测，人们高估了自身情绪体验的独特性，以为推己及人法不适用于预测他人的情境，但事实上，该方法行之有效。

反过来，不仅可以推己及人，还可以推人及己。吉尔伯特等人在 2009 年的一项研究发现，想象其他人在同样的情境下会有怎样的感受，有助于人们更准确地预测自己在此情此景中的情绪感受。例如，想象好朋友收到一束鲜花时会有怎样的体验，有助于人们预测自己在相同情境下的情绪感受。但人们同样低估了这种方法的效果，认为自己的体验是独特的，想象他人的情绪感受无助于预测自己的体会。这与人们小瞧推己及人法殊途同归：人们意识不到基于他人的体验来预测自己会更准确，同样也意识不到基于自己的真实体验来推测他人是了解他人的一种好方法。

推己及人是一种不可小瞧的读心秘诀。当你在为朋友挑选礼物，却因无从推测其喜好而痛苦纠结时，当你留心他人行为中的一切细微之处却仍觉得对方心事成谜时，不妨换一个角度，将自己置身于他人所处之境地，通过切身的感受来推想他人的感受，也许能更好地了解他人。商家和营销人员也可将自己置身于目标顾客的情境中，设身处地、推己及人地考虑顾客的感受与需求，设计出更符合顾客心意的产品与营销方案。

小结

生活中有两种常用的读心术：行为观察法是通过他人的行为线索判断其内心感受；推己及人法是用自己在相同情境下的感受推测他人

的感受。推己及人法可以更准确地推测他人的所思所想，但人们常常小瞧这种读心术的效果。

送礼有道

人是社会性动物，为了维系与亲人、朋友、老师、上司等人的社会关系，礼尚往来成了日常交际中不可或缺的部分。好的礼物能精准地捕捉到收礼者的喜好，它不仅能表达送礼者的心意，更能印证"我了解你"，展示双方关系很亲密，深化收礼者和送礼者之间的情谊。糟糕的礼物非但不能促进双方关系的进一步发展，还可能引发误会，破坏原本良好的关系，或者使本就生疏的两人更加尴尬。

糟糕的是，虽然礼物通常凝结了送礼者的很多心思，但能获得收礼者欢心的礼物少之又少。有数据表明，在美国，每三个收到礼物的人中就有一人表示，他们至少退还过一次礼物；即使他们保留了礼物，也经常是不满意的。在送礼者和收礼者之间似乎总有一条鸿沟，送礼者想送收礼者喜欢的礼物，但收礼者总收不到真正满意的礼物。

赠送礼物看似简单，实则大有学问。我们都明白，当我们作为一个送礼者挑选礼物时，一定要以满足收礼者的需要、期待为首要任务。如果我们能准确地完成这一步，就不会出现糟糕的礼物。问题在于，我们常常错误地预测对方的喜好。毕竟如人饮水，冷暖自知，人们买给自己的东西能够贴合自身的需求，但在给别人买东西时，揣测别人的所思所想就没那么容易，即使绞尽脑汁也未必能挑出合适的礼物。

有趣的是，收礼者与送礼者的角色并非一成不变，每个人都有送出礼物的时候，也会有收到礼物的时候。人们送给他人的礼物，是自己希望收到的吗？那些给朋友、恋人送出印着两人合影的定制杯子的人，是否希望收到同样的礼物呢？送礼与收礼的角色转变，究竟会带来怎样的差异？如果你对上述几个问题好奇，不妨看看人们在送礼与收礼时具有哪些心理差异，或许会让你在日后送礼时不再头疼。

完整性与心动度困境

请设想你的好朋友生日将至，你要为她挑选一件礼物。碰巧上个周末你和她逛街时看到两件风衣，一件是她爱不释手的黑色风衣，标价为 1200 元，她觉得这个价格超出接受范围，并未购买，另一件卡其色风衣价格为 800 元，但不如黑色风衣好看，你的好朋友最终没有购买任何一件风衣。你的礼物预算是 800 元，你会为她购买卡其色风衣，还是送给她 800 元购物券，让她另花 400 元买下黑色风衣？

在收礼者更喜欢的非完整礼物和收礼者不那么喜爱的完整礼物之间，大多数送礼者会如何选择？收礼者又会如何想？

我们不妨看看美国波士顿大学的库波（Daniella Kupor）及其合作者做的一项研究。他们推测送礼者和收礼者在礼物交换过程中分别遵循不同的社会规范，送礼者更多地遵守完整原则（completeness norm），在挑选礼物时倾向于购买一个完整的礼物，例如一对耳环、一套餐具；而接受者更多地遵守满意原则（desirability norm），他们在评价收到的礼物时，更注重礼物本身的吸引力和对它的喜爱程度。例如，比起不那么喜欢的一整套餐具，收礼者更期待最爱的那套餐具中的一只碗。

为了检验这一假设，库波等人招募了 300 名被试来到实验室，让他们分别扮演送礼者和收礼者。以餐厅情境为例，送礼者面临如下

消费者的决策：行走于理性的边缘

场景：

你的朋友常常在最喜欢的 A 餐厅点 50 元套餐，在次喜欢的 B 餐厅点 40 元套餐。你会选择请朋友在 B 餐厅吃饭，还是给朋友一张 A 餐厅的 40 元代金券？

收礼者阅读的情境和送礼者的基本相同，只是角色发生了变化，他们需要站在收礼者的角度选择心仪的礼物。研究结果表明，有 64% 的收礼者表示自己更期望得到 A 餐厅的 40 元代金券，而仅有 40% 的送礼者选择了赠送 B 餐厅的 40 元代金券。也就是说，送礼者更倾向于赠送完整的礼物，而收礼者更偏爱最喜欢但不完整的礼物。

这是一个非常奇怪的现象，送礼者明知收礼者更喜欢某个礼物，却出于对完整性的考虑，选择了收礼者喜欢程度次之的礼物。这是为什么？事实上，在刚才的研究中，被试在选择礼物之后还有一项任务：送礼者需要对所选礼物的体贴程度以及朋友收到这件礼物后的感激程度作出评估。同理，收礼者则要想象收到这两种礼物时，自己会觉得送礼者有多体贴以及自己对送礼者有多感激。结果显示，收礼者对不完整礼物的感激程度明显高于送礼者的预测，体贴程度亦如此。在送礼者看来，送不完整礼物不如送完整礼物来得体贴，他们因此预测收礼者收到完整礼物时会对自己更感激，所以放弃了收礼者更喜欢却不完整的礼物。

现实中的送礼与收礼是否符合上述结果？为了检验研究结果的有效性，库波等人开始了第二项研究。他们从大学校园里请来了 62 对好朋友。一半学生作为送礼者为朋友挑选生日礼物，预算为 5 美元。可供选择的礼物包括四类：耳机、U 盘、手电筒和灯。每类礼物各有

第三章　理解社会关系中的消费者

两种不同价位的产品，一种价格为 5 美元，平均评价为三星，另一种价格为 8 美元，平均评价为五星。如果送礼者选择 8 美元的礼物，收礼者需要决定是否愿意自己支付剩下的 3 美元。作为收礼者的另一半学生需要评价收到的礼物。研究结果发现，有 50% 的收礼者选择了 8 美元的礼物，仅有 29% 的送礼者作出同样选择，且送礼者依然低估了收礼者对不完整礼物的感激程度与体贴程度的评价。

回到刚才为好友挑选风衣的事例，根据库波等人的研究，大多数送礼者会选择赠送卡其色风衣，因为在他们看来，尽管卡其色风衣不是好友最喜欢的礼物，但它是完整的，送这件风衣能反映自己对好友的体贴，也能因此得到感激。送礼者不曾想到，好友其实希望获得 800 元购物券，让她只花费 400 元就买下黑色风衣。

这样又出现一个不可回避的问题——赠送了不完整礼物，例如 800 元购物券，最终还要让收礼者自己花 400 元才能得到黑色风衣，可如果收礼者一时资金紧张，无力支付，该怎么办？为了避免是因为送礼者担心收礼者无法负担后续的费用，收礼与送礼之间才存在差异，研究者在新的研究中明确告知送礼者，如果送的是代金券，收礼者一定会使用，并有能力支付余下部分。结果和前两次研究并无差异。

通过库波等人的一系列研究，我们可以发现，送礼者与收礼者的关注点存在差异，送礼者更看重礼物是否完整，而收礼者更关注礼物的吸引力。这种差异造成了送礼者悉心挑选礼物，收礼者却并不喜欢的尴尬局面。

收礼者的笑容迷惑了你

送礼时，人们通常有两方面的考量：首先，收礼者会喜欢什么样的礼物？如果礼物无法满足收礼者的需求，送礼者就会感到挫败。其次，收礼者在收到礼物的那一刻，是否会开心？当面把礼物送给朋友时，如果朋友的反应很平淡，一定会让送礼者大失所望。那么，在上述两个因素中，送礼者更看重什么？是期待朋友更满意，还是期待朋友收到礼物时更开心？

在回答这个问题之前，需要先区分收礼者收礼时的即时反应和满意程度。送礼者总觉得收礼者表现出开心的样子就意味着对这份礼物满意，然而事实并非如此。美国密西根大学的贝里奇（Kent C. Berridge）和加利福尼亚大学圣地亚哥分校的温凯尔曼（Piotr Winkielman）关于潜意识情绪的研究显示，喜欢可以被细分成两种形式：一种形式是喜欢的情绪表现，在大脑还没来得及运作时，人们可能已经在情绪上表现出喜欢了；另一种形式是对喜欢的认知思考，它是人们对礼品仔细评价后再表现出的对礼品的喜欢。脑成像研究表明，未经大脑思考的喜欢和经过大脑思考的喜欢具有截然不同的脑机制。

让我们再来看看收礼者的开心与满意。这里所谓的开心是指收礼者在收到礼物的那一刻在情绪上表现出的开心，它类似于未经大脑思考就触发的喜欢。满意则是收礼者仔细评估礼物后的体验，是经过大脑思考后体验到的喜欢。即使收礼者在收到礼物的瞬间看起来很开心，但在理性思考之后他是否会满意依然是未知数。

回到先前提出的问题：送礼者期待收礼者对礼物满意，还是期待收礼者在收到礼物时表现得开心？新加坡国立大学的杨雪（Adelle X. Yang）和美国芝加哥大学布斯商学院的乌尔米斯基（Oleg Urminsky）探讨了这一问题。他们在情人节前几天招募了一批正准备约会的情侣，想必这些情侣多数正在考虑为另一半选择什么礼物，

第三章 理解社会关系中的消费者

或正在期待会收到怎样的礼物。他们让这些情侣评估三组礼物，每组都包括一份能引发感官上的美好体验，让收礼者在收礼瞬间更开心的礼物，如一打盛开的鲜花，我们称为反应型礼物；还有一份更实用，能让收礼者长期满意的礼物，如两打含苞待放的花，我们称为满意型礼物（见图 3-2）。准备在情人节送礼的人需要选择自己会送哪份礼物，而坐等收礼的人需要选择自己更愿意收到哪份礼物。

有意思的是，送礼者更倾向于送出反应型礼物，而收礼者不怎么买账。相比美丽的反应型礼物，如盛开的鲜花，那些看起来不怎么美观的满意型礼物，如含苞待放的鲜花，更能俘获收礼者的心。想必这一结果会令送礼者无比震惊。

上面所说的都是送礼者和收礼者在送出与收到礼物之前的思考，在已经送出或收到礼物之后，送礼者和收礼者对礼物的实际评价存在差异吗？杨雪和乌尔米斯基要求送礼者和收礼者分别回忆自己最喜欢和最不喜欢的礼物。结果显示，送礼者对自己送出的反应型礼物感到

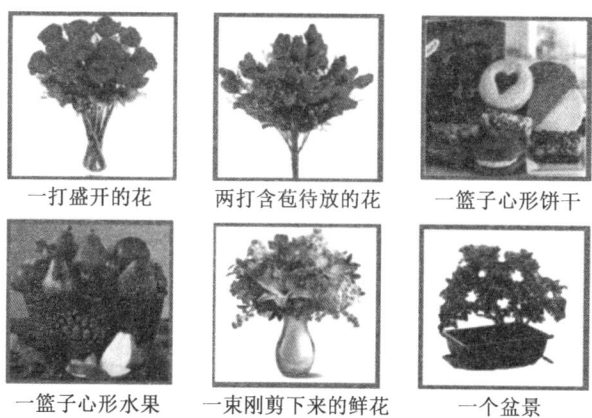

图 3-2 反应型礼物与满意型礼物
（引自 Yang & Urminsky，2018）

满意，而收礼者更喜欢自己收到的满意型礼物。可见，送礼者的信念是根深蒂固的，即使送完了礼物，他们仍然相信反应型礼物要比满意型礼物更好。

为了进一步探讨送礼者是不是因为看重收礼者的即时情绪反应而偏爱反应型礼物，杨雪和乌尔米斯基设置了两种情况。在第一种情况下，送礼者当面把礼物送给收礼者，可以看到收礼者的即时情绪反应。在第二种情况下，送礼者请他人将礼物转交给收礼者，无法看到收礼者的即时情绪反应。研究者认为，当送礼者能够看到收礼者的即时反应时，会更偏爱反应型礼物；而当送礼者看不到收礼者的即时反应时，收礼者会如何反应对送礼者而言不再重要，因而更愿意送出满意型礼物。

杨雪和乌尔米斯基在离圣诞节还有10天时招募了一批已经至少准备了三份礼物的消费者，他们需要列出自己已经准备的礼物清单，并写下送礼物的日期。一个月后，即在这批消费者已经送出礼物一段时间后，杨雪和乌尔米斯基重新联系了他们，请他们汇报自己是否当面给送礼者送礼，并评价收礼者的即时反应，收礼者对所收礼物的长期满意度，以及自己送礼后的愉悦程度。

杨雪和乌尔米斯基发现，送礼者很清楚自己送出的礼物是反应型的还是满意型的。另外，虽然送礼者知道反应型礼物并不能让收礼者长期满意，但仍然会为了看到收礼者在收礼时的笑容而选择这类礼物，这可能是因为收礼者的即时情绪满足比收礼者的长期满意更能让送礼者享受送礼的过程。当送礼者无法当面送出礼物时，就不再看重收礼者收礼时的笑容，而希望收礼者能够对收到的礼物长久满意。

送礼者为什么要寻求微笑？这要追溯到人们的社会交往习惯。在

第三章 理解社会关系中的消费者

日常生活中，人们总想知道自己的行为会对他人产生怎样的影响，并据此改进行为。如果某句话激怒了他人，之后就不再说类似的话，除非直接目的就是惹恼别人；如果得到了他人的赞赏，日后就更可能有类似表现。推及送礼情境，送礼者也会从收礼者的即时情绪反应中推测收礼者满意与否。如果收礼者反应平平，送礼者以后可能就不会再送出类似礼物；如果收礼者非常惊喜，送礼者就会认为礼物送对了。但正如前文所言，收礼者表现出的即时喜欢不一定能转换成长期的满意，即收礼者的即时情绪表现并不能反映他们对礼物的态度，这也导致送礼者与收礼者的关注差异。

这给了我们一个启示：在送礼时不要一味地强调礼物有多华丽，使收礼者得不到他们真正想要的礼物；华而不实的礼物虽然能博得收礼者一笑，却不如实用性礼物能真正讨得收礼者的欢心。

讨人喜欢的共享礼物

相比礼物本身的价值，收礼者更在意的是礼物蕴含的送礼者的心意。其实，送出令收礼者满意的礼物也没有人们想象的那么难。既然礼尚往来的行为是为了建立与维护人们之间的情感联结，选取那些有助于增进情感联结的礼物自然会更受欢迎。美国威斯康星大学麦迪逊分校的波尔曼（Evan Polman）和加拿大多伦多大学的马利奥（Sam J. Maglio）提出，共享礼物（companionizing gift）能够通过增进情感联结获得收礼者的喜爱。共享礼物指送礼者也拥有一份与送出的礼物相同的产品，即"我给你买的礼物，我自己也有一份"。

"共享"二字一直具有独特的魅力，人们常会共享物品以显示亲昵，也会对与自己有共享回忆的老乡、校友有更高的评价。为何共享如此有魅力？归因理论的创始人海德（Fritz Heider）提出，共享能够凸显人与人之间的共同点，这种相似性能够构建人们之间的"单位关系"（unit relation）。有趣的是，这些单位关系在很多情况下并不是由人们主观决定的。人们可能会和喜欢的人同名同姓、同地区，也可能和不喜欢的人有一些共享的经历，也就是说，单位关系不代表情感关系（sentiment relation）。尽管如此，单位关系还是多多少少会影响情感关系。相比与你毫无联系的陌生人，你是否会对一个从小到大都与你来自相同学校的人更有好感？这或许就是单位关系的魔力。

海德提出了态度的平衡理论（balance theory）来解释单位关系对情感关系的影响。根据平衡理论，人们倾向于使单位关系与情感关系保持一致。举个例子，如果你有一个不喜欢的杯子，但出于某种原因，你需要天天使用它，"经常使用一个不喜欢的杯子"这件不平衡的事会令你感到不适。为了缓解这种不适，你只好尝试喜欢上这个杯子，以达到平衡。所以，在与某人存在单位关系且难以改变时，人们对此人的情感关系就会变得更积极，会更喜欢此人。人们会改变情感关系，以使单位关系与情感关系达成平衡。

波尔曼和马利奥认为，当自己与他人因相似点而形成单位关系时，人们不仅会对他人更有好感，而且会增加对相似点本身的好感。人们可能因为遇到同样喜欢某部电影的人而更喜欢该电影，因为看到有人使用与自己相同的电脑而对此款电脑有更高的评价。共享的礼物能够制造一种单位关系，人们对共享礼物的评价也可能会更积极。

为了检验共享礼物能否增加人们对礼物的喜爱，波尔曼和马利奥邀请了616名被试参与一项礼物评估的研究。研究中设置了10个礼物，包括笔记本、雨伞等。被试随机看到其中任意一个礼物，并评估对礼物的喜爱程度。一半被试被分入共享礼物组，另一半被试被分入非共享礼物组。共享礼物组的被试读到这样一段话:"请想象你在一个特殊场合收到了一份礼物。你打开包装,发现里面是一个全新的礼物,还附带一张卡片,卡片上写着:'我希望你会喜欢这份礼物,我给自己也买了一份相同的礼物!'"非共享礼物组的卡片上只写着:"我希望你会喜欢这份礼物!"研究结果显示,共享礼物组的被试比非共享礼物组的被试更喜爱他们收到的礼物。这就是说,尽管礼物相同,共享的礼物依然会更受青睐。

上述研究发现共享礼物更受欢迎,但并未说明其原因。是否如平衡理论所言,共享礼物造就了一种难以改变的单位关系,使收礼者不得不喜欢共享礼物?波尔曼和马利奥认为,可以通过操纵单位关系来探究共享礼物受欢迎的内在机制。如果随着单位关系减弱或消失,情感关系也相应地变得消极,就说明平衡理论能够解释人们对共享礼物的偏爱。

有两种方法可以改变单位关系:其一,改变共享者。在之前的研究中,共享礼物指送礼者自己也拥有一份送给收礼者的礼物,但如果共享礼物是由收礼者与除送礼者之外的某个人共享呢?根据平衡礼物,共享礼物并不能提供收礼者与送礼者之间的单位关系时,收礼者对共享礼物的偏爱将不复存在。其二,改变共享时间一致性。共享时间一致性指送礼者自己何时拥有与送出礼物相同的物品。如果共享时间与送礼时间接近,即自己才买下该物品没多久或正在使用该物品,共享程度就较高,单位关系自然更紧密;如果共享时间距离送礼时间很久,单位关系则相对较薄弱。

波尔曼和马利奥招募了1450名被试参与这个新研究。研究程序与先前研究相同,但除了原先的共享礼物的条件与非共享礼物的条件之外，还加入了无单位关系的条件与共享时间不一致的条件。被分入无单位关系礼物组的被试读到这样一段文字："请想象你在一个特殊场合收到了一份礼物。你打开包装，发现里面是一份全新的礼物，还附带一张卡片，卡片上写着：'我希望你会喜欢这份礼物，我给我的姐姐也买了相同的礼物！'"而共享时间不一致组的被试阅读的卡片上写着："我希望你会喜欢这份礼物，我在一年前也给自己买了相同的礼物！"接下来，被试需要评估对礼物的喜爱程度。

研究结果显示，共享礼物组的被试对礼物的评价高于非共享礼物组、无单位关系组和共享时间不一致组的被试对礼物的评价。在单位关系消失或被削弱的情况下，人们对共享礼物的评价也有所降低，这说明共享礼物确实通过构建单位关系来改善收礼者对礼物的情感关系。

人们在送礼时常常希望能有一个固定的答案，只要找到这个答案就可以一劳永逸，但所有能令收礼者感到贴心的礼物，都需要送礼者设身处地地细心琢磨，而非自以为是地挑选。完整的礼物即使看起来很完美，也不如收礼者真心喜欢却不够完整的礼物更能令收礼者欢喜；华而不实的礼物即使能令收礼者当时露出笑容，也不如能带来持久欢愉的实用礼物；一件普通的礼物，可能仅仅因为送礼者自己也拥有，就能使收礼者爱屋及乌，更喜欢这一礼物。或许我们在送礼时更应该想想收礼者究竟想要什么，想象如果换成自己，会想收到怎样的礼物。

小结

送礼者精心挑选礼物，收礼者却常常不满意，原因在于送礼者错误地预测了收礼者的喜好。在收礼者的心中，平淡是真，情谊最大。

我看见损失，他人看见收益

买，还是不买，这是个永恒的问题。在这个亘古不变的主题下，不断变化的是消费的情境：有时我们自己决定是否购买，有时我们给别人出谋划策，提供建议。两者是否会有所不同？也许你购物时总是三思而后行，但如果朋友去购物，邀请你做参谋，你还会建议他三思而后行吗？我们不必急着给出答案，先来设想两个相似却不同的情境。

你和朋友一起逛街，路过一家服装店，橱窗里的一件新装吸引了你。你很喜欢这件衣服，几番试穿，却因高昂的价格而犹豫。谨慎的你询问朋友的意见，朋友告诉你，该出手时就出手，但买无妨。

同样是你和朋友一起逛街，路过一家服装店。朋友相中了店里的一件新装，但这件衣服价格不菲，朋友有些纠结，于是询问你的意见。你非常潇洒地说："买啊！你这么喜欢这件衣服，当然可以买。"

等等，好像有些不对劲。在第一个情境下，你反复纠结，可见你不是一个会大手大脚乱花钱的人；在第二个情境下，为什么你的态度却变成"都行、可以、没问题"了呢？我们可以发现，关键在于决策对象发生了变化：前者是为自己决策，后者是为他人决策。

做指挥官和做参谋的人，常常会在决策上发生分歧：指挥官思前想后，顾虑良多，按兵不动；参谋却在一旁献计献策，"大帅，当机立断啊"，巴不得马上急行军。这样的场景在各种影视、文学作品中并不少见。换一个身份，决策就容易变得完全不同，这是为什么？

为了理解这种现象，陆静怡与谢晓非进行了一系列研究。首先，他们证明"指挥官"和"参谋"的决策的确存在差异。他们赋予被试不同的角色：一部分被试想象自己是人力资源经理，另一部分被试想象自己作为一位人力资源经理的朋友，为其提供建议。两组分别对应为自己决策和为他人决策的情况，接下来所有被试都面临这样一个决策情境：公司需要在两种招聘计划中作出选择，第一种是效益至上策略，即将一半名额分配给校园招聘，另一半名额分配给社会招聘，这种招聘计划已被证明最有效，但不会得到政府的奖励；第二种则是顺应时势策略，即迎合政策的需求，把65%的名额分配给校园招聘，把余下35%的名额分配给社会招聘，这种招聘计划虽然效果不如前者，但公司可以借此获得政府的奖励。一部分被试被告知，公司过去采用的是效益至上策略，另一部分被试则被告知，公司过去采用顺应时势策略。现在，人力资源经理可以作出改变，从两种招聘计划中任选一个，由被试评估两种策略的吸引力和对决策结果的责任感。

研究结果不出所料。不论公司以往的策略如何，为自己决策的"指挥官"更倾向于沿用原招聘策略，为他人决策的"参谋"更倾向于换用新的招聘策略。在排除了责任感的影响后，这个结果依然保持稳定。可见，不同的角色的确会带来不同的决策结果。

想要解释清楚这种现象背后的原理，我们得先从人们决策的基本规律说起。人们具有一种行为惯性，即在决策中倾向于保持现状。尽管在某些决策情境中作出改变或许会带来创新与获益，但决策者依然可能稳如泰山，照旧行事，这便是安于现状偏差（status quo bias）。最有力的例子之一或许是器官捐赠表：如果表单上默认的选项是"不参与捐赠登记"，人们便倾向于维持这个默认选择，愿意器官捐赠的人数便不甚理想；如果默认选项是"参与捐赠登记"，由于安于现状偏差，一些人默默地接受了这个选项，同意器官捐赠的人数会明显上升。

如果把当前现状想象成一条起跑线，作为人们决策的参照点，不

第三章　理解社会关系中的消费者

同的选择将可能导致前进、后退或者停在原地等不同的结果。决策往往面临风险，就像玩《大富翁》游戏时抽到的机会卡，有时候我们会被好运眷顾，抽中"前进五步"，有时候则会倒霉地"后退五步"。在结果有好有坏的情况下，决策者需要权衡利弊，选择是否玩这一局。根据安于现状偏差，人们更希望不抽这张机会卡，维持原有位置。选择抽卡其实利弊相近，或许还能够加快前进的步伐，为什么人们宁肯维持现状呢？

此时必须考虑损失厌恶（loss aversion）。正如其名，损失厌恶指人们对损失的敏感程度远大于对获益的敏感程度。与起跑线所在位置相比，前进的五步和后退的五步在远近上相同，在心理上的感受却不同：人们更重视和关注后退的五步，希望尽可能回避这种糟糕的结果。于是，决策的天平不再平衡，对"后退五步"的担忧压倒了对"前进五步"的渴望，人们选择不去冒险，宁可停在原地。

为自己和为他人作决策时风格变化的根本原因，正是因为不同角色下人对损失的厌恶程度存在差异："参谋"更关注行动的收益，而"指挥官"更关注行动的损失。这意味着，作为"指挥官"的你，拟定战略时直面决策问题，会非常在乎人员的伤亡、军备的损坏，容易觉得保存实力比攻城略地更重要，所以选择按兵不动；而替你作决策的"参谋"相较之下更置身事外，他们看到的是战斗胜利带来的领土扩张，可能的损失对他们而言不太要紧，所以他们鼓吹大举进军。

图 3-3 展示的是消费者为自己和为他人作选择时的价值函数。相比为自己决策，为他人作决策时，获益部分的价值曲线不那么平缓，而损失部分的价值曲线不那么陡峭。简单来说，人们在为自己作决策时的损失厌恶程度大于为他人作决策时的损失厌恶程度。

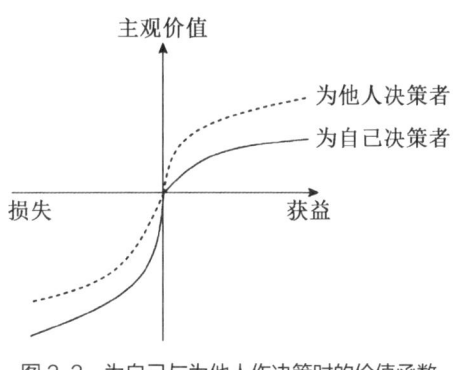

图 3-3 为自己与为他人作决策时的价值函数
（引自陆静怡，尚雪松，2018）

想要了解损失厌恶在人们为不同对象决策时究竟发挥着怎样的作用，可以接着看陆静怡与谢晓非的另外几个研究。首先，他们考察被试在决策中的实时想法。在研究中，他们设计了购买笔记本电脑的情境。被试依然被随机分为"指挥官"和"参谋"两组，"指挥官"为自己选购电脑，"参谋"则需要给朋友提供建议。他们被告知，自己（或者朋友）已经使用 A 品牌笔记本电脑几年了，目前正在考虑换新电脑，可选项包括 A 品牌和 B 品牌。两种品牌的电脑的特征、尺寸、价格都差不多，区别在于 A 品牌电脑更时尚，线下服务门店离购买者家更近，而 B 品牌电脑重量更轻，同时提供免费的客户服务。接着，被试在考虑的过程中记录至少三条实时想法，评估购买两种品牌电脑的可能性，并最终作出购买（或推荐）选择。此外，陆静怡与谢晓非还测量了被试的损失厌恶程度，在问卷中询问被试"B 品牌电脑有多大可能优于 A 品牌电脑"。若被试认为 B 品牌电脑越差，就表明他们对新的可选项越不感兴趣，越厌恶损失。

在分析时，陆静怡与谢晓非整理了被试在决策过程中出现的真实想法，将其分为三类：新选项的缺点，例如"B 品牌电脑没那么时

第三章　理解社会关系中的消费者

尚"；新选项的优点，例如"B 品牌提供免费服务"；以及其他方面，例如"两个品牌价格相近"。研究结果依然表明，为自己决策的被试对用过的 A 品牌评价更高，也更倾向于选择继续使用它。而从被试在决策过程中记录的真实想法来看，为自己决策的被试会首先想到 B 品牌的缺点，所列出的 B 品牌的缺点也更多。陆静怡与谢晓非比较了两组被试的损失厌恶程度，果然，"指挥官"更厌恶损失，他们普遍认为新选项不大可能优于老选项。

既然"指挥官"和"参谋"各自为政的现象是人们为自己决策时更关注损失而引发的，如果能降低这种关注，提高获益的"存在感"，理应能让"指挥官"变得更激进。于是，在后续的研究中，陆静怡与谢晓非探究了如何削弱为自己和为他人决策的差异。这一次，被试想象自己或者朋友需要更换网络套餐。可供选择的方案有两种，一个是 A 公司提供的套餐，附赠来电者身份显示以及免费的网线；另一个是 B 公司提供的套餐，每月附赠 60 分钟通话时长以及电视点播服务。两种套餐的费用、网速相同。研究者要求一部分被试"先扬后抑"，在决策前先列出与以前不一样的套餐的三个优点，再列出三个缺点；另一部分被试则"先抑后扬"，以相反的顺序进行，先写出缺点，后写出优点。从研究结果来看，那些"先扬后抑"的被试，不论是"指挥官"还是"参谋"，都更倾向于换成新套餐；"先抑后扬"的被试总是更倾向于维持不变。显然，此时为自己和为他人作决策的差异消失了。看来，强调改变的好处，让这些好处先入为主，在一定程度上能够消除人们的安于现状偏差。

除了安于现状偏差，不同的损失厌恶程度还会让为自己和为他人作决策的消费者在其他方面有不同表现吗？请看以下两个问题。

消费者的决策：行走于理性的边缘

问题一：你看中了一件大衣，原价为 1000 元，现在"双十二"来临，它的售价为 750 元。你是否愿意购买？

问题二：你看中了一件大衣，原价为 1000 元，"双十一"时的售价为 500 元，但是由于工作繁忙，你错过了优惠活动。现在"双十二"来临，它的售价为 750 元。你是否愿意购买？

如果你和绝大多数消费者一样，相比问题一，你在面临问题二时就更不愿意购买这件大衣，尽管它在两个问题中的原价都是 1000 元，现价都是 750 元。因为错过了一个好机会，消费者在面对次好机会时倾向于继续不作为，这种现象叫作不作为惯性（inaction inertia）。

为自己和为他人作决策的消费者在不作为惯性上是否存在差异？在陆静怡、贾汇源、谢晓非、王秋鸿的一项研究中，他们采用眼动技术，记录了被试在消费决策过程中视线变化的情况。被试面前的电脑屏幕会以随机顺序呈现 70 种商品，每次呈现商品时，屏幕上会同时显示该商品的原价、最优价格（一周前的价格）、次优价格（现价），被试需要决定是否购买。被试在这个研究中会既当"参谋"，也当"指挥官"：他们或先为某个朋友决策，完成一组任务之后，再切换至为自己决策的"指挥官"模式；或先为自己决策，再切换成为朋友决策的"参谋"模式。

陆静怡等人发现，在为自己决策时，相比原价，被试会更关注先前价格——盯着看的次数更多，目光停留的时间也更长了；而为他人决策时，被试对原价和先前价格的关注程度没有明显的差异。这意味着，"指挥官"更重视现价与先前价格之间的差异，最近价格是涨还是跌对他们来说才是最要紧的问题；而"参谋"更关注现价与原价的差异，重视当前究竟有多大的价格优惠。前者是在警惕可能的损失，后者是在盘算单纯的获益。可见，相比为自己作选择的消费者，为他人作选择的消费者体现出更弱的损失厌恶。

人们为自己作决策时表现出很强的不作为惯性，一旦错过最佳机会，他们就不愿意将就；为他人作决策的消费者则很少受困于不作为惯性，次优机会虽然顶着"次优"之名，但毕竟是机会，他们依旧看到其中的好处，果断把握住次优机会，正所谓"往者不可谏，来者犹可追"。

回归我们最初的疑问。从简单的买与不买之问出发，我们发现不同身份的决策者很可能在损失厌恶影响下作出不同的选择。为自己作决策时，我们会因更强的损失厌恶而顾虑"失"：受困于安于现状偏差，沿用旧选项，不肯作出改变；又或者栽进不作为惯性的陷阱，在错过一个最好机会后眼睁睁地看着次好机会也溜走。当我们从"指挥官"降级为"参谋"时，损失厌恶降低，在意所得而变得激进起来：看重新选项的优势，愿意改变现状，也更能把握住次好机会。了解了这些心理学原理，也许你可以在激进与保守之间找到一个更好的平衡点。

小结

人们为自己作选择时看重损失，为他人作选择时看重获益。这使得为自己作决策的人安于现状，而为他人作决策的人乐于改变；为自己作决策的人错失良机，而为他人作决策的人善于把握次好的机会。

被人排挤时，如何拯救孤独的自己？

被排挤的感受非常"扎心"，它迅速让心情"晴转多云"。这种感受令人沮丧、受挫，它在日常生活中的出镜频率并不低，我们时不时会感觉自己被排挤：也许是篮球场上没有人愿意给你传球，你只能单打独斗；也许是朋友一起出去吃饭没有叫上你，你只得一个人点外卖；也许是在聊天群里，你说了句话，没有一个人愿意回复……翻开童年回忆，记忆里哭得最惨的画面，也许不是自己班被别的班打败的时候，而是同班同学不跟自己玩的时候。身陷这些情境时，我们就经历着社会排斥（social exclusion）。

社会排斥指人们在人际交往中遭受排斥和拒绝，它是一种普遍存在的体验。当人们经历社会排斥时，首当其冲受到威胁的是我们的归属感。人总是追求归属感，希望置身于某个群体内部，作为大家庭的一员而存在。当遭受社会排斥的时候，人们对归属感的基本需求得不到满足，会通过各种方法来重获归属感。

经历社会排斥时，我们也会思考自己被排斥的原因。有时我们会认为，被排斥的原因来自自己，例如能力差、个性不好等，导致别人不愿与自己相处，"我不是一个好队友，所以大家不要我"。有时我们会把矛头指向外部，认为是别人不靠谱，"我的队友跟我合不来，这不是我的错"。

在应对社会排斥的过程中，人们的思考方式不同，目标、归因不同，可能采取的行动也多种多样。有时，我们努力让自己重新被接纳，于是参加更多的社交活动，更卖力地结交新朋友，更倾向于与他人合作；有时我们却反其道而行之，给别人更多的负面评价，减少帮助行为，颇有独善其身的感觉。此时，人们会以怎样的策略应对呢？

"求你和我一起玩"

遭遇社会排斥之后，人们希望获得被群体重新接纳的机会，遵从他人的倾向会增强，努力与群体成员的表现保持一致。我们可以将

第三章 理解社会关系中的消费者

这种策略总结为"如果你不和我一起玩,我就会软磨硬泡,求你带我玩"。消费作为一种传递信息、表达自我的途径,也在其中扮演着重要的角色,人们会为此改变自己的消费选择。不论是购买具有集体特征的商品,例如印有学校校徽的衣服,还是请客吃饭或给人送礼,都是"求你和我一起玩"的表现。有时候,人们的消费偏好甚至会变得与潜在的同伴群体更相似,以融入群体中。

来自澳大利亚墨尔本大学的米德(Nicole L. Mead)及其合作者发现了遭遇社会排斥后人们消费偏好的变化。在研究中,被试需要完成两个表面上无关的任务。第一个是人格调查。在这个任务中,被试先完成《自我监控水平量表》,然后填写人格问卷,而问卷的反馈结果其实由研究者操纵。一部分被试被分配到社会排斥组,研究者告诉这些被试颇有威胁性的信息:"你现在或许有朋友,但到 20 多岁时大部分关系会消失,你的婚姻难以长久维持。随着年龄增长,你会越来越孤单。"另一部分分配到社会接纳组的被试则得到好消息:"你终身都会拥有良好的人际关系。你很可能拥有长久、稳定的婚姻以及可以延续到晚年的友谊。"

完成人格调查后,被试接着参加第二个环节——消费者偏好调查。在此调查中,研究者告知被试,他们将与另一名同伴一起讨论对各种商品的看法。被试需要先与同伴交换关于消费习惯的信息。当然,同伴的信息都由研究者操纵,内容有三种:同伴是喜欢存钱和节俭的人;同伴是花钱大手大脚又奢侈的人;研究者假装没找到同伴的信息记录,不提供任何信息。在了解自己的同伴之后,被试需要评价四款商品。这些商品有的很奢侈,有的很朴实,包括豪华手表、超市会员、影视网站会员和利润不菲的理财账户等。

通过这个研究，米德等人发现，自我监控水平高的被试在受到社会排斥威胁时，倾向于为了取悦他人而改变消费偏好，他们成为另一名同伴的镜子：如果同伴是个奢侈的"土豪"，这些被试就更喜欢豪华手表；如果同伴是个一毛不拔的"铁公鸡"，这些被试就更倾向于储蓄和理财。相比之下，自我监控水平低的被试并不期望通过消费行为获得认可，不管是否受到社会排斥，他们都不太会模仿同伴的消费习惯。

"特立独行的我不稀罕与你玩"

除了努力在消费上融入群体，建立人际关系，人们还可能用另一种方式应对社会排斥——拒绝折腰，认为"我是特别的，不稀罕与你玩"。

想象这样一个情境：你和一群新认识的朋友去麦当劳，有人建议先点几份小食大家分享，然后各自点主食。在点菜的时候，你发现没有人愿意和你分享炸鸡块或者薯条，接下来你会点怎样的主食呢？

当人们将遭受社会排斥的原因归结于独特的自我时，这种内在的原因是稳定的，并不那么容易改变，人们就不执迷于寻求融入群体，而是以行动来证明自己的独特性。在麦当劳点餐这个情境中，如果你认为被排斥的原因在于自己追求健康饮食和严格控制卡路里摄入，接下来你就很可能不会随大流点汉堡，而是点了一份蔬菜沙拉，这份沙拉将助你证明自己的独特性。

来自香港大学的万雯与合作者徐菁、丁瑛进行了一个研究，希望通过操纵被试对社会排斥原因的认识，观察它是否会带来消费模式上的变化。在这个研究中，被试先阅读一个线上交友的情境：被试在社交网站上发现了三个很有吸引力的人，然后向这些人发送了关于自己的介绍和加好友的请求。社会排斥组被试的加好友请求全部被拒绝，

第三章　理解社会关系中的消费者

社会接纳组被试的加好友请求全部被通过，此时被试要评估自己被排斥与忽视的程度以及当前情绪。

接下来，被试阅读一篇论述个人特质的文章。一部分被试看到的文章声称，人们的个人特征难以通过努力而改变；另一部分被试看到的文章声称，个人特质是变化的，可以通过努力来培养和发展。读完文章后，被试报告自己对个人独特性的需求程度。最后，被试完成一个对度假地点的决策。研究者提供巴厘岛和普吉岛两个选项，并告诉被试调查显示19%的人更喜欢普吉岛，81%的人更喜欢巴厘岛（这两个度假小岛对游客的吸引力实际上相同）。被试需要二选一，并评估作出独特的选择是否对自己有益。

研究结果显示，如果被试认为社会排斥的原因是内部的、稳定的，被排斥时就更偏好与众不同的选择，此时有67%的被试选择去相对冷门的普吉岛。而如果被试认为社会排斥的原因是不稳定的、可改变的，多数人就随大流选了巴厘岛，仅有21%的人仍然钟情于小众的普吉岛。由此可见，应对社会排斥的策略很容易受到人们归因方式的影响：相信受排斥的原因可以改变的人，倾向于放下身段，"泯然众人"；而相信自己本性难移的人，倾向于比以前更特立独行。

"找个虚拟伙伴陪我玩"

一些人另辟蹊径，为缓解社会排斥带来的威胁，他们选择在所消费商品的特性上做文章，寻找另类的陪伴。

其实，商品不仅仅是用来消费的，它也能作为一种媒介，成为人际关系的纽带。商品本身甚至可以作为建立关系的目标，与消费者形成类似于人际关系的联结。拟人化品牌（anthropomorphized brand）具有与人相似的外表特征、动机或者情感，足以让消费者将其类比成人。它可能是像人一样的吉祥物，例如著名的海尔兄弟；可能是一个人形的标志，例如乔丹牌球鞋的商标；也可能具有人类的行为模式，例如像熊孩子一样调皮捣蛋的熊本熊。各种印在零食包装袋上的品牌卡通形象，有时就是陪伴吃货的"虚拟伙伴"（见图 3-4）。

图 3-4　拟人化品牌

为了拯救孤独的自己，人们可能选择拟人化品牌作为建立社会关系的目标。既然这些拟人化品牌与人相似，就不一定需要真正的人来"陪我玩"，因为拟人化品牌可以在一定程度上满足被排斥者的归属感需求："它们就是我的伙伴，有它们陪着，我就不是孤单一人。"

为了检验这种现象，来自香港浸会大学的陈鹏（Rocky Peng Chen）及合作者万雯等人进行了一个研究。研究者先通过线上传球游戏来制造社会排斥。在游戏中，研究者要求被试和另外两个"参与者"一起练习心理想象能力，在脑海中想象球员、环境、天气等，同时点击游戏中的按键来接球和传球。不过，被试并不知道另外两名"参与者"只是按照研究者预先设置而行动的电脑程序。一半被试不会被"参与者"排斥,在游戏中能获得 1/3 的接球机会;而另一半被试被"参与者"无情地排斥,只在游戏开始时得到两次接球机会,剩余时间只能望着"参与者"互相传球,自己被晾在一边。传球游戏结束后,被试评估自己被忽视、拒绝的程度。

接着,被试参与一个看似无关的消费者调查。研究者告诉被试,这个调查意在考察消费者对 M&M's 牌糖果的态度。一半被试在指导下将糖果想象为人物形象,另一半被试则仅仅将糖果想象为物体。最后,被试反馈自己对 M&M's 牌糖果的喜好程度。参与完研究后,被试除了可以收到金钱报酬,还可以在两种差不多的糖果中选一种作为额外奖励:一种是被研究者操纵形象的 M&M's 牌糖果,在一部分被试眼里它拟人化了,而在另一部分被试眼中它只是普通的糖果;另一种是彩虹糖(Skittles),在研究中没有关于该糖果的任何拟人化信息,对所有被试而言它都只是一款普通的、非拟人化的糖果。

研究者发现,没有遭受社会排斥的被试对拟人化和非拟人化糖果的喜好程度相当,选择作为奖励的糖果品牌也是两种品牌五五开,而体验到社会排斥的被试给了拟人化糖果更高的评价。不仅如此,在这部分遭受社会排斥的被试中,若没有经过将糖果拟人化的想象,仅有 53% 的人会选择拟人化糖果作为奖励;而经过拟人化想象后,这一比例提升到 82%。由此可见,"有人与我玩"的时候,被试的归属感并未受到威胁,人们不那么在意商品是否具有拟人化属性;而"没人与我玩"的时候,人们就变得非常想要抓住拟人化商品这根拯救归属感的稻草,哪怕这个一时的"伙伴"仅仅是一件商品。

不论是追求重获接纳,还是通过寻找拟人化品牌获得弥补,又或者干脆不为所动,维持独特的自我,究其原因都源于人们不同的心理状态和归因方式。各种方法孰优孰劣其实并无定论，只要能帮助人们更好地适应现状，缓解社会排斥带来的沮丧与压抑感，就可以一试。

小结

人们有多种方式应对社会排斥给归属感带来的威胁，例如通过模仿他人的消费行为努力融入群体，坚持独特的自我，使用拟人化品牌，等等。

决策太快，容易获差评？

请闭眼回想你的一位朋友，浮现在你脑海中的他具有怎样的形象？我们对朋友的印象来自诸多方面的表现：容貌与气质、衣着打扮、言谈举止……不过，你是否知道，一个人作决定时所用的时间长短也会影响我们对他的印象？

生活中，如果他人的决策时长不同，即使他们最终作出相同的决策，我们对他们的判断也会有差异。让我们看看以下三种情境。

首先是约饭篇：你同时邀请两位朋友出去吃饭，一位朋友很爽快地答应了你的邀约，另一位朋友思考了很久才答应。同样都答应了邀请，"秒回"的朋友给你一种他非常乐意与你一起出去吃饭的感觉，而"等得花儿都谢了"的朋友让你觉得，他是勉强同意的。

其次是应聘篇：你同时应聘了两家公司。A公司在面试结束的当天晚上就给你发来录用通知，而B公司的录用通知过了近半个多月才姗姗到来。也许你会觉得，A公司很欣赏你，十分肯定你的能力；同时，B公司就显得犹豫不决。如果两家公司的实力及薪资旗鼓相当，你就很有可能选择A公司。

第三章 理解社会关系中的消费者

最后是谈判篇：我的一个朋友和上司谈加工资，朋友刚表明自己的预期月薪是 7000 元，上司就一口答应了他的要求。事后，这位朋友很后悔，他觉得上司之所以那么快就答应了，是因为他提出的期望工资太低了，他应该提更高的工资。如果上司犹豫片刻再答应他，朋友就不一定会后悔了。同样，生活中最接地气的谈判就是和小商小贩讨价还价，如果你报了一个价格，老板一口答应，你就会觉得报高了，还可以将价格砍到更低。如果你和老板扯皮了很久，老板才答应以某个价格出售，你就会觉得自己赚到了。

在这三种情境中，他人的决策时长都影响我们的判断与评价。很多时候，人们认为快速作出的决定反映了坚决的态度，而很久才作出的决定反映了犹豫或不情愿的态度。

来自荷兰蒂尔堡大学的埃文斯（Anthony M. Evans）和埃因霍芬理工大学的范德卡尔赛德（Philippe P. F. M. van de Calseyde）也注意到这个现象，他们猜想作决策时间的长短会影响消费者对他人态度的极端性、理性程度和道德水平的判断。他们采用公共物品博弈任务（public good game）来检验上述猜想。这一任务考验集体利益与个人利益冲突时的道德两难问题。被试以四人为一组完成该任务，每一组有一个公共账户，每名被试拥有 8 欧元，他们可以自由选择将多少钱放到公共账户中。放到公共账户中的钱会被翻倍，然后平分给小组中的四个人。如果四名被试都将自己手中的 8 欧元放到公共账户中，最终每人都能拿到 16 欧元，这种选择反映了对集体利益的高度关注。如果某人放入公共账户 4 欧元，其他三个人一毛不拔，翻倍的钱被均分之后，这个人就只能回收 1 欧元。最有利于个人利益的办法就是不投一分钱，等着别人将钱放入公共账户，坐享其成。

在研究中，研究者先让被试阅读公共物品博弈任务的规则，然后告诉他们，有一个小组成员用了 5 秒作出决定，另一个成员用了 15 秒作出决定，被试需要分别估计用时不同的两个人放入公共账户的钱数、道德水平和理性程度。结果显示，相比用时长的组员，被试认为用时短的组员作出的决定更极端，他们或者非常自私，或者非常无私，同时，被试认为自私的人道德水平较低，行为更不理性。

这一结果对我们的日常生活颇具启示。当遇到道德两难问题，如果作出决定的时间太短，很可能会给他人留下不好的印象。就像你的妻子忽然问你："你妈妈和我同时掉进水里，你会先救哪一个？"虽然这是一道"送命题"，但在妻子的逼迫下，你必须作出选择。如果你很快选择了救母亲，妻子当然会非常伤心，觉得你一点儿都不在乎她；如果你很快选择了救妻子，妻子虽然会觉得你很爱她，但认为你一点儿都不孝顺……来自美国斯坦福大学的托尔马拉（Zakary L. Tormala）与合作者的研究表明，人们更相信深思熟虑后的反应，慢一点作出决策通常会让他人更信任你。太快作出决定，就不会得到很好的评价。也就是说，如果你犹豫很久才作出决定，无论你选择了什么，在旁人眼里你的内心都充满挣扎，显然，亲情和爱情在你心中都举足轻重，你的决定是被逼无奈作出的。可见，在这道"送命题"面前，最重要的可能是决策时长。

在道德两难问题中，决策时间越短就暗示着决策者体验到的矛盾感越弱。正因如此，人们常常通过决策时长推测决策者有多矛盾，进而对决策者作出评价。这种情况下，如果决策者的决策时长并不由自己决定，而是"身不由己"呢？例如，在一些竞猜类电视节目中，常常要求答题者在 10 秒内作出选择。在规则限制下，所有答题者都必

第三章 理解社会关系中的消费者

须快速作答，这并不能说明他们的态度都非常坚定。研究者猜想，当决策时间受到外界限制时，观察者无从知晓决策者真实的决策时长，也因此不再依赖决策时长形成对决策者的印象。

为了检验这个猜想是否正确，埃文斯和范德卡尔赛德控制了决策者作决定的时间。首先，他们让所有被试都阅读公共物品博弈任务的规则，被试得知有个叫迈克的人与同伴一起参加了这个任务。接着，被试被分成四组，每组被试阅读到的关于迈克的描述都不同。在第一组中，迈克的决策时间由他自己决定，最终他在 10 秒内作出了决策；在第二组中，迈克的决策时间由他自己决定，最终他花了 10 秒以上的时间作出了决策；在第三组中，迈克被要求必须在 10 秒内作出决定，他按要求完成了任务；在第四组中，迈克被要求必须花 10 秒以上的时间作出决定，他按要求完成了任务。最后，被试需要判断，迈克在作决定时体验到的矛盾程度及其道德水平、理性程度。

结果显示，当迈克的决策时长身不由己时，观察者认为决策时长并不能反映迈克体验到的矛盾程度、道德水平和理性程度。只有在决策时长没有受到外部限制时，观察者才会将其作为评估的重要线索。

我们形成对他人的印象的过程错综复杂。除了决策时长，我们掌握的其他信息（例如对方的面部表情）也会产生影响。正所谓察言观色，在日常生活中，我们经常通过观察他人的表情对其作出判断。例如，我们更愿意与微笑的人合作，因为微笑意味着温暖、友好与利他，微笑的人因而更容易博得我们的信任。如果综合考虑表情信息与决策时长，会对形成对他人的印象有怎样的影响呢？

埃文斯和范德卡尔赛德又进一步探讨了这个问题。他们还是先请被试阅读公共物品博弈任务的规则，告知被试在此次任务中需要对 24

个参与者作出判断。接着，被试观看参与者的照片并了解他们作决策所用时长。其中既有面带微笑快速决策的人，又有面带微笑思虑良久的人，当然也有面无表情的"快枪手"和"沉思者"。最后，被试需要预测这些人往公共账户中捐赠了多少钱，并评价自己是否信任这些人。

研究者发现，无论他人的决策速度是快还是慢，被试都会因为一张笑脸而高估他人的合作性。更有意思的是，如果决策者很快作出决定，微笑所起的作用就更大。此时，人们认为微笑者和面无表情者有天壤之别，微笑者的合作性非常高。如果决策者犹豫了半天才作出决定，微笑的作用就减弱了。微笑的魔力真不可低估，笑一笑就会印象好。

我们已经了解自己会根据决策时长评估他人，由思及行，他人的快速决定是否会影响我们的具体行动呢？具体而言，你的同伴需要决定给你多少钱，你也需要决定给他多少钱，当你得知你的同伴不假思索或深思熟虑之后作了决定，你给他的钱数会发生变化吗？

研究者采用囚徒困境任务（prison dilemma）来探讨这一问题。两个同谋嫌疑犯被捕后，分别被安排在两个审讯室内接受审讯。由于警方掌握的证据不足，如果两个人都守口如瓶，他们就只需要坐 1 年牢。不过，警方会告诉嫌疑犯，坦白从宽，抗拒从严——如果一个人交代了罪行，而另一个人保持沉默，交代罪行的人会因为立功而被释放，保持沉默的人会因为不合作而被判坐牢 10 年；如果他们互相揭发，证据确凿，两个人就都要坐牢 8 年。显然，两人保持合作，都不坦白，才是最好的选择，但囚徒之间往往缺乏信任，生怕对方抢先交代罪行，使自己坐牢更久，这就形成需要在合作与背叛之间抉择的两难困境。

埃文斯和范德卡尔赛德改造了经典囚徒困境任务。在研究中，两

第三章 理解社会关系中的消费者

名被试组成一个小组,每名被试都会收到 100 美分作为本金,他们可以选择给同伴任意金额的钱,这些给出的钱会被翻倍并进入同伴的账户中,同伴需要做完全一样的决策任务。在这个任务中,最佳选项是双方都把自己的所有本金给同伴,这样两人的钱都能翻倍。如果一方送出所有本金,另一方没有倾囊相送,前者就会面临亏损。换言之,考验双方有多信任对方的时候到了。

被试阅读完囚徒困境任务的规则之后,得知自己将分别和 10 个不同的同伴合作完成 10 轮囚徒困境任务,同时这些同伴早已作出了决定。此时,研究者还告知被试他们的同伴花费了多长时间完成这个任务。有 5 个同伴快速作出了决策,他们分别耗时 1.89 秒、1.95 秒、2.02 秒、2.03 秒和 2.06 秒,另外 5 个同伴则在深思熟虑后才作出决定,他们分别耗时 11.21 秒、11.75 秒、11.89 秒、15.68 秒和 15.90 秒。被试只知道同伴的决策时长,不知道同伴给了自己多少钱。然后,被试需要决定自己愿意给每位同伴多少钱,并预测每位同伴给了自己多少钱。

研究者发现,如果被试面对的是一个快刀斩乱麻的人,自己的决策也会变得极端。也就是说,当人们认为对方没有经过任何心理斗争就作出了选择,自己就同样不纠结了。如果被试预测同伴是合作性很高的人,被试自己就会变得更合作。如果预测同伴是一个自私的人,被试就会变得更自私。

让我们回到开篇所说的事例中,当我们发现朋友很久才同意约饭邀请,B 公司的录取邮件发送得很迟,上司听完预期薪资后犹豫了很久才答应,我们自然会认为,他们的内心充满矛盾,纠结了很久才作出决策。一旦我们觉得他人的内心是矛盾的,我们就会"脑补"出很多剧情，例如这位朋友并不想和我一起去吃饭，B 公司本来没打算录用我，我的要价已经接近上司的底线了，等等。

看来，要给别人留下好印象，一定要注意自己的决策时长，才更容易获得好评。

小结

在道德两难任务中，如果某人快速作出决策，旁观者会认为他不道德，不愿与其合作；如果某人花了很长时间才作出决策，情况就变了，旁观者会认为这个人道德水平高，乐于与其合作。

想省钱，就别和闺蜜一起逛奢侈品店

消费者对于奢侈品总是不乏热情。且不说一些出手阔绰的"铁粉"，每当心仪品牌出了新品，他们必定大买特买；即便是一些手头并不宽裕的年轻白领，也会有人忍痛花上一两个月的工资，为自己买一只颇为昂贵的手袋。

奢侈品与普通商品有什么区别？从"奢侈"（luxury）一词的词源就可窥见一斑。"luxury"一词源于拉丁文的"lux"（光），可见，奢侈品自身就带有明亮、闪光的特性。劳斯莱斯车头闪闪发光的欢庆女神，香奈儿成衣自成一派的剪裁和搭配，都在不断强调品牌的独特性、个性化与稀缺性。作为一种高价消费品，奢侈品并不是生活必需品，却受到广大消费者的喜爱与追捧，正是因为它能够通过自身的独特、稀缺、珍奇等特点，满足消费者的精神需求。

要满足消费者的精神需求，在营销过程中有效运用情感元素就非常重要。许多奢侈品品牌在宣传产品时，常常会采用一些饱含情

第三章 理解社会关系中的消费者

感的广告。例如，百达翡丽的"You never actually own a Patek Philippe. You merely look after it for the next generation."（"没有人能真正拥有百达翡丽，只不过是为下一代保管而已。"）不仅强调了其产品的卓越品质，也传递了浓浓温情；卡地亚的一句"And after all this time, you're still the one I love."（"经过漫长岁月，你依旧是我所爱。"）则将该品牌与对爱的坚守和忠贞紧密联系起来，俘获了不知多少对恋人的心。奢侈品品牌的情感营销不止于此，一些品牌还会塑造自己的品牌故事，以实现情感上的渲染。例如，香奈儿、路易·威登、爱马仕等知名奢侈品品牌都以品牌创始人的名字命名，还不断宣传关于品牌创始的故事，希望能够以此传达独特的品牌情感，乃至使消费者将自身情感与该品牌联系起来。

由于奢侈品自身的特性和广泛运用的情感营销等诸多因素，奢侈品品牌往往比普通品牌带来更高的情感价值（emotional value）。品牌会使消费者产生一些感受或情感，这些感受或情感为消费者带来的效用、价值就是品牌的情感价值。美国旧金山州立大学的米努·库马尔（Minu Kumar）及其同事加格（Nitika Garg）指出，奢侈品拥有较独特的品牌标志和富有美感的设计，能够引发人们更多的积极情绪。例如，当一位女士购置了一条卡地亚的手链，这条手链为她带来的仅仅是金属、宝石等原材料和雕刻、锻造等制作工艺的价值吗？当然不止这些。这位女士戴上手链，可能会感觉自己气色更好，在人群中更夺目，一天的心情都变好了。奢侈品会带来愉悦感、幸福感与鼓舞感，让人们梦想拥有更好的生活。它比普通商品更能唤起人们强烈的情感，引起更多的情感关注，具有更高的情感价值。

从这个角度出发，就不难理解前文提到的，为什么一些年轻白领手头并不宽裕，也愿意省吃俭用，攒上几个月工资，为自己买一个昂贵的手袋。比起一个人逛街，许多年轻女孩更喜欢拉上自己的闺蜜一起逛——"今天我想买点东西犒劳自己，你可得帮我参谋一下！"

不知道你有没有这样的体验：与闺蜜一起逛奢侈品店时，"种草"与"拔草"的过程都格外爽快。那些独自逛街时多次在橱窗前驻足却并未买下的卡地亚手镯，多次试背却在看过价格标签后放下的爱马仕包，在有闺蜜陪伴时，吸引力更胜平时，让我们忍不住买下。

为什么与闺蜜一起逛奢侈品店时，我们更容易动心？莫非是因为闺蜜不断鼓励我们"对自己好一点，喜欢就买"，让我们更有底气掏出钱包？或者她们口中"你戴这条项链真好看"的赞美让我们感觉良好，所以目光更无法从奢侈品上移开？来自荷兰鹿特丹大学伊拉斯姆斯经济学院的波扎列维（Rumen Ivaylov Pozharliev）等人用一项神经营销学研究告诉我们：闺蜜只需要站在身边，我们就会更关注奢侈品！

波扎列维等人首先招募了 80 名女大学生对一批商品的图片分类：它们是奢侈品还是普通商品？如果有至少 90% 的被试作出相同的分类，就说明这张图片中的商品被普遍认为属于奢侈品或普通商品。经过这样的筛选，研究者最终挑选出 120 张图片作为接下来的实验材料。这 120 张图片涵盖了巧克力、饮料、鞋子、内衣四类商品，其中 60 张被普遍认为属于奢侈品，另外 60 张则被普遍认为是普通商品。

接着，波扎列维等人希望证明一个观点：相比普通品牌，奢侈品对消费者而言的确有更高的情感价值。他们邀请 60 名女大学生分别评估一组奢侈品和一组普通商品的情感价值：你喜欢这组商品吗？这组商品会让你感觉很好吗？这组商品会给你带来快乐吗？评估结果显示，奢侈品的确比普通品牌带来更高的情感价值。

第三章　理解社会关系中的消费者

回到我们前面的问题：为什么有闺蜜陪同时，我们更容易对奢侈品动心？有他人在场和独自一人时，奢侈品带来的影响是否有所不同？

这也是波扎列维等人研究的重头戏。为了探究这一问题，他们再次招募了另外 40 名女大学生，让她们通过电脑屏幕观看 120 张商品的图片。所有女大学生被要求在两种条件下分别观看图片：一种条件是自己独自一人观看；另一种条件则是所有女大学生两两组合，在同一个小房间中分别观看各自屏幕上的图片。两种条件下，她们都需要分别观看 60 张图片，其中包含 30 张奢侈品图片和 30 张普通商品的图片。至于每位女大学生是先独自观看，还是先与他人一起观看，由研究者随机安排。无论在何种条件下观看屏幕，实验者都通过脑电技术（electroencephalogram，简称 EEG）全程记录被试的脑波活动。

通过这样一个研究，研究者收集了被试在四种情况下的脑波活动：独自一人观看奢侈品图片，独自一人观看普通商品图片，有他人陪同时观看奢侈品图片，有他人陪同时观看普通商品图片。

波扎列维等人主要关注一种与注意力、动机相关的脑波。他们发现，当有他人陪同一起观看时，被试面对奢侈品图片时的相关脑波活动会明显增强；而如果是观看普通商品图片，无论是独自观看还是两人一起观看，被试的相关脑波活动都没有明显差异。也就是说，仅仅是"有他人在场"这件事，就会让人们更关注奢侈品，也更有购买奢侈品的冲动；这一效应在面对普通商品时就消失了。

研究中，被试身边"在场的他人"仅仅是被随机分配到一组的其他被试，在两个人很陌生的情境下，他人在场都能够明显放大奢侈品的情感效应，何况一对彼此熟识的好友？闺蜜不需要说任何鼓励我们买的话，也不需要有任何特别的行为，只要陪在我们身边，我们就自然而然地更容易对奢侈品动心。

人们自己注意到这一点了吗？好像没有——有 72.5% 的被试认为，自己独自观看商品图片时和有他人陪同观看时，感受并无不同。从这一点来看，这种"他人在场"带来的放大效应可能是一种无意识的影响。当我们呼朋唤友一起去逛街时，并没有想到自己会因此更容易被奢侈品吸引，乃至购买更多的奢侈品！

为什么仅仅是"他人在场"，人们就会受到如此大的影响？波扎列维等人认为，"他人在场"对奢侈品情感效应的放大作用，属于社会助长（social facilitation）现象。社会助长是指在人们完成某种活动的过程中，"他人在场"能够提高个体行动的效率。著名社会心理学家扎伊翁茨（Robert B. Zajonc）曾提出，社会助长的过程分为四步：（1）"他人在场"；（2）唤醒，即人们的兴奋水平提高；（3）原本有优势的反应进一步增强；（4）如果活动是容易且熟悉的，人们的效率会增强，如果活动复杂且不熟悉，人们的效率就会降低。

回到我们讨论的"他人在场"对奢侈品情感效应的放大作用上，这个过程可进一步具体化：（1）闺蜜和我们一起逛奢侈品店，形成"他人在场"的状态；（2）这提高了我们的兴奋水平（即唤醒程度）；（3）奢侈品原本就容易唤起我们的青睐、向往等情感反应（优势反应），"他人在场"使这一反应进一步增强，我们就会更容易注意到奢侈品，有更强的购买动机。波扎列维等人的脑电研究止步于第三步——优势反应增强，但购买商品并不是一件很复杂的事，可以想象，当"他人在场"时，人们对奢侈品可能会产生更多的冲动购买行为。

值得一提的是，这种"他人在场"对品牌情感效应的放大作用，与我们经常提到的从众行为并不相同。从众行为（conformity behavior）是指人们具有与大部分人的行为保持一致的倾向，会因他人的影响产生与他人相同或相似的态度和行为。与朋友一起逛街，看到大家都买了某个品牌的商品，你也更容易购买这个品牌的商品，这就是从众行为。我们这里提到的放大作用却并非如此。第一，在波扎列维等人的研究中，两个人仅仅是被组合在一起，保持有"他人在场"的状态，就会产生放大效应，并不是出于被试看到了对方的某种行为。第二，如果是从众行为，不论被试观看的是奢侈品图片还是普通商品图片，都应当有相同的效应，而不像现在这样，"他人在场"对品牌情感效应的放大作用仅仅出现在奢侈品上。

这样看来，对营销者而言，邀请消费者结伴购买奢侈品，能够放大情感营销的效益，不失为一种提高销量的好方法。对消费者而言，当我们拉上闺蜜一起逛街，我们并没有意识到，正是这一举动让我们更容易被眼前闪闪发亮的奢侈品吸引，对它动心。这些平日里我们在橱窗前驻足过，看过价格标签后又放手的奢侈品，这次可没那么容易放下了——一切只是因为闺蜜站在身旁！

小结

奢侈品具有较高的情感价值。如果购物时有"他人在场"，人们更可能被奢侈品吸引，产生较强的购买动机，这是因为"他人在场"导致了社会助长现象，奢侈品的情感效应被放大了。

宁当"鸡头"，不做"凤尾"：最优化决策者的悖论

作最好的选择，是经济学家倡导的理性决策的金科玉律，也有很多人将其奉为生活哲学。这些人在挑选餐厅时会在点评网站上不停地搜

索，总想找到最好的餐厅；网购时，即使看到一件还不错的商品，也会继续刷新网页，总觉得还能找到更好的东西；哪怕是挑选一支无关紧要的水笔，都会货比多家。他们就是典型的信奉"作最好的选择"的最优化决策者（maximizer）。施瓦茨（Barry Schwartz）等人认为，最优化决策者会给自己的决策设定最高标准，为了达到这个标准，他们竭力搜索所有可能的选项，然后仔细斟酌每一个选项。简单来说，在决策过程中，最优化决策者会不断问自己："这是不是最好的选择？"

当然，消费者不全是最优化决策者。与最优化决策者相对应的一类人叫满意型决策者（satisficer）。他们践行的是"任凭弱水三千，我只取一瓢饮"的原则。他们并不追求最好的选择，而是先确定能够令自己满意的最低标准，也就是满意阈限，然后选择达到满意阈限的选项。在决策过程中，满意型决策者不断问自己："这是不是令我满意的选择？"一旦得到肯定的答案，他们就停止搜索。

哪类决策者更好？这个问题没有确切的答案，它取决于人们如何理解"好"。"好"究竟体现为客观上更优的决策结果，还是体现为主观上更积极的情绪体验？最优化决策者与满意型决策者在上述两方面有截然不同的表现。延加（Sheena S. Iyengar）、韦尔斯（Rachael E. Wells）和施瓦茨测量了大学毕业生的最优化倾向，并记录了他们的求职过程与最终选择的工作。这些研究者发现，从得到的客观结果而言，最优化决策者做得更好，他们找到的工作的起薪比满意型决策者的起薪高出25%。但令人大跌眼镜的是，尽管最优化决策者找到了起薪更高的工作，但在找工作的过程中，他们比满意型决策者体验到更多的负面情绪，例如焦虑、担心、抑郁等；即使尘埃落定后，最优化决策者仍然对自己找到的工作不满意，并有强烈的后悔感。可见，

第三章 理解社会关系中的消费者

就决策结果而言,最优化决策者略胜一筹,而就主观体验而言,满意型决策者占尽优势。心理学家把最优化决策者这种"做得好,感受糟"的现象称作最优化悖论。

最优化悖论并非难解之谜。现代人面对的选项纷繁复杂,可谓"乱花渐欲迷人眼"。要仔细研究每一个选项,自然要付出难以估量的精力和时间。很显然,在决策过程中,最优化决策者比满意型决策者付出更多,这个过程令人疲惫不堪,因而其主观体验更糟糕。此外,波尔曼认为,在不断搜索选项的过程中,相比满意型决策者,最优化决策者尽管能遇到更多上佳的选项,但他们同时也接触到更多糟糕的选项,这些糟糕的选项会扰乱他们的心情。

最优化决策者渴望获得最好的选项,此时你也许会问,什么是"最好"的选项?在最优化决策者眼中,怎样的选项才能被称作"最好"呢?"最好"有两种判断标准:一种是绝对标准,另一种则是相对标准。假设汽车的质量可以分为 10 个等级:1 分的车、2 分的车……10 分的车。从绝对标准来看,显然,10 分的车是最好的,因为它达到了绝对意义上的最高标准。从相对标准来看呢?如果你的同事开的都是 6 分的车,你开了一辆 8 分的车,尽管你的车没有达到绝对意义上的最高标准,但它比你同事的车更好,你的车从相对标准来说就是最优的。相对标准上的最优选项未必是绝对标准上的最优选项,最优化决策者追求的究竟是绝对意义上的最好,还是相对意义上的最好呢?来自美国弗吉尼亚理工大学庞普林商学院的韦弗(Kimberlee Weaver)及其合作者提出,最优化决策者既追求绝对意义上的最优,也追求相对意义上的最优。如果这两种最优相互冲突,相对意义上的最优才是最优化决策者更在意的。

韦弗等人首先测量了招募来的被试的最优化倾向。接着，请被试想象自己需要买一套内衣去滑雪，已经在商场的某家店铺里看到了一套内衣。但在商场另一头的一家店里，内衣在搞促销活动，打完折后的价格和面前的这套相同，但质量更好。被试需要评估自己有多大可能去商场另一头购买正在打折的内衣。这是一道关于绝对标准的题目，被试越倾向于购买商场另一头店铺里质量更好的内衣，就说明他越看重绝对标准。被试还需设想另外一个情境：自己和好友每个月都会玩一场激烈的拼字游戏，需要报告自己愿意付出多大的努力去打败好友，获得胜利。这是一道关于相对标准的题目，被试愿意付出的努力程度越大，就说明他越在意相对标准。

结果显示，最优化倾向越强的被试越看重绝对标准，同时也越在意相对标准。这就是说，最优化决策者既希望自己选到绝对标准中最好的选项，也希望自己的选择优于他人。这一结果并不出人意料。还是以之前所说的汽车质量为例，如果你的同事都开 6 分的车，而你在选购汽车时看到了一辆 10 分的车，它的质量既达到了最高标准，又比同事的车好，无论从哪方面而言，这都是一个毫无争议的最优选项，最优化决策者见到它一定欣喜不已、爱不释手。

然而，理想很丰满，现实却很骨感。生活中，如此完美的选项少之又少。很多时候，绝对最优和相对最优无法兼得。如果你是一个天才，无论你就读于哪所学校，你都将是成绩排名第一的最佳学生。然而，天才能有几个？绝大多数孩子都是凡人，他们需要在"鸡头"和"凤尾"中作出抉择。要么去一所顶级学校，自己在这所学校里可能只充当"凤尾"；要么去一所普通学校，但自己可以当"鸡头"。当最优化决策者面临如此决策时，他们会怎样权衡？

第三章　理解社会关系中的消费者

韦弗等人继而探讨了这一问题。他们设计了一系列决策问题，每个问题包含两个选项，一个是达到绝对最优标准的选项，另一个是达到相对最优标准的选项。我们来看其中的一个问题。

选项 A：你的汽车在最高 10 分的豪华程度评分中获得 5 分，你周边人的汽车的评分均为 3 分。

选项 B：你的汽车在最高 10 分的豪华程度评分中获得 7 分，你周边人的汽车的评分均为 9 分。

很明显，这两个选项是冲突的。如果你选择选项 A，虽然你的车比周围的人好，但在客观品质上不如选项 B 中的车。如果你选择选项 B，虽然你的车比选项 A 中的车在客观品质上要好，但不如你周边人的车。研究者就是想通过这种"鱼和熊掌不可兼得"的选择来探究最优化决策者究竟愿意当"鸡头"，还是更愿意做"凤尾"。此外，研究者还测量了被试的最优化倾向。结果表明，比起满意型决策者，最优化决策者更偏爱达到相对最优标准的选项，即他们更愿意当"鸡头"。这一结果着实让人惊讶，追求最佳选择的最优化决策者作出的选择竟然在绝对标准上不是最优的，为了当"鸡头"，他们放弃了绝对最优。

最优化决策者在任何决策问题中都愿意为相对最优而牺牲绝对最优吗？在哪些问题中，该效应会消失？

生活中的决策有些是公开的，例如，一旦消费者购买了某辆车，周边人都能看到。还有一些决策具有私密性，例如，消费者购买的内衣、睡衣在绝大多数情况下都不会被他人看见。决策的公开性会影响最优化决策者对"最优"的定义吗？韦弗等人认为，在公众可见性高的决策问题中，最优化决策者才会愿意为了当"鸡头"而放弃对绝对最优标准的追求。在公众可见性较低的决策问题中，最优化决策者反而更愿意当"凤尾"。

韦弗等人重新招募了一群被试，测量了他们的最优化倾向。被试仍然需要完成一系列决策问题，他们需要在一个达到绝对最优标准的选项和另一个达到相对最优标准的选项中作选择。结果不出所料，韦弗等人验证了猜想。

既然在公众可见性高的问题中，最优化决策者会更倾向于出人头地，那么，他们会为了高人一等的感受而购买山寨货吗？韦弗等人又测量了被试的最优化倾向，并让他们在以下选项中作出选择。

选项 A：你的笔记本电脑在最高 10 分的评分中获得 5 分，但这台电脑外形很像一台 9 分的笔记本电脑，你周边人的笔记本电脑均为 3 分。

选项 B：你的笔记本电脑在最高 10 分的评分中获得 7 分，你周边人的笔记本电脑均为 9 分。

结果表明，最优化决策者更倾向于购买山寨货，因为它能帮助他们"战胜他人"，达到相对最优标准。

从字面上理解，最优化决策者是追求最佳选择的消费者，但在他们的评价体系中，"最优"的定义并不是一成不变的。在可以兼顾绝对最优和相对最优时，最优化决策者两者都要。在不可兼得时，最优化决策者更看重相对最优——为了比他人好，他们割舍了绝对最优，甚至通过购买山寨货来超越他人。可见，最优化决策者宁当"鸡头"，不做"凤尾"，唯一的例外来自他人不可见的决策。既然决策结果不为他人所见，比他人好就失去了意义，在进行这类决策时，最优化决策者又转而追求绝对最优,乐于成为"凤尾"了。

小结

在绝对最优和相对最优不可兼得时,最优化决策者偏爱相对最优;但当决策结果他人不可见时,最优化决策者又会青睐绝对最优。

社会阶层与从众消费

当今时代,科技飞速发展,智能手机更新换代的速度日益加快。2017年下半年,全面屏手机呈现爆发式增长,手机市场出现百家争鸣、百花齐放的局面。各大厂商铆足干劲,施展十八般武艺,新一代手机各有特色——即使都搭载了全面屏,也往往在此基础上各有各的花样。人们自然容易在"机海"中迷失方向,无从下手。在选购新手机时,你倾向于买和周边人一样的机型,还是偏爱更小众的机型?

请设想你的手机已经用了好几年,出现了许多小毛病。早在几个月前,你就物色好了A品牌一款还没上市的新机。在准备下单的时候,你却发现B品牌一款相似定位的手机颇有用户缘,你身边好多朋友更青睐B品牌。这时候你会如何选择?选择原先物色好的A品牌,还是遵循多数人的偏好,选择B品牌?不少人可能觉得:"别人是别人,我是我,我的选择为什么要受别人的影响?"但"人在江湖,身不由己",的确有不少人会因为他人的影响而改变自己原先的选择。在这一点上,即使是非常崇尚个人主义的美国人也不例外。

在西方文化中,个人主义是首要的价值观,它强调个人的独立、自由、平等和权利。在个人主义文化的"照耀"下,西方人往往倾向于将自己看作独立自主、不易受他人影响的人,从耐克的广告词

"Just do it"和汉堡王的广告词"Have it your way"中可见一斑。许多人因而认为美国人主要根据自己的偏好作出选择,不容易受到他人的影响。为什么实际生活中有不少美国消费者无法做到咬定青山不放松,毫不动摇地坚持自己原先的选择呢?对于这种现象,来自韩国西江大学的金京娜(Jinkyung Na)及其合作者认为,是社会阶层在起作用。

社会阶层为什么会与这种现象有联系呢?让我们首先了解一下克劳斯(Michael W. Kraus)等人提出的社会阶层理论。他们认为,社会阶层是消费者长期处于其中并无处不在的社会环境,处于同一社会阶层的人由于有共同的经历,会形成相对稳定的思考方式和行为倾向。客观资源和主观感知到的社会地位决定一个人所处的社会阶层。客观资源包括个人的经济能力、教育程度和职业声望,它主要通过影响某人所能接触到的商品和服务来塑造其社会阶层环境。例如,某些人家里比较富有,能送孩子去昂贵的私立学校学习,而私立学校的课程设置可能更丰富,孩子接触的环境就会和公立学校的孩子所处环境有一定的不同。主观感知到的社会地位不仅指一个人对自己地位的感知,也包括他人对这个人所处地位的感知。例如,很多快递员有不错的收入,但他们认为自己的社会地位一般,他们的朋友也如此认为,因此快递员的社会阶层并不高。主观和客观的结合共同创造了个体所在的社会阶层。如果某人拥有较多的客观资源,但主观感知到具有较低的社会地位,这样的人就不算高社会阶层者;同理,主观上感受到自己有地位,但实际上缺乏相应的客观资源的人,也不能算高社会阶层者。

由于拥有较多的资源和较高的社会地位,处于高社会阶层的消费者感受到更少的限制,例如更多的自由、对结果的控制感、更多选择的机会以及对他人较少的依赖。长期处于这一环境中,他们形成了唯我主义(solipsism),类似于"我命由我不由天",他们的行为更多被自身内部的状态、情绪和目标驱动,会因为"想做"就去做某件事,不太受他人的影响。相反,处于低社会阶层的消费者形成了情境主义(contextualism),他们注重外部环境,在考虑内心欲望的同时还在意外在的其他影响因素。处于低社会阶层的人很可能拥有"谋事在人,成事在天"的想法,因为他们要时刻忍受资源匮乏和地位低下带来的各方面的限制,长期感受到自己的行为受到外力的影响。一旦这一看法扎根,他们就越来越关注他人的想法和行为。

魏宁格尔(Elliot B. Weininger)和拉罗(Annette Lareau)的研究发现,工薪阶层更重视孩子在学校里是否融入集体,是否在学校里交到了朋友,与朋友是否玩得开心;而中产阶层更在意培养孩子的好奇心和独立性,这类父母可能会问孩子:"你在学校里有没有发现什么有趣的事?你对这件事的看法是什么?"

基于克劳斯等人的社会阶层理论,金京娜等研究者提出,社会阶层会影响消费者的消费从众行为,处于高社会阶层的消费者在作决策时不太受他人的影响,而处于低社会阶层的消费者更容易受他人的影响。说得具体一些,相比中产阶层,工薪阶层更愿意购买大多数人选择的产品而不是自己中意的产品;当个人偏好和多数人的选择发生冲突时,工薪阶层可能会压抑自身的欲望,遵从多数人的选择。

金京娜等人首先区分了招募来的学生属于工薪阶层还是中产阶层,然后在电脑屏幕上给不同阶层的学生依次呈现好几对仅在外观上有差异的物品,如两支钢笔,要求他们根据自己的喜好在每一对物品中选择其一。在被试作出选择后,研究者告诉被试,他们的选择有别于大多数消费者的选择。研究者想看看,如果再给被试一次选择机会,被试会坚定不移,还是会听从大多数人的意见,随波逐流。如果被试改变了决定,说明他们愿意遵从多数人的意见,放弃了个人偏好。在研究的最后,研究者还要求被试回忆在每一对物品中哪个物品更受多数消费者欢迎。

不出研究者所料,比起处于中产阶层的被试,出身于工薪阶层的被试更倾向于改变自己的选择,使自己的决策与多数人保持一致,他们也能更准确地回忆哪些是受他人欢迎的选项;中产阶层的被试则倾向于坚持原先的选择,他们的回忆也发生了偏差,认为自己最初的选择就是多数人偏爱的。

众所周知,美国是一个崇尚个人主义的国家,中国、日本等东亚国家则推崇集体主义。在崇尚个人主义的美国,阶层会影响消费者的从众选择,在崇尚集体主义的东亚文化圈,阶层还具有相同的作用吗?金京娜等人在美国高校中招募了一群学生,这些学生要么是来自东亚的国际交换生,要么其父辈是来自东亚的第一代移民。研究程序与之前完全一致。结果表明,来自集体主义文化的被试,无论身处何种阶层,均放弃了自身的选择,转而遵从多数人的意愿,即在得知自己的选择和多数人不同后,他们都改变了最初的决定。

第一个研究表明社会阶层影响消费者的从众消费,但第二个研究说明,在不同的社会文化背景中,社会阶层对从众消费的影响是不同的。究竟是哪一环节出了问题,使得集体主义地区不同阶层的学生都倾向于遵从多数人的选择?金京娜等人认为,关键因素是自我建构(self-construal)。

来自日本的研究者马库斯(Hazel Rose Markus)和北山仁

第三章 理解社会关系中的消费者

（Shinobu Kitayama）提出，自我建构指人们如何理解自己与他人之间的关系。人们倾向于认为自己和他人是紧密关联的，还是有区别和分离的？自我建构可以据此分为独立型（independent）和依存型（interdependent）两类。顾名思义，独立型自我建构强调表现自我的独特性、与他人的不同之处，提倡人们听从自己内心的声音；依存型自我建构则强调自己与他人的关联，提倡关注他人、与群体保持和谐关系。从群体层面而言，个人主义文化中的消费者多拥有独立型自我建构，而集体主义文化中的消费者多拥有依存型自我建构。具体到每一个消费者身上，自我建构的类型未必会与所处的社会文化一一对应，它还受很多因素的影响。个人主义文化中的某位消费者可能拥有依存型自我建构，而集体主义文化中的某位消费者可能拥有独立型自我建构。

金京娜等人认为，在美国，低社会阶层的消费者由于感知到环境的限制，形成了依存型自我建构；反观高社会阶层的消费者，因为较少的外部限制以及对个人主义的推崇，形成了独立型自我建构。在集体主义文化中，不管消费者身处哪个阶层，都是依存型自我建构的人占多数，所以来自不同阶层的消费者都倾向于遵从多数人的选择。

金京娜等人推测，如果社会阶层主要通过自我建构而影响消费者的从众消费行为，暂时改变来自不同阶层的消费者所拥有的自我建构类型，就应该可以改变他们的从众选择。当高社会阶层的美国人启动了依存型自我建构之后，他们也会因为多数人的选择而改变原先的决定。于是，金京娜等人又招募了一批被试，让他们思考自己与身边重要他人的不同或相似之处，从而启动独立型或依存型自我建构。随后的研究程序与前几个研究完全一致。研究结果表明，不管被试属于哪个阶层，也不管他们来自具有哪种文化的地区，一旦短暂拥有了独立型自我建构，被试基本上都会坚持自己最初的选择。反之，一旦短暂拥有了依存型自我建构，大多数被试都会因为多数人的选择而改变自己的初衷。可见，社会阶层的确通过自我建构影响人们的消费决策。

心理学的经典研究表明，一旦人们作出某个选择，就会在这个选择上投入大量的心理资源。人们选择了某一个物品后，他们对这个物品的喜爱程度较未作出选择之前大幅上升，而对未选择的物品的喜爱程度大幅下降。人们通过这一行为向自己与他人宣布，"我的选择是正确的"。然而，金京娜等人的研究说明，即使已经作出了选择，处于个人主义文化中的低社会阶层的消费者也没有提高对所选商品的评价，依旧会改变自己的决定，可见社会阶层和自我建构对消费决策的强大影响力。

国民品牌大宝在广告中呈现了一幅不同职业的人士都使用大宝的画面，带给消费者"大家都在用"的印象。类似广告正是利用了中国消费者的自我建构来劝说消费者。由于身处东亚文化的影响圈，大多数中国消费者具有依存型自我建构，消费决策较易受他人的影响。大宝更多地针对工薪阶层，工薪阶层很可能会表现出从众消费，大宝采用这一广告策略无疑是成功的。

小结

在个人主义文化中，工薪阶层因拥有依存型自我建构而易受他人意见的影响，中产阶层因拥有独立型自我建构而较少从众。在集体主义文化中，无论属于何种阶层，人们都倾向于遵从多数人的选择，因为他们的自我建构均为依存型。

第三章　理解社会关系中的消费者

不患富而患不均：膨胀的奢侈品购买欲望

"听说你要去欧洲旅游，帮我带个路易·威登（Louis Vuitton，简称 LV，法国知名奢侈品品牌）的包吧。"

"你在美国留学吗？帮我带一部最新款的苹果手机吧，拜托啦！"

对不少出国旅游者或留学生而言，这类请求都耳熟能详。世界各地的免税店、高级商场也布满中国人的身影，中国消费者已成为全球奢侈品消费市场的新贵。当然，奢侈品不仅仅吸引了中国消费者，在很多地方，奢侈品销售的热潮都居高不下。为什么人们如此热衷于购买奢侈品？原因很多，如对品质升级的追求、对个性化的需要等。除了这些因素，是否还有更深层的因素呢？

有！那就是收入不平等（income inequality），换成我们更熟悉的字眼，就是社会贫富差距大。你也许听说过"二八定律"，即 20% 的人掌握着世界上 80% 的财富，这一定律描述的就是较大的贫富差距。有多项研究表明，谋杀率的升高与社会收入不平等的加剧有关；贫富差距的扩大与婴儿死亡、青少年怀孕事例的增多有一定联系。贫富差距过大会带来诸多负面结果。

现在让我们回归正题，为什么贫富差距大会引发购买奢侈品的热潮？社会等级假说（social-rank hypothesis）认为：一个社会的收入分配越不平等，其社会成员就越关注能彰显消费者高社会地位的商品（positional goods），例如奢侈品。想要理解这个假说，我们需要先思考三个问题：人为什么追求社会地位？为什么奢侈品能彰显社会地位？为什么在贫富不均的社会，人们更热衷于购买奢侈品？

高社会地位之所以会与成功挂钩，成为人们的目标，归根结底是因为追求高社会地位具有进化上的意义。在远古时期，高社会地位意味着拥有更多资源，能让自己和后代生存并繁衍下去。有追求高社会地位的动机的个体比其他个体更容易获得生育机会，将基因延续下去。久而久之，全世界存活下来的人都倾向于追求高社会地位，这就是所谓的"适者生存"。

在当代社会，高社会地位有什么好处？答案显而易见，有高社会地位的人及其子女拥有更多成功的机会。虽然盖茨（Bill Gates）从美国哈佛大学退学，但他依旧成了世界首富。我们不否认盖茨出众的能力，但也别忘了他的父母可都是社会精英，他们给盖茨提供的资源和机会不是一般人能比拟的。网络上大家也常常调侃"普通家庭马化腾"，我们自然不能否认马化腾的个人能力，但我们也不能忽略他的父亲——一位前上市公司董事——可能给他提供的帮助。

为了获得成功，社会成员必须能准确判断自己与他人的社会地位。能体现社会地位的指标有很多，如收入、职业类型、外表，而奢侈品的数量和价值可以体现一个人的收入，进而体现其社会地位。

你可能会问：人们为什么会通过奢侈品这类指标来判断社会地位？要回答这一问题，不妨先从动物界的啄食顺序说起。有研究结果显示，鸡会通过互相争斗来获得啄食的优先权，也就是说，鸡群中也有地位高低之分。在争斗过程中，很多鸡可能遍体鳞伤，甚至因此丧命——通过互相争斗获得啄食优先权的代价太高。

让我们把目光转向人类，如果每次都需要和对手打个你死我活才能获得利益，即使最后在竞争中胜出也很不划算。要是有一种方法，能让我们评估自己和他人的战斗力，从而分出社会地位的高下，免去你死我活的斗争，这种方法当然会受到自然选择的青睐，因为它对获

第三章 理解社会关系中的消费者

胜者和失败者都有一定好处：获胜者不必付出太多代价就能获得资源，失败者也可以养精蓄锐，期待未来一鸣惊人。评估拥有的奢侈品的数量和价值就是这么一种简单有效的方法。当你看到一个人开着豪车，穿金戴银，你就能迅速判断出，他可能具有较高的社会地位。

为什么在贫富不均的社会，人们会更热衷于购买奢侈品？因为在这种社会中，社会阶层固化严重。加拿大经济学家科拉克（Miles Corak）提出了"盖茨比曲线"（The Great Gatsby Curve）：收入高度不平等的国家具有较低的代际流动性。社会收入分配越不平等，个人的经济地位就越可能由其父母的地位决定，子女沿袭父辈的经济阶层的可能性就越高。或许在这种社会中，出身就决定了阶层。即使在追求自由、平等的美国，阶层固化也成了不争的事实，寒门已难出贵子，下层社会的上升通道越来越狭窄。富人拥有更多的机会，就变得更富，穷的人则越来越穷。正因如此，收入比其他指标具有更高的效力，成为人们判断他人社会地位的依据。从哪里可以轻易看出一个人的收入是多还是少？没错，就是通过其拥有的奢侈品的数量和价值这种明显的外部线索。你可能看到过，有些商人会先贷款买豪车、名表，再坐到谈判桌前。通过这种伪装，他们成为别人眼中的高社会地位者，在生意中可能获得更大的利益。人是不会满足于现状的，在贫富不均的社会中，为了获得各种意义上的好处，人们会更热衷于购买奢侈品充场面。

来自英国华威大学的瓦拉塞克（Lukasz Walasek）和布朗（Gordon D. A. Brown）对社会等级假说进行了检验。他们分析了美国不同州的居民在谷歌上搜索奢侈品的行为。美国是一个社会贫富差距很大的国家，对奢侈品的搜索次数能反映人们对奢侈品的关注程度。

研究者预测，奢侈品搜索的相对比例将与各州的收入分配不平等的程度有关。研究者采用了谷歌相关性搜索（google correlate）。谷歌会记录很多数据，例如用户搜索完某个词之后还会搜索哪些词，用户搜索哪些不同关键词会进入某个相同的页面，某些词出现在一起的频率，等等。将这些大数据集中起来进行深层分析，就是谷歌相关性搜索算法的逻辑。谷歌相关性搜索可以在时间和空间维度（仅限美国）上呈现搜索频率的相关性。在我们输入某个自己感兴趣的词后，谷歌相关性搜索会输出一系列关键词，而这些关键词与我们输入的词具有较高的相关性。

在研究中使用这种方式的好处有两点。第一，可以获得更全面和充分的数据支持。很多关于消费者对奢侈品的欲望的研究都聚焦于分析用于奢侈品的消费支出，但这一指标存在局限性。有时人们很喜欢一些奢侈品，却因自身经济条件的限制而没法购买。没法购买自己喜欢的东西怎么办？那就只好上网搜一搜，缓解自己的渴望。我们之前所说的消费者对奢侈品投入的资源不仅仅指金钱，还包括花费的时间和占用的认知资源。因此，谷歌相关性搜索能很好地解决这一问题。

第二，通过谷歌相关性搜索可以避免虚假相关（spurious correlation）。虚假相关是硬凑起来的一种相关。例如，有研究者将1999—2009年在泳池溺亡人数的变化趋势和同时期美国电影明星凯奇（Nicolas Cage）参演的电影数量的变化趋势进行相关性研究，发现两者有很高的相关性，但很明显这是一种巧合，是虚假相关。如果研究者硬拿消费者对某个奢侈品的搜索频率与某个州的收入分配不平等的程度进行相关性分析，说不定也能发现某种程度的相关，但这种相关很有可能是巧合，谷歌相关性搜索的算法可以避免这种情况发生。

第三章 理解社会关系中的消费者

瓦拉塞克和布朗从美国人口普查局获得了美国各州的基尼系数、家庭收入、人口、外国出生居民比例和城市人口比例的五年数据，这些数据来源于2008—2012年间美国社区调查和2010年的美国人口普查。基尼系数是国际上通用的用来衡量一个国家或地区的居民收入差距的指标。基尼系数介于0—1之间，它的值越大，表明收入不平等程度越高。将数据输入谷歌相关性搜索后，研究者获得了与收入不平等程度具有高度正相关和高度负相关的关键词各40个。高度正相关的关键词有拉夫·劳伦（Ralph Lauren Mens，美国高级时装品牌）、皮草背心和雅曼戒指（Yurman Rings，美国珠宝品牌）等。收入分配不平等程度越高，这些关键词被搜索的次数越多。数据显示，位于美国东部的纽约州和康涅狄格州的收入不平等程度很高，同样，这两个州的人搜索上述关键词的频率也相对较高。与收入不平等程度高度负相关的关键词有花名、烤鸡和柠檬条配方等。在收入分配不平等程度高的地区，这些词被搜索的次数较少。

为了探究这80个关键词在人们心中是否属于彰显高社会地位的商品，研究者招募了60名被试，告诉他们彰显高社会地位的商品的定义，然后要求他们判断从谷歌相关性搜索结果中找到的80个关键词能否彰显社会地位。结果显示，被试的确认为高级时装与戒指等词语与高社会地位有关联。总之，谷歌相关性搜索的结果表明，在收入分配不公平程度较高的州，其居民搜索奢侈品的频率的确相对更高。

瓦拉塞克和布朗又与来自美国宾夕法尼亚大学的巴蒂亚（Sudeep Bhatia）合作，利用推特（Twitter）再一次检验社会等级假说。他们的预测不变，依旧是居住在收入分配越不平等的地区的人，会在奢侈品上花费越多的时间和资源。通过分析消费者发布在推特上的内容，他们可以了解奢侈品被提及的频率以及这些频率如何随着地理位置的变化而变化。研究结果显示，来自美国贫富差距较大地区的人发布在推特上的内容，会更多地提及像路易·威登和劳力士（Rolex，瑞士知名腕表品牌）这样的奢侈品品牌。相比之下，凯马特（Kmart）、沃尔玛（Walmart）等美国超市品牌在贫富差距小的地区会更多地在推特上被提及。

现在，让我们回到现实生活中。收入的增加会引发膨胀的奢侈品购买欲吗？不一定。对质量和外观的苛刻要求会引发膨胀的奢侈品购买欲吗？未必。奢侈品购买欲增长的根源是不患富而患不均，收入不平等是点燃奢侈品购买热潮的重要因素之一。

小结

一个社会的收入分配越不平等，其成员越关注彰显高社会地位的商品。因此，在贫富差距较大的社会，许多人会热衷于购买或关注奢侈品。

第四章

识别并善用决策偏差

理性,人之所欲也。然而,现实是残酷的,人们在决策过程中表现出诸多有悖于理性标准的行为,判断与决策领域的研究者将其称为决策偏差。决策偏差每时每刻都出现在生活中,其普遍程度远远超出了人们的预估,但它并非一无是处,利用好这类偏差反而能帮助人们作出更好的选择。

"迷之自信"下的陷阱

一月的上海，阴冷潮湿。我走在街头，不住地打战。路过一家咖啡店，我赶紧进去，想蹭会儿空调，再买杯热咖啡，手捧热咖啡，才有继续在萧瑟的寒风中赶路的勇气。

我告诉营业员，要一杯售价12元的中杯热拿铁。营业员笑语盈盈，对我说，咖啡店推出一项优惠活动，大杯拿铁第一杯16元，第二杯半价，只需8元。她建议我现在支付24元购买两杯大杯咖啡。我说不需要了，就我一人，喝不了两杯。营业员抛出第二招："我们会给您一张纸质咖啡兑换券，您凭这张兑换券可以在全市该品牌的咖啡店换取第二杯大杯拿铁。"我犹豫了一会儿，询问营业员："我平时不常喝咖啡，如果兑换券过期了怎么办？"营业员微微一笑，仿佛一切都在她意料之中，抛出撒手锏："我们的兑换券永久有效！"她击碎了我所有的顾虑，我乖乖地掏出24元，获得一大杯热拿铁和一张兑换券。吹了空调，握着热咖啡，得了便宜，我满心欢喜地走在冬日的路上，刚才的寒意烟消云散。

你猜：我兑换了第二杯咖啡了吗？第二天上班路上，我路过同品牌的咖啡店，记起了此事，可是我想，反正兑换券永久有效，此刻我不怎么想喝咖啡，留着以后再换吧。就这样，日复一日，每天都等着以后再兑换。不久，我就把这件事抛到了九霄云外。两个月后的一天，我又路过咖啡店，想起兑换咖啡的事，但翻遍背包的每一个角落，都找不到兑换券的踪迹……

想到自己明明可以只花12元买杯咖啡，却花了24元喝了一杯价值16元的咖啡，我懊恼极了。这种营销方式利用了消费者怎样的

第四章 识别并善用决策偏差

心理?

心理学家发现,人们往往会高估自己的能力或者成功的概率,他们把这种现象称为过分自信(overconfidence)。如何说明人们会过分自信?研究者通常采用有答案的常识问题来检验。通过给被试呈现若干道二择一的常识问题,让被试在选择后评估对自己所选选项的确信程度,并比较确信程度与实际答题正确率孰高孰低,就能够看出人们是否过分自信了。例如,常识问题如下:

> 星巴克成立于什么时间?
> (1)1980年之前
> (2)1980年之后
> 你的答案是:_____。
> 你有多确信你的答案是正确的:_____(50%—100%)。

来自美国加州大学伯克利分校哈斯商学院的唐·A. 穆尔(Don A. Moore)和俄亥俄州立大学的希利(Paul J. Healy)认为,过分自信是人们对自己答题是否正确的信心的估计偏差。当被试回答完所有题目后,研究者计算出被试对自己各题选择正确的平均确信度(即平均信心分数)和被试的实际正确率(即准确分数)。如果平均信心分数与准确分数完全吻合,说明被试对信心的估计是准确的。但通常而言,被试的平均信心分数都要高于其准确分数。人们对信心的估计有偏差,高估了自己的正确率,过分自信。

在日常生活中,人们的过分自信表现在方方面面。众所周知,彩票的中奖率极低,数据显示,国内彩票市场中大乐透玩法中头奖的概率仅为两千万分之一。在统计学上,两千万分之一的概率几乎等于零,中奖的可能性微乎其微，但人们往往过分相信自己的运气，始终坚信自己将会是上天选中的幸运儿。

在预估自己的事业与未来发展时，人们也常常过分自信。在大众创业、万众创新的时代，创业者都希望闯出一番天地。一些调查显示，大多数创业者认为自己创业成功的概率为70%。但现实是残酷的，冯仑曾说，一个公司从A轮（指公司成立后的第一轮融资）到上市的概率，大约是十七万分之一。创新公司的老板们对自己的能力信心满满，真正能够活到最后的公司却少之又少。

在开篇买咖啡的例子中，我又何尝不是过分自信呢？我相信自己将来能记得要兑换咖啡。虽然我的确记起来了，但我依然高估了自己妥善保存纸质兑换券的可能性。况且，很多人过了一段时间后，很可能会忘了兑换咖啡这件事，但在付钱购买兑换券的那一刻，人们信心满满地认为自己绝不会忘记。商家正是利用了这种过分自信，同时提供保障，如承诺兑换券永久有效，才打开了人们的钱包。

在上述例子中，表现得过分自信的都是普通人，他们没有经过专业的训练，评估事物可能不够客观和公正，经过科学训练、更具科学素养的科学家还会过分自信吗？来自中国科学院心理研究所的李纾、毕研玲和饶俪琳通过电子邮件联系了980名曾在《科学》(Science)和《自然》(Nature)杂志上发表论文的作者，要求他们回答一些问题，最终回收了107份有效数据。这些作者需要判断两份杂志中哪份杂志2006年的影响因子更高。结果非常有意思，60.8%的《科学》杂志论文作者选择了《科学》，而71.4%的《自然》杂志论文的作者选择了《自然》。这些作者觉得，有自己发表的文章的杂志拥有更高的影响因子。他们的判断正确率是多少呢？答案是44%！这一数值还

第四章 识别并善用决策偏差

不及随机猜测的水平（即50%），这些作者对自己的答案的信心程度却高达75%。很显然，即使是科学家，也难逃过分自信这一陷阱。

什么情况下人们不那么自信了？李纾、毕研玲与张雨青认为，他人在场会令人们的自信有所收敛。研究者在2009年的研究中招募了218名新加坡华人学生，其中118名学生与其他3—5人分为一组，共同决策，另外100名学生则将问卷带回家，与家人一起作决定，并告知研究者共同参与决定的家庭成员数量。所有学生都需要先独自作出决定，再与他人共同再次作决定。在完成问卷时，每个学生回答一些常识问题，圈出自己的答案并评估自己的正确率，例如：

1. 在哪个国家，大多数人会庆祝斋月？

（1）沙特阿拉伯

（2）印度

你的答案是：_____。

你有多确信你的答案是正确的：_____（50%—100%）。

2. 第一次见到您的韩国业务伙伴 Lo kim Chee 时，比较好的称呼是什么？

（1）Mr. Lo

（2）Mr. Chee

你的答案是：_____。

你有多确信你的答案是正确的：_____（50%—100%）。

3. 在巴西，你的宣传材料应该被翻译成什么语言？

（1）葡萄牙语

（2）英语

你的答案是：_____。

你有多确信你的答案是正确的：_____（50%—100%）。

4. 下列哪项运动是全世界最流行的运动？

（1）篮球

（2）足球

你的答案是：_____。

你有多确信你的答案是正确的：_____（50%—100%）。

5. 在以下哪个国家，人们不能接触外国业务人员？

（1）日本

（2）委内瑞拉

你的答案是：_____。

你有多确信你的答案是正确的：_____（50%—100%）。

6. 以下哪个国家的社会等级制度更为森严？

（1）印度

（2）日本

你的答案是：_____。

你有多确信你的答案是正确的：_____（50%—100%）。

7. 以下哪个国家的法律禁止支付和收取利息？

（1）沙特阿拉伯

（2）蒙古

你的答案是：_____。

你有多确信你的答案是正确的：_____（50%—100%）。

8. 在日本，以下哪项礼仪更重要？

（1）双手出示名片

第四章 识别并善用决策偏差

(2) 在名片上写明公司名称,但不写自己的职位和头衔

你的答案是:_____。

你有多确信你的答案是正确的:_____(50%—100%)。

结果显示,相较一个人答问卷,被试与同学或者家人一起答问卷时,过分自信的程度有所降低,过程中也会产生更多意见和观点。正如你一个人路过健身房,被销售人员拉住,他们告诉你健身的各种好处和办年卡如何实惠,你总容易心动,自信地认为自己在未来的一年里一定能经常去健身房,但事实是大多数人都没能坚持下来。不过,当你与同伴或者家人同行的时候,他们会给出更多观点和建议,此时,你便不会如孤身一人时高估自己的能力。

家人和同伴能让人走出过分自信的陷阱,东方的集体主义价值观是否有同样的作用?来自新加坡南洋理工大学的房永青和李纾在2004年发表的研究中,使用标语启动学生的集体主义价值观,并观察被试的自信程度能否降低。标语作为一个国家的长期文化标志,代表了一个国家或地区的核心价值观。研究者选取的标语体现了新加坡政府的五个核心观点,它们包括:每一个新加坡人都很重要;强大的家庭是新加坡人的基础和未来;机会是给所有人的;新加坡人民要为国家奋斗,让新加坡更强大;公民需要积极改变社会。这五条标语体现了新加坡的集体主义文化。在研究中,被试首先需要回答一道测量过分自信的题目:

到2000年1月3日为止,"千年虫"问题将会:

(1) 造成至少一次报告的飞机事故

(2) 不会导致任何报告的飞机事故

你的答案是：_____。

你有多确信你的答案是正确的：_____（50%—100%）。

被试阅读上述五条标语之后要再做一遍测量过分自信的测试题。研究结果很有意思：一旦阅读了这五条标语，被试瞬间变得理性，过分自信程度明显降低。集体主义的确能有效缓解过分自信的问题，但在文化如何影响过分自信这一研究领域，现有的研究结果出现了分歧。有一些研究表明，除了日本和新加坡，其他东南亚国家的人比英国人表现出更严重的过分自信。

值得一提的是，虽然过分自信是一种判断偏差，但也有研究者认为，过分自信可以增加人们的毅力，激发斗志，提供探索与尝试的勇气，最终提高成功的可能性。

商家深谙过分自信带来的好处。很多英语学习软件推出会员制度，打出类似这样的标语："加入会员只需要每年500元！如果可以坚持每天5分钟与外教在线对话，练习口语，一年后500元会费全额退还！"这听起来是很合算的投资，消费者乐观地以为自己能一天不落地坚持一年，实际情况却是十几天后很多人就放弃了。

孤身一人的消费者是商家投掷甜言蜜语的最佳对象，理发店的理发师热情地劝你办卡，健身房的教练不断怂恿你健身……如果朋友在场，商家的推销就不那么有用了，朋友的建议可以让人变得理性，不轻易地掉入过分自信的陷阱。

小结

人们常常会过分自信，高估自己成功的概率。商家之所以极力让消费者办年卡，就是因为它们知道，很多消费者过分自信，认为自己能在有效期内使用完自己的权益。不过，与朋友一起作决定时，情况会有所好转。

大包装商品质量差？

超市中的商品琳琅满目。为了挑选心仪的商品，消费者在购物时免不了作出诸多抉择。在对品牌、功能、型号等精挑细选后，消费者面临付款前的最后一个选择——商品的包装大小。许多商品都有不同大小的包装，例如同一款沐浴露的容量可以有 200 毫升、500 毫升、1000 毫升，同一种茶叶的分量可以有 50 克、100 克、200 克等。

不同包装大小的商品质量相同吗？消费者常常有这样的困惑。在百度百科上就有许多类似于"为什么感觉大瓶的可乐没有小瓶的好喝？""为什么小瓶的百威啤酒比大瓶的贵，质量和口感有区别吗？"的问题。甚至还有人非常愤怒地在网上控诉："我买的明明是同一款洗发水，大瓶洗发水为什么没有小瓶洗发水洗得干净？感觉有猫腻！"商家非常委屈："包装虽然不同，但里面装的是同样的东西呀！大瓶装得多，用得慢，小瓶用得快一点，区别仅此而已。"

难道厂家在生产过程中有疏漏？还是与消费者质疑的一样，厂家的确在生产大包装商品时偷工减料，其质量不如小包装的商品？消费者的担忧与不满是否有道理，或许需要商家层层核查，答案尚不可知，不过，我们不妨先来想一想这样一个问题：为什么惹人非议的总是大包装商品？换个角度来看，为什么消费者更倾向于质疑大包装商品的质量？是否有这样一种可能：并非商家偷工减料，而是消费者对大包装商品有顾虑，影响了他们对商品质量的判断？

大包装商品和小包装商品的核心差异在于单位价格的不同。前者的单位价格常比后者的低，拥有较高的性价比。明明是同一款商品，凭什么大包装的更便宜？商家会平白无故地让利给消费者吗？便宜没好货？消费者心中有一杆秤，一边是价格，一边是质量，如果价格降低，质量往往也会相应地被低估。

来自美国康奈尔大学的贾斯特（David R. Just）等人通过一项现场研究揭示了价格与质量在消费者心中的联动。他们与纽约的一家意大利餐厅合作，这家餐厅在工作日提供自助午餐，顾客可以自取食物，除了主食比萨一人最多只能拿三块之外，其余的沙拉、汤等食物自取时没有数量限制。

当顾客从餐厅的停车场走到餐厅门口时，会被询问两个与餐厅相关的问题：你考虑过在其他哪些地方用餐？你为什么选择这家餐馆？这两个开放性问题与研究本身无关，贾斯特等人只是为了在顾客作答后以感谢参与调查的名义向顾客赠送一张传单，传单上印有这家意大利餐厅提供的自助餐的价格与免费饮料的信息。一部分顾客看到的自助餐价格为 8 美元，另一部分顾客看到的自助餐价格为 4 美元。自助餐的价格不曾在任何平台上公示，所以顾客会将传单上的价格当作自助餐的真实价格。之后顾客可自由地取餐并享用美食，不会受到任何干扰。

当顾客吃饱喝足去收银台付款时，每位顾客都需要对主食比萨的口味及满意度进行评分。研究结果显示，为自助餐支付了 8 美元的顾客比支付了 4 美元的顾客认为比萨更好吃，对吃到的比萨也更满意。同样的商品，价格更低，反而得不到顾客的欢心。这听起来让人愤怒，商家"割肉"让利，消费者不但不感激，反而生出防范之心。难道价

第四章 识别并善用决策偏差

格低不是一件好事?

从消费者的角度,价格低还真的可能意味着质量差。人们总是忍不住想:天上怎么会有白掉的馅饼呢?正如开头提到的包装大小问题,我们买薯片或其他零食时常常会看到"经济实惠大包装",或许经济实惠也是消费者追求的,但人们难免觉得经济实惠的商品在质量上有所欠缺。换句话说,消费者很有可能通过包装大小来推测商品的单位价格,大包装商品的单位价格低(多数情况下也确实如此),因此认为其质量不佳。美国得克萨斯大学圣安东尼奥分校的严登峰、中国香港大学的森古普塔(Jaideep Sengupta)和香港中文大学的小怀尔(Robert S. Wyer Jr.),通过一系列研究直观地揭示了包装大小如何影响消费者对商品质量的判断。

这几位研究者邀请了 44 名香港的本科生参与一个关于薯片的研究,他们被随机分进小包装组和大包装组。研究者告诉他们,该研究的目的是了解消费者对品客(Pringles)薯片的看法。接着,小包装组被试看到 43 克的小包装薯片的图片(见图 4-1 左图),大包装组被试看到 170 克的大包装薯片的图片(见图 4-1 右图)。看完图片后,被试需要判断薯片的味道与质量,并估计薯片的价格。

图 4-1 不同包装大小的薯片
(引自 Yan et al., 2014)

研究结果不出所料,相比大包装薯片,这些本科生觉得小包装薯片更美味,质量更好。他们对大包装薯片总价的估计(11.59 美元)要高于小包装薯片(7.23 美元)。但研究者关心的并不是总价,而是单位价格。将总价除以包装尺寸计算得出单位价格,趋势就出现了有

消费者的决策：行走于理性的边缘

趣的反转：这些本科生预测大包装薯片的单价为 0.07 美元/克，还不到小包装薯片的预测单价（0.17 美元/克）的一半。正如严登峰等人所预测的，薯片包装更小时，人们认为薯片的单位价格更高，对薯片的口味和质量的预期也更高。严登峰等人发现，单位价格是造成包装大小影响质量预期的原因。

"便宜没好货，好货不便宜。"我们所说的"便宜"通常指单位价格，这是因为单位价格能带来更准确的信息，让我们对商品的性价比有更直观的理解。正如一颗 2 克拉的钻石与一颗 0.5 克拉的钻石比价格，前者比后者贵 100 元，我们能因此认为 2 克拉的钻石比 0.5 克拉的钻石贵吗？显然不能。即便如此，总价依然是一个非常重要的影响因素。生活中，无论是在货架上陈列的商品，还是在网店售卖的商品，除了需要散装称重的糖果、巧克力等，绝大多数商品都仅仅标出了总价。单位价格常常需要人们亲自算出，有时甚至需要借助计算器才能得出精确的结果。人们愿意进行这种复杂的计算吗？当你疲惫不堪地完成高强度工作后去超市买食物补充能量时，当你为了"双十一"的抢购熬到深夜，昏昏欲睡地在网上搜寻合适的商品时，你是否还会亲力亲为地算出各种商品的单位价格？答案很有可能是否定的。此时，作为唯一清晰呈现的价格信息，总价是否会对消费者的判断与决策产生影响？

严登峰等人也很好奇人们是如何在单价与总价之间权衡的。他们认为，认知资源（cognitive resource）在其中起了作用。每天清晨从美梦中自然醒来，人们往往拥有充足的认知资源，可以仔细处理各种事务。在解决了一个又一个问题，攻克了一个又一个难关之后，认知资源会被迅速消耗。我们常说的"脑子不够用了"就是认知资源匮乏的一种体现。在缺少认知资源时，人们就不愿意再动脑了。试想，

第四章 识别并善用决策偏差

在你殚精竭虑地写了几万字的报告后,发现笔没墨了,你在买笔时还会仔细计算价格吗?反正也不是一件大事,不如随便看着买吧。此时,消费者更依赖一些容易加工的信息,而总价就是这么一种信息。

严登峰等人使用背数字串的方法来消耗被试的认知资源。当被试进入实验室后,他们需要背诵两位数字或八位数字。显然,背诵两位数字的被试在完成任务后还拥有较多的认知资源,而背诵八位数字的被试在完成任务后认知资源就不足了。更有挑战的是,被试在完成之后任务的过程中需要一直记住这串数字,以应付研究者时不时插入的背诵测验。因此,被试一直处于消耗认知资源的状态中。接下来,被试会看到一瓶橙汁及其价格。橙汁分为1000毫升的大包装与400毫升的小包装(见图4-2),价格分为高单价(2.5美元/100毫升)与低单价(1美元/100毫升)两种。被试只能看到总价,即以下四种搭配中的一种:价值4美元的400毫升橙汁、价值10美元的400毫升橙汁、价值10美元的1000毫升橙汁和价值25美元的1000毫升橙汁。橙汁的单价需要被试自行计算。最后,被试要判断橙汁的质量。

研究结果表明,背诵两位数字的被试,也就是认知资源比较充足的被试,依据单位价格来判断质量。他们认为,在四种橙汁中,价值10美元的400毫升橙汁和价值25美元的1000毫升橙汁的质量更好,因为这两者的单位价格都很高,为2.5美元/100毫升。而背诵八位数字、认知资源耗竭、不想动脑的被试根据商品的总价判断质量,他们认为包装大、总价高的1000毫升橙汁的质量优于400毫升的橙汁。

图4-2 不同包装大小的橙汁
(引自Yan et al., 2014)

简单来说，在脑力充足时，消费者愿意计算单价，并基于单价判断商品的质量；脑力不够时，加工起来"不烧脑"的总价信息在质量判断中就占了上风。

营销人员或许可以好好利用这些研究结果。如今，"双十一"的活动规则越来越复杂，要读懂规则并不是一件容易的事情。消费者花费了很多精力，终于搞明白活动规则之后，他们的认知资源就"余额不足"了，此时，他们容易选择大包装的商品，因为大包装商品的总价往往比小包装商品的高，总价高就意味着质量好。在这类活动中，主打大包装商品就是明智之举。反之，在规则较简单的购买活动中，主打小包装商品会让商家获益更多。

如果想将自己的商品定位为高品质的商品，减小包装容量并适度提高单价就是一个便捷有效的举措，正如典雅礼盒中的一枝精心包装的玫瑰比礼盒中出现一大捧玫瑰更显精致与高级。如果想要强调商品物有所值，小包装就会适得其反。这就像对一个经济条件一般的家庭而言，一斤装的精致大米不如十斤装的实惠大米更具吸引力。

小结

人们通常认为单位价格越高的商品，其质量越好，因此觉得小包装商品的质量优于大包装商品的质量。但当没有脑力计算单位价格时，他们会依据更直观的总价来判断商品的质量，认为总价越高的商品质量越优。

便宜真的没好货吗？

每当令人疯狂的"双十一""双十二"等一系列"年底扫货"促销

第四章　识别并善用决策偏差

季结束,"剁手党"便渐渐冷静下来,开始细数这些日子以来的战果。整理过程中,他们有时高呼"幸亏抢到了",有时摇摇头,陷入"真不该买"的懊悔中,有时甚至会出现戏剧化的情形——"剁手党"对着一件物品发出来自灵魂的拷问:"这是什么?我没买过啊!"

冥思苦想半天,终于反应过来,原来这是某件促销商品的赠品。他端详着眼前的物品,看着那粗糙的做工和非主流的配色,忍不住想:如果它们不是赠品而是商品,自己绝不会买,更不会拿来用。这样的赠品有什么用呢?商家要做促销,为什么不能直接降价?

消费者一定想不到,商家如果听到这个问题,多半会坚定地回答:不能!为什么呢?不妨先来回顾一则脍炙人口的小故事。

一家服装店推出了一款新衣,但久久无人问津,衣服积压了将近一年,从最开始的橱窗位置转到了不显眼的地方,从新款时装沦落为低价处理商品,从最初上市的 1000 元降到了 500 元,经理本以为这样大的优惠力度之下,很快就能处理掉这些积压的衣物。好几天过去了,竟然依旧无人问津。经理没办法,只能去请教一位精通营销的朋友,朋友告诉他一个秘诀——在现有价格后加上一个零,并把衣服重新挂在显眼的橱窗处。经理虽然对这个疯狂的建议将信将疑,但只能做最后一搏,他将这件衣服的售价改为 5000 元,结果才过了一天,衣服就被一抢而空。

这一营销策略正是利用了大众"便宜没好货,好货不便宜"的心理,通过抬高衣服价格,让消费者自然而然地产生"价格高,品质一定也好"的错觉,心甘情愿地购买。"便宜没好货"这一观念长期占据着消费者的头脑,使高价商品更受青睐。商品一旦降价,就非常容易与质量差联系起来,失去信任,反而无人问津。因此,许多卖家宁愿

消费者的决策：行走于理性的边缘

送出消费者并不喜欢的赠品，也不愿意用直接降价的方式去促销。

在以上两个情境中，我们可以发现，一方面，消费者的确会以价格去判断商品质量，另一方面，正是由于这一心理的存在，导致商家不敢降价，甚至利用这一心理近乎疯狂地赚取利润，最终既损害了消费者的利益，又不利于商家树立"物美价廉"这一良好形象。

以价格判断质量合理吗？美国科罗拉多大学的利希滕斯坦（Donald R. Lichtenstein）和路易斯安那州大学的伯顿（Scot Burton）一起研究过这一广泛存在于消费情境中的现象，探究质量与价格的关系在消费者心中与现实生活中的差距。

利希滕斯坦和伯顿精心挑选了 15 件商品作为研究材料，包括立体声接收器、盒式磁带录像机（video cassette recorder，简称 VCR）、19 英寸便携彩色电视机、微波炉、食物处理机以及厨房垃圾袋、花生黄油、纸巾、冷冻法式薯条、洗碗剂等。这 15 件商品根据两大标准挑选而出，第一条标准为是否耐用，可分为耐用型产品和非耐用型产品。耐用型产品是指能多次使用、寿命较长的商品，例如 VCR、微波炉等；非耐用型产品是指使用次数较少、消费者需经常购买的商品，例如厨房垃圾袋、纸巾以及食品类商品。第二条标准是客观上商品的价格与质量的关系。根据格斯特纳（Eitan Gerstner）在 1985 年的研究结果，有些商品的质量与价格具有正相关关系，即价格越高，质量就越好，如微波炉；而另外一些商品的质量与价格无关或者具有负相关关系，即价格越高，质量反而越差，如厨房垃圾袋。

如此一来，15 件商品被分成四个类别：第一类，质量与价格具有正相关的耐用型产品，如微波炉、食品处理机等；第二类，质量与价格无关或具有负相关的耐用型产品，包括立体声接收器、VCR 等；

第四章　识别并善用决策偏差

第三类，质量与价格正相关的非耐用型产品，如花生黄油、洗碗剂等；第四类，质量与价格无关或具有负相关的非耐用型产品，包括厨房垃圾袋、冷冻法式薯条等。

利希滕斯坦和伯顿找了 220 名主修商业的本科生参加研究。研究过程并不复杂，研究者就像朋友间聊天那样问被试一些问题，让被试评价上述 15 种产品。利希滕斯坦和伯顿首先想要测量的是被试对商品的价格感知，于是他们抛出第一个问题："你愿意为这个商品支付多少钱？"接着，他们想要了解被试对这些商品的价格与质量的关系的感知，于是抛出第二个问题："你有多同意'这类商品价格越高，质量越好'？"被试用 1—7 的数字回答，1 分代表"非常不同意"，7 分代表"非常同意"。为了使研究更严谨，他们还了解了商品对被试的重要性以及被试是否有购买这些商品的经历。

研究结果显示，被试心中的价格与质量的关系与客观上的价格与质量的关系具有正相关。被试心中认为价格越高，质量越好的产品，实际生活中也的确如此，然而这并不代表被试非常理智，因为两者的相关尽管有统计学上的意义，但相关程度非常低。

同时，利希滕斯坦和伯顿还发现，商品是否耐用影响被试对价格与质量的关系的感知。当面对非耐用型商品时，被试对价格与质量的关系的判断更接近客观上两者的关系，尽管相关程度依然停留在很低的水平。而当被试面对耐用型商品时，他们评估的质量与价格的关系与客观上两者的关系具有负相关。也就是说，被试以为 VCR 的质量随着价格增长而提高，现实却是 VCR 的质量与价格没有必然关系。无疑，在面对耐用型商品时，被试非常容易"踩坑"——特地付高价，期待得到一台高质量的 VCR，却错过了物美价廉的产品。

你可能会质疑，参与这个研究的都是大学生，他们拥有同样的学历背景，这是不是意味着此次研究结果无法推广至整个消费者群体？利希滕斯坦和伯顿也有同样的担心，于是他们进行了第二次研究。这一次，他们派出了两位研究助手，各自"蹲守"在一家中型超市的不同出口。事先已经调查过，这家超市出售的商品包括研究材料中提到的15种商品。当购物者购物完毕走出超市时，研究助手就会上前询问他们是否愿意参与研究，并将一份纸质问卷递给购物者，请他们带回家，填写完毕后以信件的形式寄给研究者。当然，信封上贴好了邮票，邮资已经由研究者支付。问卷内容与第一次研究时询问学生被试的问题一样，并附上了15种商品的名单。在总共发放了600份问卷后，利希滕斯坦和伯顿收到了寄回的167份问卷。寄回的问卷78%来自女性，填写者的年龄为35—44岁，大多拥有本科学历，大多生活在三口之家，月收入为25000—34999美元。

研究结果表明，消费者心目中的价格与质量的关系与客观上两者的关系具有正相关，这与在学生群体中所做研究的结果一致。同时，此次的相关程度依然很低，产品是否耐用依旧影响消费者对价格与质量的关系的感知。

到这里，结论似乎已经颇具说服力，然而利希滕斯坦和伯顿意识到，研究中客观上的价格与质量的数据均出自格斯特纳的研究。而柯里（David J. Curry）和里斯（Peter C. Riesz）发现，商品的质量与价格的相关关系受商品类型的影响，耐用型商品的质量与价格的关系随时间发生变化。以VCR为例，从VCR这种产品进入市场后，市场条件就不断地变化。当新公司进入市场，VCR的价格自然要比一家独大的时候更便宜；随着越来越多的VCR品牌出现，VCR的质

第四章　识别并善用决策偏差

量越发参差不齐。可见，无论是价格还是商品质量，都在不断变化，两者的关系当然不会一成不变。因此，对于耐用型商品，消费者对价格与质量的关系的感知不同于客观上两者的关系，可能是因为客观上商品的质量与价格在不断变化，而非如研究中提到的——消费者无法对这类商品的价格与质量的关系作出准确的判断。

为了排除上述可能性，利希滕斯坦和伯顿又进行了第三项和第四项研究。第三项研究的程序和第一次研究相同，并且同样选取学生作为研究对象，但选取的研究材料是全新的 18 种商品，依然按照耐用型产品、非耐用型产品以及质量与价格的相关程度选取，这些数据不再出自格斯特纳的研究，而是来自权威、可靠的消费者报告。第四项研究的程序则与第二项研究相同，只是这一次研究助手去了美国不同地区的中型超市，收集了更广泛的数据。两个研究的结果和之前的研究完全一致。

我们一直认为"便宜没好货"，宁肯咬咬牙，也要出高价得到质量更好的产品或服务。但现实是即使出高价，也难保不跳进坑里。如果换个角度想一想，这不正说明物美价廉真的存在吗？

雷军在分享"小米"的创新故事时说："对很多精英阶层来说，卖得这么便宜一定很 low，那只是因为你不了解，这个世界变化快。"接着他进一步说明了高性价比产品如何产生："成本是如何降低的呢？假如我们能够把原计划的商品销量，例如说卖 10 万部变成卖 1000 万部，提高两个数量级，研发成本就变成原来的 1%，几乎可以忽略不计。因为卖的价格低，市场推广成本很低，渠道销售成本也很低，大规模生产以后原材料和制造成本会接着降低，就产生了正向循环。"

我并非"小米"产品的粉丝，甚至从来没有使用过"小米"的产品，但我非常欣赏"小米"想要做高性价比产品这一理念。我们固守的那套"便宜没好货，好货不便宜"的观念，的确也应该转变了。

小结

人们习惯用商品的价格衡量其质量，商家因此不敢降价，害怕低价会使人们将自己的产品与质量差联系起来。但研究表明，"便宜没好货"的观念并不正确。

吃霸王餐与长时间占座，哪个让商家损失更大？

2017年6月，上海市公安机关接到某餐厅的报警电话，店主称一男子在其店内消费，临走时竟拒绝付账并耍起了无赖。警察到达现场后有些哭笑不得，面对警方与记者，嫌疑人张某并不感到羞愧，反而大方地与大家分享自己的梦想——将上海地铁14条线路所有站点附近的美食都尝个遍，并绘制一份美食地图。为了完成梦想，从2016年来到上海起，张某就沿地铁线逐个站点吃霸王餐，如今终于被愤怒的商家送进了拘留所。

吃霸王餐的新闻并不罕见。企图在餐厅白吃白喝的好吃懒做之徒的下场大都比较凄惨，他们不是被怒火中烧的商家揍一顿，就是如上述事件中的张某那样被警察带走。我们不妨站在商家的角度体会一下：有人在我的餐厅中享用美食与服务，我付出了成本，本应得到相应的报酬，结果对方竟然拒绝付账，让我付出的成本打了水漂，造成了直接损失。商家的愤怒自然不难理解。

比起吃霸王餐，在餐厅里我们常常看到另一种更普遍的现象——长时间占座却不消费，或者用完餐后不离开，依旧长时间待着。这些

第四章　识别并善用决策偏差

现象虽也会令商家心生不悦，我们却从未听过有人因此被商家殴打或者被送去派出所。相信有不少人会为长时间占座的顾客辩护："吃霸王餐造成了商家的损失，但占个座又没什么了不起的，不会造成损失，当然不至于要报警。"

问题就在于，占座真的不会造成商家的损失吗？让我们静下心来分析一下：吃霸王餐令人生气是因为它造成了商家的亏损，而占座者长时间占据着潜在消费者的位置，使商家不能获得本应得到的收益，这显然也是一种损失。同样是损失，如果占座者在就餐高峰期霸占座位，可能会让商家遭受比吃一顿霸王餐更大的损失。商家对吃霸王餐耿耿于怀，对占座却视而不见。可见，霸王餐导致的损失在商家心中的分量很重，而占座带来的损失被轻视了。本应平等的损失在人们心里竟然分出了高低贵贱，大家想过其中的原因吗？

既然损失有高低贵贱之分，就说明不同的损失具有不同的性质。霸王餐造成的亏损叫作直接损失（direct loss），占座带来的损失则是间接的，叫作未得收益（foregone gain）。相较直接损失，人们很难发现未得收益也是一种损失，因此很容易被人们忽视。

直接损失和未得收益都与人们的利益紧密相关，为什么人们对直接损失敏感，对未得收益不敏感呢？这背后的根本原因是损失厌恶，其提出者特维斯基（Amos Tversky）和卡内曼（Daniel Kahneman）通过研究发现，在面对等量的损失和收益时，人们对损失的敏感程度远远超过对收益的敏感程度——你丢了100元时感到的懊悔要远超捡到100元时的欣喜之情。同样的道理，在吃霸王餐和长时间占座这两件事情上，前者关乎商家损失了多少钱，很受重视；后者关乎少赚了多少钱，却不太受重视。

消费者的决策：行走于理性的边缘

在损失厌恶的基础上，卡内曼又与尼奇（Jack L. Knetsch）等人于 1991 年提出了禀赋效应（endowment effect），它是指一旦消费者拥有某件物品，消费者对这件物品的评价就会高于没有拥有它时的评价。现在，请考虑这两个问题。

问题一：你读这本书的时候，就已经接触到一种罕见的致命病毒。你患病的概率是千分之一。如果患上此病，下周你会毫无痛苦地死去。有一种解药能使你的死亡风险降至零。假设你足够富裕，你愿意花多少钱购买该解药？

问题二：医院的研究人员正在研究一种罕见的致命病毒。他们需要招募一些志愿者，志愿者只需走进一个房间待 5 分钟，患病率为千分之一。如果患上此病，患者在第二周会毫无痛苦地死去。目前这种病没有任何解药。如果参加这项研究，你最少会向研究人员索要多少钱？

被试在问题一中给出的平均价格是 200 美元，而在问题二中被试的要价高达 1000 美元，是问题一中价格的 5 倍！为什么给出的价格会如此悬殊？仔细对比两个问题可以发现，它们本质相同：都是一种致命疾病，患病率都是千分之一；一旦患病，患者都只能存活一周。唯一的不同在于，在第一个问题中，被试觉得自己需要花钱买健康，买到的健康对他们而言是一种获益。而在第二个问题中，被试觉得自己现在拥有健康，健康是一种禀赋，医学实验可能会剥夺自己的健康，因此自己面临损失。被试认为自己拥有的健康比还未获得的健康更值钱。其实，禀赋效应的实质还是损失厌恶，人们对可能会损失的禀赋非常敏感，而对未获得的东西不太看重。

第四章　识别并善用决策偏差

再来看另一项关于禀赋效应的研究，这是一个关于买卖马克杯的研究。美国西蒙弗雷泽大学的 77 名学生分别扮演卖家、买家或选择者。卖家的任务是出售一个印有他们所在大学标志的马克杯，他们要在 0.25—9.25 美元之间为马克杯定价；买家则被询问愿意出价多少购买相同的马克杯；至于选择者，他们要多次在一定数量的现金与马克杯之间作出选择，如果选择现金就不能得到马克杯，同理，选择马克杯也得不到现金。结果显示，对于同一个马克杯，大家给出的价格相差甚远。卖家给出的平均价格是 7.12 美元，买家给出的平均价格仅有 2.87 美元，选择者给出的平均价格为 3.12 美元。该结果表明，消费者一旦像卖家那样把某个物品看作是自己已经拥有的，对它的好感就会激增，并抬高其价值。

从禀赋效应的视角来看，一旦消费者前来用餐，商家就会悄悄在心中把消费者应该支付的费用当作自己已经拥有的财产。要剥夺已有财产可不容易，商家会与吃霸王餐者"殊死一搏"。对于长时间占座者，尽管他们阻碍了其他潜在消费者前来消费，但这部分费用在商家心中还没有被记到自己名下，商家就对占座者视而不见了。

对未得收益的忽视不仅仅体现在商家对长时间占座者温柔的态度上，还体现在人们对盗版商品的看法上。时下，各类盗版软件泛滥，山寨服装处处出现，文艺界也不乏抄袭作品。近期，有多部网络小说涉嫌抄袭，但仍有公司重金投资，将其拍成电影，搬上荧幕。人们似乎对盗版商品非常宽容，网上甚至有质疑抵制盗版的言论："虽然小说涉嫌抄袭，但我喜欢的明星十分辛苦地参与电影制作和宣传，拍摄方也投入了大量的金钱、人力和物力，没偷没抢，怎么就不能看了？"在此，我们暂且不谈版权意识，只说未得收益。盗版商品和抄袭作品都是对原创者利益的损害，它们偷走了原创者的作品，抢走了本应属于原创者的收益。但是，这与抢劫和偷窃造成的直接损失不同，盗版商品和抄袭作品让原创者损失了未得收益。正是出于对未得收益的忽视，消费者甚至包括原创者，都表现出对盗版商品非理性的宽容。

令人担忧的是，对未得收益的忽视不仅存在于消费情境中，还存在于本应公正的司法审判中。美国康奈尔大学法学院的拉克林斯基（Jeffrey J. Rachlinski）联合加利福尼亚州的法官威斯特里奇（Andrew J. Wistrich），向51名犹他州法官提交了一份合同纠纷，请他们作出判决。该案涉及两款电子游戏，其中一款叫《家庭健身》，它被称为"视频游戏收藏家的圣杯"。这款游戏仅限量出售200份，价格不菲，其奇特、有趣的图形吸引了不少喜欢收藏古董视频游戏的消费者。但《家庭健身》这个名字很容易与其他游戏例如《任天堂健身》混淆，后者的价格非常低廉。此案的被告与原告都参加了盐湖城的一个大型收藏者大会，会上，收藏者们买卖古董电子游戏、漫画书和相关纪念品。他们还交易了一款健身游戏，签署了合同。

其中，一半法官看到的对案件的描述关乎卖家的未得收益：

> 原告把《家庭健身》游戏放在一系列便宜的游戏中，以1美元的价格出售，因为原告认为这是普通的《任天堂健身》游戏。被告发现了这款游戏，一时兴起买下了它。第二天，被告将买下的游戏带到一位专家那里，得知这是《家庭健身》游戏，价值38000美元。

而另一半法官看到的描述关乎买家的直接损失：

第四章 识别并善用决策偏差

被告把《任天堂健身》游戏放在一系列高端的游戏中,以高达 38000 美元的价格出售,因为被告认为这是《家庭健身》游戏。原告发现了这款游戏,一时兴起买下了它。第二天,原告将买下的游戏带到一位专家那里,得知这是《任天堂健身》游戏,只值 1 美元。

在第一种描述中,如果卖家能够以《家庭健身》游戏的价格出售手里的游戏,他将获得 38000 美元,但现在他以 1 美元的价格将游戏卖给了被告,显然损失了 37999 美元,这个数字与第二种描述中买家损失的 37999 美元完全一样。但研究结果显示,在将此案视作涉及未得收益案件的法官中,只有 41% 的法官认为原告与被告应该撤销当初的交易,而在将此案视为涉及直接损失案件的法官中,82% 的法官认为原告与被告应该解除当初的合同。可见,法官的判决也受到忽视未得损失这一倾向的影响。

在生活中,也有商家学会了重视未得收益。在海底捞火锅门前总有许多等待用餐的顾客。与其他只会让顾客傻等的餐厅不同,海底捞火锅贴心地为等候的顾客准备了休息的座位,还免费供应点心、零食、水果、饮料,甚至提供美甲服务等。自诩精明的商家可能会嘲笑这种做法,毕竟为长长的队伍提供服务需要不小的成本,也不是每一位顾客都有耐心等到自己用餐的时候,有一部分顾客在享受了免费零食后却更换了用餐地点。海底捞火锅虽然在为顾客提供服务上投入了比其他商家更高的成本,但避免了顾客因为排队时的无聊和烦躁体验对餐厅失去好感,甚至产生厌恶情绪,打造了服务水平高、消费体验好的形象,由此吸引了更多顾客。海底捞火锅可以在良好口碑的基础上，提高每份菜品的费用，从而赚取更多的利润。

海底捞火锅为打造高水准服务形象投入了成本，高成本是一种损失，但这一行为为其树立了良好口碑，吸引了许多消费者，避免了餐厅因无人问津而损失更大的未得收益。如今全国各地生意红火的海底捞火锅证明了这一策略的成功，这种成功源于海底捞火锅充分认识到避免损失未得收益的重要性。

未得收益广泛存在于生活中，但常常被人们忽视。当晚间用餐高峰来临，喝下午茶的客人却对着一杯早已见底的茶发呆，迟迟不肯离开时，商家该怎么做呢？商家不妨给占座者适当的好处，例如在下午5点之前结账就能得到一张优惠券，让占座者开开心心地为等候就餐的顾客腾出位置，商家也就能欢欢喜喜地迎接下一波"金主"了。

小结

吃霸王餐的人给餐厅造成直接损失，长时间占座的人则让餐厅无法兑现未得收益。人们看重直接损失，却忽视未得收益，因为人们对损失的敏感程度远超过对获益的敏感程度。重视未得收益有助于商家赚取更多利润，也有助于法官作出公正的判决。

评分上升的餐厅未来也会更好：心理动量带来的错误预判

目前，市场上出现了众多生活消费类软件，如大众点评网、饿了么、小红书等。它们如雨后春笋般涌现，涵盖了吃、穿、住、行等各方面。通过这些软件，消费者足不出户就能对店家的各种信息了如指掌，人们的生活也变得更便利。这些消费类软件上的很多信息都是由

第四章　识别并善用决策偏差

消费者自己而不是商家提供的，如顾客在餐厅就餐后，会拍照记录菜品及餐厅布局，就口味、环境、服务等维度打分，上传到软件上，其他消费者只要打开这家餐厅的介绍就能看到他人分享的详细信息。比起商家的自吹自擂，消费者往往觉得这些信息比较真实，值得信赖，会将其作为消费决策的重要参考。

现在，让我们设想这样一个场景：一天，你准备去某个商场的餐厅用餐。这是你第一次来到这个商场，对商场内的餐厅并不了解，也没有明显的偏好，于是你打开一款生活消费类软件，在上面查询餐厅的信息。你和身边的人都经常使用这个软件，总喜欢在消费前查看餐厅的位置、招牌菜、人均价格、人们的评分等，帮助自己作选择。你和朋友对这款软件比较熟悉，也常常会在上面对商店评分，撰写评论，你们都认为餐厅获得的评分及评论是比较真实、可靠的。

对比餐厅信息后，你选定了两家餐厅，它们都是你喜欢吃的日料店，招牌菜都令你非常满意，人均价格也差不多，都在你可接受的范围内。最近一个月，消费者对这两家餐厅评分的平均值都为 4.6 分（满分为 5 分）。在这个生活消费类软件上，这两家餐厅唯一的差异就在于"一个月前评分"这一指标。消费者不仅能够看到最近一个月的餐厅评分，也能看到上个月餐厅获得的评分。在一个月前 A 餐厅的评分为 4.8 分，B 餐厅为 4.4 分。也就是说，相比上个月的评分，A 餐厅这个月的评分下降了 0.2 分，而 B 餐厅这个月的评分上升了 0.2 分。你会选择到哪个餐厅就餐呢？

不出意外的话，多数人会选择 B 餐厅，也就是评分上升的餐厅。你的选择是否也如此呢？为什么我们会作出这样的预测？这是因为，尽管从客观上来说，两家餐厅当前的得分完全一样，但就人们的主观感受而言，评分上升的 B 餐厅让人觉得它在变好，而评分下降的 A 餐厅让人觉得它在变差。很多消费者都觉得，比起选择一个评分不断滑坡的餐厅，选择一个正在走上坡路的餐厅肯定更明智。但你是否想过，这两个餐厅近一个月的评分都是 4.6 分，这意味着近期它们在菜品、环境等方面的综合表现持平。很多消费者都声称自己是一个理性的人，对餐厅的选择就应该基于餐厅当前的评分，而不应该关注它过往的表现。为什么人们的消费决策会受过往评分的影响呢？

要解决这一问题，我们需要先引入一个物理概念——动量。让我们先通过一个简单的例子来回忆这个高中物理课上学过的概念：当你坐在一辆行驶着的汽车中，前方突然跑来一只猫，司机紧急刹车，你的身体却没有随着刹车停下，而是控制不住地向前倾——这就是动量的作用。动量能够使物体保持原先的运动趋势，即使在遇到抵抗力时也不会立刻停止。因此，虽然车停下来了，你的身体却依然止不住地往前倾。基于这一物理学概念，心理学家提出了一个类似的心理学概念——心理动量（psychological momentum）。

类似于物理动量的作用，心理动量会使事物在人们的心中继续原方向的运动。也就是说，人们在考虑事物未来的方向时，不仅会考虑它当前所在的位置，还会依据它过去变化的方向，推测它会沿着原先的方向前进。

举个例子，在职场中，我们常常会将职位稳步上升的人比作一颗冉冉升起的新星，而将职位不断下降的人比作一艘日渐老旧、缓缓沉没的船。佩蒂特（Nathan C. Pettit）等人曾做过一个关于心理动量的研究，他们招募了一批被试，要求被试想象某工作组的一名成员在小组中的地位排名第四，这名成员最近在工作组中的地位不断上升、

第四章 识别并善用决策偏差

不断下降或者保持不变，被试需要评估该成员在这一工作组中的地位、声望、受尊重的程度及受钦佩的程度。研究结果显示，排名上升时被试认为成员的地位、声望、受尊重程度及受钦佩程度最高，名次不变时其次，名次下降时则最低。简而言之，人们总是认为新星会持续升起，而老船将继续下沉。

现在，让我们回到最初的餐厅选择事例上。两家餐厅近一个月的评分平均值相同，仅仅看这一评分，它们在人们心中的水平是相同的。然而，A餐厅的评分比起上个月是下降的，由于心理动量的存在，人们倾向于认为A餐厅的评分会持续下降；B餐厅的评分比起上个月是上升的，人们也会倾向于预计B餐厅的评分将在未来继续走高。人们就会忽视两家餐厅拥有相同综合水平的客观事实，更倾向于选择评分上升的B餐厅。

除了餐厅评分这类主观性较强的信息，在我们的生活中，也有很多客观数据会不断发生变化。例如，天气预报中估计未来的降雨可能性会随着日期的临近而不断修正，股票升值的可能性也会随着某个随机事件而发生巨大波动。由于心理动量的作用，人们同样会高估或低估此类客观可能性。加拿大多伦多大学的马利奥和美国威斯康星大学麦迪逊分校的波尔曼通过一系列研究揭示了可能性数值的修正是如何影响人们对事件发生可能性的估计及后续行为的。

在一个关于天气预报中降雨可能性的研究中，两位研究者招募了328名大学生被试参与这一研究，一半被试被随机分至可能性上升组，另一半被试则被分至可能性下降组。以可能性上升组为例，研究者首先向被试呈现这样一段话：

消费者的决策：行走于理性的边缘

你早上起床时查看了天气预报，天气预报显示，今天有30%的可能性会降雨。等你花了一个小时左右洗漱、吃完早饭，准备出门前，你又查看了一下天气预报，发现降雨的可能性被修正至45%了。

可能性下降组看到的降雨可能性则是由60%修正至45%。随后，研究者要求被试在几幅图中选出哪幅图最能代表当日下雨的未来概率轨迹图，以及对当日下雨可能性评分。

研究结果显示，比起降雨可能性下降组的被试，降雨可能性上升组的被试认为当日更有可能会下雨。当降雨的可能性经修正上升时，被试预计未来降雨的概率轨迹图将出现上升趋势，也就是说，人们认为未来降雨的可能性也将持续提高，延续之前的上升趋势。而当降雨的可能性经修正下降时，人们会预计未来降雨的可能性将降低，同样延续之前的趋势。这就是我们之前所说的心理动量的作用。

为了避免研究结果成为纸上谈兵，马利奥和波尔曼又进行了一个现场研究。他们招募了在食品服务行业工作的员工，询问他们对自己就职的餐厅或酒吧的销售量预测。具体程序是，在2014年的美国国家冰球联盟斯坦利杯季后赛半决赛期间，马利奥和波尔曼来到位于某一城市的22个体育酒吧，在每个体育酒吧邀请1—2名工作人员参与研究，总共邀请了41名调酒师和服务员。当时，芝加哥黑鹰队已进入四分之一决赛，而在该市，多数人都支持芝加哥黑鹰队。这意味着如果该队在下一轮比赛中取得成功，这个城市中就会有更多人到体育酒吧吃饭与喝酒，这些酒吧的销售额也将随之增加。

参与研究的被试被随机分配进入可能性向上修正组与可能性向下

修正组。以可能性向上修正组为例，被试会看到芝加哥黑鹰队进入下一轮季后赛的可能性已由 10% 修正为 20%。为了使可能性的修正看上去更逼真，马利奥和波尔曼使用了一种新的方法。他们将原始的可能性（如 10%）打印在纸上，然后使用一支黑笔将数值划去（依然能看清原先的数值），并在一旁手写上修改后的数值（如 20%）。可能性向下修正组则由 30% 修正为 20%。这样就能保证两组中最新的可能性数值是一致的（都是 20%）。这种手写的修改较符合我们的日常生活习惯，非常贴近生活中的真实场景。随后，被试需要预测他们就职的酒吧季后赛后的未来销售额。

如研究者所料，对芝加哥黑鹰队进入最终锦标赛的可能性的修正方向会影响被试对销售额的预测。尽管最终修正后的概率是一致的，看到向上修正数据的被试比看到向下修正数据的被试更倾向于认为自己工作的酒吧在未来会有更高的销售额。

通过上述两个研究可以发现，这种可能性的修正不仅会影响人们自身的偏好与行为，还会改变人们对宏观领域的预测，如上述研究中被试对营业额的预测。研究者在不同的情境中都发现了心理动量的作用，可以认为，该效应稳定地存在于不同的场合中。

这种错误的预计会对我们的实际决策产生什么样的影响？马利奥和波尔曼对这一问题也非常好奇，他们与葡萄酒厂及一个农贸市场开展了合作，在农贸市场邀请了 159 名志愿者参与研究，葡萄酒将是他们参与研究的报酬。被试需要在两种葡萄酒中选择，一种是每瓶零售价为 15 美元的葡萄酒，瓶子没有被污染的可能性。另一种葡萄酒的零售价高达 40 美元，但瓶子有可能会被有缺陷的软木塞污染。有缺陷的软木塞会导致葡萄酒产生不良气味和味道，但不会对身体造成危害。随后，被试被随机分至软木塞缺陷的可能性上升组（从 10% 变为 15%）或可能性下降组（从 20% 变为 15%）。被试在两瓶葡萄酒之间进行选择，选完后可以拿走所选的葡萄酒。研究结果表明，可能性改变的方向会真实地影响人们的选择。当污染可能性上升时，仅有 34.2% 的被试选择了有风险但单价高的葡萄酒；而当污染可能性下降时，有 47.5% 的被试选择了有风险但单价高的葡萄酒。

说完了马利奥和波尔曼的研究，让我们回到日常生活中。消费者接触的信息往往不是静止的，而是连续的、不断改变的，成为"信息流"。关于事物过往发展趋势的信息有时是有意义的，例如分析一只股票是否值得投资时，我们需要查看它先前的业绩。但在很多情况下，所谓的意义只是人为赋予的。例如，在过去的若干年中，某销售人员的销售额逐年增长，但这并不意味着此人明年的销售额会持续增长。同样，如果某销售人员在过往几年中的销售额逐年下跌，也并不意味着其明年的销售额会持续下跌。

统计学上"趋中回归"（regression toward the mean）的思想恰恰与心理动量的预测相反，业绩连年增长的销售员在未来很有可能迎来业绩的下滑，而业绩连年下滑的销售员在未来很有可能迎来业绩的增长。消费者往往会过分受心理动量的影响，作出错误的预测与判断。在我们提到的天气预测、销售额预测和葡萄酒选择事例中，消费者都过分看重先前的数据及数据变化的方向。

或许有些事过去了，就是过去了！我们要更专注于现状，不要轻易被心理动量带着走远啦！

小结

心理动量让人觉得事物会不断向某一方向发展。人们容易认为，在过去一段时间内评分上升的餐厅的未来表现仍会变好，评分下跌的餐厅的未来表现仍会变差。即使两家餐厅当前的评分相同，人们也可能选择过去一段时间内评分上升的餐厅。

消费也有"舒适区"

据《人民日报》报道，近日上海消费者权益保护委员会对面膜开展了比较试验。试验者通过大型商场、品牌专卖店、电商平台等渠道购买了40款面膜，涵盖了自然堂、百雀羚、兰蔻等品牌。试验者围绕产品安全和补水保湿功能进行了筛查与测试，并对各个品牌的面膜出具了相应的报告。当我看到这篇报道的时候，马上发给了身边一位朋友。因为她当天早上刚跟我抱怨过，进入秋冬季节以来皮肤干燥，这两天家里的面膜已经用完，脸上涂了好几层乳液和面霜，仍然干得难受，她甚至不想出门，看来她必须赶紧买面膜了。

一周后，我和这位朋友视频通话。接通的瞬间，屏幕上赫然出现的一张煞白的脸，把我吓得够呛，两秒之后我和她都哈哈大笑起来——并不是发生了什么灵异事件，而是她正敷着面膜。想到之前的那篇报道，我便随口问她："上次发给你的那个面膜测试你看了吗？这次买的什么面膜？"她一边用手指抚平鼻子处有些皱起的面膜，一边回答我的问题："看啦看啦，这次买的是相宜本草，我一直用这个品牌的面膜和保湿水。"

视频通话结束后，我不知怎地突然生出强烈的好奇心，想看看那篇报道对朋友的选择是否产生了影响。于是我打开手机，翻出面膜测试的报道，发现相宜本草的补水保湿功能确实不错，然而，与此同时我也发现,相宜本草似乎不是该价位的最佳选择:与相宜本草一样,在补水保湿功能方面被评为四颗星的自然堂,其面膜单价比相宜本草便宜一元;百雀羚有一款面膜在这一功能上达到了五颗星,单价也便宜一元。按照常理,消费者都追求物美价廉的商品,为什么我的朋友偏偏要避开百雀羚、自然堂,一如既往地选择相宜本草呢?

莫非我的朋友非常喜欢相宜本草的代言人?应该不是,她并不是为了支持"爱豆"才购买那些产品。她告诉我,之所以不购买明显更物美价廉的其他品牌的面膜,只是因为她一直使用相宜本草的面膜和保湿水。也就是说,她对"相宜本草"这一品牌有很高的忠诚度。我们再来看另一个有趣的事件。

一名学生拿出手机准备上网搜索某信息,片刻之后,他发现流量已经用完,只能让同学帮忙查找。对方不解地问:"这个月才开始没几天,流量怎么就没了?你一个月有多少流量?"用完流量的同学挠挠头,小声说:"500M。"对方顿时发出笑声,打趣地说:"在流量不限量的年代还只用500M,是为了激励自己好好学习,少上网吗?"他有些尴尬地笑了笑,解释道:"我的确收到过很多次移动公司介绍流量不限量业务的信息,但不知道怎么回事,我就是不想去换每个月的套餐,毕竟现在这个套餐我从大一用到现在,已经四年了。"

看到这里,你发现这两件事的共同之处了吗?没错,消费者倾向于停留在消费习惯的"舒适区",不愿改变。在心理学中,这一现象拥有它的专属名称——安于现状偏差(status quo bias)。安于现状偏差是塞缪尔森(William Samuelson)和泽克豪泽(Richard Zeckhauser)1988年提出的概念,指消费者在作决策时,倾向于维持当前或者以前的决策的一种现象。

第四章　识别并善用决策偏差

塞缪尔森和泽克豪泽设计了一系列经典实验来证明安于现状偏差的存在。他们招募了486名美国波士顿大学管理学院经济学班和哈佛大学肯尼迪政府学院的学生参与研究。

在第一个版本中，这些学生看到的问题是：

> 你继承了一笔来自叔叔的遗产，准备用其投资。目前有四种投资方案可供选择：
> A. 中等风险公司 A
> B. 高风险公司 B
> C. 短期国库券
> D. 地方政府债券

我们都知道，投资需要在风险与收益之间找到一个平衡点，每个选项都有各自的优势与劣势。高风险公司风险高，但潜在的收益也大；国库券的风险近乎于零，然而收益与高风险公司相差甚远。因此，不能简单地说哪个选项比其他选项更好，被试的选择取决于他们自身对风险的偏好。

在第二个版本中，这些学生看到的问题是：

> 你继承了一笔来自叔叔的遗产，准备用其投资。目前有四种投资方案可供选择。你叔叔选择的是 A 方案。
> A. 中等风险公司 A
> B. 高风险公司 B
> C. 短期国库券
> D. 地方政府债券

有意思的是，相比第一个版本，被试在第二个版本中更倾向于选择 A 方案，也就是叔叔选择的选项。换言之，只要将某一个选项标记为现状，就能增加消费者选择它的可能性。想必你已经猜到研究中另外几个版本的设置和结果了吧？当把 B 方案标记成叔叔的选择时，就有更高比例的被试选择 B 方案；当把 C 方案标记成叔叔的选择时，就有更高比例的被试选择 C 方案；当把 D 方案标记成叔叔的选择时，就有更高比例的被试选择 D 方案。

塞缪尔森和泽克豪泽在水资源分配、办公室搬迁等决策问题中均发现了安于现状偏差。他们还查看了 20 世纪 80 年代哈佛大学员工选择健康计划的记录，发现即使有新的健康计划选项出现，人们依然倾向于选择一直以来的计划。

我的朋友对面膜的选择和那位学生对流量套餐的选择，是否也反映了他们身上的安于现状偏差？当然。但需要指出的是，忠诚于某个品牌的原因有很多，安于现状只是其中的一个。

安于现状是理性的吗？有些时候是。例如，当现状明显优于新选项时，安于现状显然是理性的表现。但在面膜和流量套餐的例子中，新选项明显优于现状，此时再安于现状无疑是非理性行为了。安于现状偏差之所以是一种偏差，就是因为在很多时候现状是不及新选项的，但消费者仍选择维持现状。

为什么消费者常常安于现状？我们很可能会立刻想到——因为懒。没错，很多时候，消费者懒得改变。毕竟，相比安于现状，作出改变是需要付出额外的努力的。例如，你家现在购买的是"畅游"宽带套餐，如果你继续选用该套餐，无须有任何行动，商家就会帮你自动续费。如果想更换套餐，你至少需要给商家打电话告知需求，或者上网

第四章　识别并善用决策偏差

办理相关业务。懒惰似乎是人的天性，绝大多数人懒得打电话申请新套餐，懒得上网办理业务。

不过，安于现状偏差仅仅源于懒惰吗？有一些研究者在研究中控制了需要付出的努力的程度，以探讨在排除懒的因素之后，安于现状偏差是否依然存在。例如，研究者告诉被试，无论续订现在使用的宽带套餐还是更换新套餐，都需要上网办理，且两种选择的烦琐程度是一样的。结果显示，安于现状偏差非常顽固，在排除懒的因素之后，这一偏差仍然存在，它并不仅仅由懒惰造成。还有哪些原因会导致安于现状偏差的产生？

损失厌恶通常被认为是一种重要的原因，它指人们对损失比对获益更为敏感——捡到 100 元的喜悦程度是远低于丢失 100 元的难受程度的。当人们面临各种选项时，如果采用新选项，虽然意味着能享用新选项的好处，但同时也将承受新选项的劣势。由于损失厌恶的存在，消费者在心理上倾向于赋予可能的损失（即新选项的劣势）更大的权重，在心中不知不觉地放大新选项的劣势。这么一来，新选项的优势很难战胜劣势，人们就倾向于维持现状。

卡内曼和米勒（Dale T. Miller）提出的后悔标准理论（regret norm theory）也能解释安于现状偏差。根据这一理论，任何行为总是会被评价，我们常常听到人们说这样的话："这件事原本可以不这样做。""如果当初不那么做，现在一定已经走上人生巅峰了。"相比作出某个举动，不作为会承受较少的负面评价。卡内曼和米勒在此基础上发现，面对程度相似的损失，当某一负面结果是由"有所作为"造成时，人们的后悔程度远远高于由"不作为"导致这一结果时的后悔程度。或许，人们安于现状是为了避免体验到更强烈的后悔情绪。

现在，我们已经对安于现状偏差有了一定的了解，接下来我们看看它会对消费者产生哪些影响。

约翰逊（Eric J. Johnson）等人比较了美国宾夕法尼亚州和新泽西州的消费者在选购汽车保险方面的差异。这两个州在违约选项上给消费者不同的默认选择。宾夕法尼亚州默认消费者购买昂贵的、有完全起诉权利的汽车保险，而新泽西州默认购买另一种价格较低、起诉需要支付额外费用的汽车保险。研究者发现，只有大约20%的新泽西州居民选择获得起诉的全部权利，即改变默认选项，去购买昂贵的汽车保险，而大约75%的宾夕法尼亚州居民保留了起诉的全部权利。两个州的消费者都表现出相似的行为倾向——安于政策设计者给他们安排的现状，不愿意作出改变。

由此我们可以发现，很多时候营销者只需替消费者作出选择，消费者就会乖乖听话，不再挣扎。商家怎么会甘心放过利用这一偏差赚取更多利益的机会呢？想想我们在购买车票、机票时，"保险费用"那一项是不是都默认打钩？当然，你可能会说，付一笔不多的钱买一份安心并不亏。诚然，这是保险的意义和价值，但我们不妨再回想一下订外卖时的场景。一开始，我看到同事在吃比萨，于是我决定也订一份比萨，但当我想要下单时才发现我点的竟然是个套餐，即商家替我搭配了一份饮料、一份鸡米花。套餐放在推荐位置，而单点的食物总是排在最后。除非当天非常不想喝饮料，不想吃零食，否则我不会取消套餐，去单点一份比萨。大多数时候我都会默认商家为我作出的选择，然后出现比萨没吃完、鸡米花没吃完、饮料也剩下大半杯的结局。

当然，精明的商家也难免会有"失算"的时候。塞缪尔森和泽克豪泽指出，近几十年来最大的营销失误——用新可乐代替旧可乐——

第四章 识别并善用决策偏差

就是源于营销者没有认识到安于现状偏差。当不告诉消费者两杯可乐哪杯是新款,哪杯是经典旧款,让他们品尝并报告喜好时,消费者(甚至包括忠实的可乐饮用者)都更喜欢新款可乐的甜度,而不是经典可乐。但市场调研表明,经典款可口可乐的销量大大超过新款可乐,这是因为消费者看到新包装的可乐时出现安于现状偏差。

无独有偶,脸书在 2007 年推出了一项公开消费者花销情况的计划,除非用户主动去掉这一选项,否则其消费情况会被展示在朋友面前。大部分用户受到安于现状偏差的影响,没有及时去掉这一选项,导致自身隐私曝光,由此产生了强烈的不满。

凡事皆有两面,安于现状偏差虽然在某些时候会引导消费者作出不理性的决策,损害自身利益,但如果善用这一偏差,也可以起到积极的作用。众所周知,塑料袋的大量使用带来了严重的白色污染,国家一直在提倡减少塑料袋的使用,在生活中我通常会尽力配合这一提议。例如在超市购物时,即使瓜果蔬菜需要独立装袋称重,称重结束之后我也会主动要求服务员把它们装在同一个袋子里,而不是每一种用一个袋子,浪费多个塑料袋。

但我们知道,现实生活中的普遍现状是超市要求各类物品独立装袋,服务员也习惯于这样行动,所以消费者即使买几样数量极少的物品,也会提着许多袋子回家,为了装三个苹果用了一个大得可以装下两个西瓜的袋子,又为了装两棵葱用了可以装得下一大捆芹菜的袋子,如此行为既不环保也不便利。可惜大多数人是不会像我这样主动提出减少塑料袋的使用的,并非我比他人环保意识强,而是很少有人能意识到,这件事情中存在安于现状偏差。如果服务员主动把可以装在一起的各类商品放到一个袋子里,我想只有极少数消费者才会与安于现状偏差对抗——提出使用多个不必要的塑料袋。

希望我们面对商家设下的套路时能够更清醒,走出消费舒适区;也希望公共政策制定者能够善用策略,让我们的生活更美好。

小结

安于现状偏差是指人在作决策时倾向于维持当前的状态而不作出改变。因为安于现状,很多人即使看到具有优势的新选项,也常常停留在舒适区,不肯积极改变。

不是所有承诺都值得坚守

2018年假期,我和两位同事从上海飞赴新西兰的首都奥克兰,参加一个学术会议。长途飞行总是让人疲惫不堪。在办理登机手续时,地勤人员告诉我们,此次航班推出了一项优惠活动,原本乘客需要支付800元才能升级座位,现在只需600元,升级之后,我们就能享受空间更大、更舒适的座位。两位同事都是大长腿,要蜷缩在有限的空间内煎熬14个小时,想想就着实难受。于是,为了给自己一段舒适的旅途体验,我们咬咬牙,每人掏了600元,集体升级了座位。

怀着享受VIP飞行体验的心情,我们一行人上了飞机,舒舒服服地坐在宽敞的座位上,把腿伸直,伸个懒腰,好不惬意。为了说服自己这600元花得特别值,我们"悲悯"地望着坐在后排的乘客,"心疼"地摇摇头:"腿无法伸直,还要坐14个小时,想必很痛苦吧!"

飞机起飞后,我们突然发现,整架飞机的上座率不到30%,机舱里空出了大量座位。其他乘客见状纷纷走到后排,一人占领了三个座位,平躺在座位上,解放身心,放飞自我。花费了600元升级座位的

第四章 识别并善用决策偏差

我们，此时面临两难境地：去后排躺下吧，600元就白花了；坐在升级的座位上吧，看着后排平躺的乘客就眼红不已。一番心理斗争之后，我们决定：要发挥每一分钱的作用，绝不能浪费600元！于是，在14个小时的飞行过程中，我们仨始终端坐在花钱买来的位置上。

这一幕想想就可笑：额外花了钱的人只得端坐着，没花钱的人倒是全程享受商务舱的待遇。我们真是花钱买罪受！要是没花那600元，我一定三步并作两步地冲到后排的座位。可就是那600元，好比一双无形的大手，把我们仨牢牢拽住，不让我们离开座位。这到底是怎么回事？

美国西北大学的斯塔（Barry M. Staw）于1976年提出了"承诺升级"（escalation of commitment）这一概念，它是指决策者面对先前行为带来的负面结果，仍坚持继续投入资源的现象。斯塔对该现象的命名非常形象，因为人们提到"承诺"的第一反应往往就是"坚守"，无论先前行为造成了多么严重的负面结果，也要"至死不渝"。

为了给承诺升级现象提供证据，斯塔邀请了美国伊利诺伊大学香槟分校商学院的240名本科生来到实验室，告诉这些被试他们被邀请参加一项关于财务决策的研究。被试需要想象自己在一家名为"A&S"的公司工作，并出任公司重要的职位，要决定如何分配研发资金。被试此时并不知道他们已经被分成了两组，其中一组为高责任组，斯塔向高责任组的被试介绍了"A&S"公司的财务历史："A&S"公司是一家大型技术型公司，其盈利能力在前几年已经开始下滑，公司的董事们一致认为，公司的盈利及竞争能力下降主要是因为公司某些部门的研究与开发环节出现了问题。董事们得出的结论是，应向主要业务部门提供1000万美元的额外研发资金。这笔研发资金只能分配给两个最大的部门——消费产品部和工业产品部——中的一个。这两个部门各方面的表现旗鼓相当。被试需要扮演财务副总裁的角色,决定哪个部门可以得到这笔研发资金。作出选择之后,被试还要写一段简短的决策理由,交给研究者。

与高责任组相对应的是低责任组。为了使该组被试保持低责任的状态,他们没有参与上述投资选择,而是直接进行之后的研究任务。

接着,斯塔告诉所有被试"A&S"公司分配研发资金 5 年后的情况。一半被试得知,得到资金的部门随后的表现比未得到资金的部门好;另一半被试则得知,得到资金的部门之后的表现不如未得到资金的部门。由于第一次资金分配的决策是由高责任组被试作出的,因此,上述结果由他们负责;而在低责任的情况下,被试得知,第一次资金分配的决策是由该公司的一名财务人员作出的,上述结果与他们本人无关。此时,被试已经被分为以下四组:第一组,高责任且面临积极的反馈结果;第二组,高责任且面临消极的反馈结果;第三组,低责任且面临积极的反馈结果;第四组,低责任且面临消极的反馈结果。

随后,"A&S"公司的管理层即将进行第二次投资,本次投资资金有 2000 万美元。无论是高责任组还是低责任组,被试都需要参与这一次的资金分配决策。斯塔想知道,被试会接着选择先前的投资对象,还是转而投资另一个部门。

在研究中,斯塔一再强调,希望被试基于投资带来的潜在未来收益作出选择,这符合一个理性的投资者作决策时的情况。此外,被试承担的责任越多,在面临决策时更应该理性且谨慎。如果他们得到积极反馈就应该继续投资,如果得到消极反馈就应该立刻停止投资。根据该逻辑,第一组的被试应该最倾向于维持第一轮的选择,而第二组

第四章 识别并善用决策偏差

的被试应该最倾向于改变先前的决策,转而投资另一部门。

斯塔得到的研究结果让人大吃一惊!首先,责任水平影响被试的选择:在高责任条件下,被试平均分配了 1108 万美元给他们早些时候投资的部门,而在责任较低的情况下,被试平均仅为先前财务官选择的公司部门分配了 89 万美元。其次,反馈结果也影响被试的选择。在积极结果的条件下,被试平均分配了 877 万给先前投资的部门,而在消极结果的条件下,这一数值达到了 1120 万。最令人震惊的是,责任和反馈结果这两个因素相互交织时对第二次决策产生了巨大影响。在四组当中,维持先前选择比例最高的竟然是第二组!这些被试为先前选择投入的资金金额明显高于其他三组!

为什么会出现和预期完全相反的结果?已有理论能解释上述结果吗?有两个理论与之相关。其一是"赌徒谬误"(gambler's fallacy),即人们认为在经历连续失败之后,获益的概率会明显上升。在上述研究中,被试可能认为,自己先前投资的部门连年亏损,该部门往后很有可能会盈利,他们因此决定继续投资先前选择的部门。遗憾的是,赌徒谬误只能解释反馈结果对第二次选择的影响,却无法解释责任水平的影响。

其二是决策的一致性,即决策者希望自己作出的决定具有一致性,一旦在第一次决策中作出了某种选择,就要在接下来的决策中维持先前的选择。由于决策的一致性,在上述研究中,被试把更多的钱分配给早先自己投资的部门,但对于其他人投资的部门,由于不存在决策一致性的问题,在第二次分配中就无须维持先前的选择。但是,决策一致性也无法解释责任水平的影响。

可见,无论是赌徒谬误还是决策一致性,都无法有力地说明上述现象，这恰恰显示了斯塔的研究的独特贡献。原因究竟是什么？自我辩护理论（self-justification）能较好地解释承诺升级现象。自我辩护有两种形式：第一种形式是人们想要向自己证明某个行为是合理的；第二种形式是人们尝试向他人证明，目前看似错误的选择长期而言是正确的。根据自我辩护理论，当被试面对自己先前选择带来的消极后果时，他极力想要向自己和他人证明先前决策是正确的，认为即使自己先前投资的部门目前正经历亏损，但只要坚持投入，长期来看就一定会得到回报。

除了自我辩护理论，还有另一个被广为认可的理论能很好地诠释承诺升级现象——沉没成本效应（sunk cost effect）。沉没成本是指已经投入但无法回收的资源，包括金钱、精力、时间等。一个理性的决策者应该着眼于未来，选择可以带来最大收益的方案，而不受已经投入的资源的影响，受困于沉没成本而止步不前。美国密歇根大学的阿克斯（Hal R. Arkes）和他的合作者布卢默（Catherine Blumer）将消费者的决策受先前投入的时间、金钱或其他资源影响的现象称为沉没成本效应。

沉没成本效应在生活中屡见不鲜。例如，你买了一张电影票坐进影院，观影不到半小时，你就发现这部电影乏善可陈。理性的你应该立刻离开电影院，利用这些时间去做更有意义的事情，因为无论是否继续观看，用于购买电影票的钱都覆水难收，它是一种沉没成本。然而大多数消费者受困于沉没成本，幻想要发挥购买电影票所花费的几十元的作用，会继续留在电影院忍受折磨。

又如，你在商场买了一双漂亮而昂贵的鞋，回家之后发现这双鞋并不合脚，于是你安慰自己：毕竟是新鞋嘛，穿一段时间就会合脚了。

第四章　识别并善用决策偏差

过了一段时间，你不得不承认眼前这个悲伤的事实：这双鞋的设计不合理，所以不合脚，不会穿着穿着就变合脚了。此时已经过了可退换的时间，你要怎么办呢？如果继续穿这双鞋，你将不得不忍受不合脚带来的痛苦；如果将这双鞋束之高阁，就意味着浪费了为它付出的高昂费用。其实，无论你穿或不穿这双鞋，花出去的钱都不会再回到你的钱包里，理性的做法应该是不再穿这双鞋，至少可以让双脚舒适起来。可是大多数人会选择一边忍受痛苦，一边享受抓住沉没成本不放的快感，"痛并快乐着"。

采用沉没成本效应的视角，我们就很容易理解承诺升级现象了。在斯塔的研究中，被试已经在先前的选择中投资了某一部门，这个部门却持续亏损，之前投资的经费就是沉没成本。如果在第二次选择时不再投资，意味着先前投入的资金统统打了水漂，自始至终没有得到一点收益，被试感到难以舍弃，在第二次选择时会继续投资亏损的部门，以挽回沉没成本。

仔细想想，生活中的承诺升级现象并不少见。"饭前饿得扶墙进，饭后撑得扶墙出"的自助餐精神，不就是一个有力的证明吗？不仅口号喊得响，各种"教你吃回本"的自助餐攻略还设计了进餐的最优顺序，例如酸性水果主要起开胃作用，生鲜是回本的主力军，吃水果时要在餐厅散步，要有闲情逸致地吃……

自助餐精神和开篇所说的飞机座位的事例非常类似，都是承诺升级的体现。一般来说，这些事情无伤大雅，不会给消费者带来实质的伤害。然而一旦过度，事情就会变得完全不一样。试想，当你走进一家自助餐厅，付费后才发现菜品并不可口，甚至不卫生，餐厅提供的酒水是三无产品，水果也不新鲜。这时你会怎么办？你会为了健康转身离开，还是受承诺升级的影响，鬼使神差地走到一份份食物、饮料前，抱着吃回本的心理，大吃特吃，最终甚至吃进了医院？

回想飞赴奥克兰途中的轶事，我哑然失笑。在收不回的金钱与可享用的舒适之间，我居然更在乎收不回的金钱。下一次遇到类似情况，真该提醒自己：不是所有的承诺都值得坚守。

小结

承诺升级是指即使先前行为带来了坏结果，仍坚持投入资源。例如吃自助餐时，往往不顾菜品质量和是否已吃饱，抱着"一定要吃回本"的心态，拼命往嘴里塞食物。消费者应警惕承诺升级现象。

对小概率的迷信："我一定能抽中！"

我的朋友小罗最近沉迷于一款大型多人对战类游戏。要在此类游戏中获胜，道具至关重要，不少玩家会选择购买某个道具。游戏厂商也使用各种手段吸引玩家充值购买道具，但道具的价格并不便宜，小罗的预算也有限，精打细算的他在给游戏充值时就往往比较克制。

为了庆祝国庆节，该款游戏的厂商推出了抽奖活动，原本需要充值几百元才能买到的高级道具，现在仅花20元就有机会抽到，中奖率为5%。小罗暗自思量：5%的中奖率不低啊，我多抽几次，总能抽到吧！他当机立断，接连买了许多张抽奖券。但事与愿违，他一直没能抽到高级道具。

又过了三个月，来到了春节。为了恭贺新禧，游戏厂商再次采用之前的抽奖策略，在抽奖池中加入了价值千元的稀有道具，以吸引玩家充值购买。按照抽奖规则，每参与一次抽奖依然只需20元，但是

第四章　识别并善用决策偏差

由于稀有道具价值更高，中奖率下调为 2%。虽然中奖率降低了，小罗还是有些心动：如果参与一两次抽奖就能中奖，岂不是太赚了？可惜，小罗连着抽了 20 多次，依旧没有收获，投入的钱都打了水漂。

抽奖营销的形式屡见不鲜，从线上的《阴阳师》《王者荣耀》等游戏，到线下的球员卡、商场促销等，应有尽有。根据消费者权益相关规定，抽奖活动的中奖概率需要向消费者公开，也就是说，消费者能清楚地知道中奖难度。很多情况下，中奖概率都比较低，消费者虽然得到了客观的数字，但这能够代表他们真正理解了小概率的意义吗？如果你看到这种"以小博大"的机会，是否会试试呢？如果你选择和小罗一样参与这种令人心动的抽奖活动，你也得做好投入的钱都打水漂的准备。或许你会觉得，2%、5% 的中奖率并不低啊！那么，你可能和大多数人一样，在面对小概率事件时，倾向于高估该事件发生的可能性。

2002 年的诺贝尔经济学奖得主卡内曼及其合作者特维斯基在 1979 年提出了前景理论（prospect theory），分析了决策者如何理解概率，并在此基础上描绘了决策者的概率权重函数（见图 4-3）。根据概率权重函数，决策者会对客观的概率进行主观的加工。图 4-3 中的横坐标表示客观概率，纵坐标表示决策者主观感知到的概率。如果决策者心中感知到的概率等于客观概率，概率权重函数应该就是图 4-3 中的对角线。但真正的概率权重函数并不是对角线，而是图中的实线。由此可见，决策者主观感知到的概率和客观概率之间具有差异。当客观概率比较小的时候（约小于 0.2），决策者往往会高估客观概率；当客观概率约为 0.2 时，图中的实线与对角线相交，说明此时人们感知到的概率等于客观概率；当客观概率比较大时（约大于

0.2），决策者往往会低估客观概率。简单来说，人们倾向于高估小概率事件的发生概率，而低估大概率事件的发生概率。

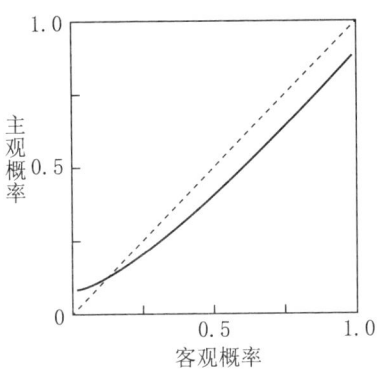

图 4-3　概率权重函数
（引自 Kahneman & Tversky，1979）

看到这里，或许你的脑中已经浮现出问号：为什么客观概率在人们的心中会发生变化？我明明知道概率是 50%，难道会将它误读成 40% 吗？这听起来有些荒谬。让我们来看这样一个例子。假设有一位膳食营养师能够通过调理饮食来增强你的免疫力，将你不生病的可能性由 30% 提升至 50%，你愿意为此支付多少钱？如果他能将你不生病的可能性由 80% 提升至 100%，即只要遵照这位营养师的建议饮食，你就再也不会生病了，你又愿意为此支付多少钱？相信很多人都愿意为后者支付更多的钱。这是因为虽然在两种情况下，概率都提升了 20%，但两者对消费者而言的心理效价是不一样的。提升至 50% 意味着还是有可能患病，但提升至 100% 就意味着不再会患病，显然，后一种提升对人们更重要。

让我们回到概率权重曲线。为什么这条曲线的走势是先平缓后陡

第四章 识别并善用决策偏差

峭呢？卡内曼和特维斯基认为，人们难以理解与计算那些靠近极端值（例如0%和100%）的概率——极低的概率在心理上会被夸大，极高的概率则会被减小。说得通俗一些，我们不熟悉小概率事件，也不了解小概率的具体意义。1%与2%在人们心中差别不大，1‰和2‰的差异就更难以分辨了。大概率事件的反面就是小概率事件，因此，低估大概率事件发生可能性的原因和高估小概率事件发生可能性的原因是一样的。

请你仔细想一想：你身边是否有朋友既热衷于买保险，又喜欢买彩票？很多人都觉得，买保险说明一个人非常保守，买彩票说明一个人非常冒险，为什么会有人既保守又冒险呢？这个人自相矛盾吗？概率权重函数能很好地解释这一看似不合理的现象。通常而言，彩票中奖的概率很低，发生意外事件的概率也很低，但人们倾向于高估小概率事件发生的可能性，这导致人们觉得彩票中奖的概率不那么低，发生意外事件的概率也不那么低，因而既热衷于买保险，又喜欢买彩票。买彩票和买保险这两种看似矛盾的行为背后有同样的心理机制。

让我们再来看看网络游戏。以曾经很火的《阴阳师》游戏为例，根据其2017年公布的付费抽奖概率，玩家每次抽卡需要使用一种名叫"勾玉"的游戏币，使用1000勾玉可以抽11次卡，在每次抽卡时，玩家有1.2%的机会能抽到稀有的SSR角色卡。在没有优惠活动的情况下，购买150枚勾玉需要30元。平均下来，抽一次卡需要花费 $1000 \div (150 \div 30) \div 11 \approx 18$ 元，抽到一张稀有角色卡就需要花费 $18 \div 1.2\% = 1500$ 元。如果让玩家直接付1500元购买一张游戏角色卡，想必很多消费者都会嫌贵。如果仅仅花18元就能拥有获得该角色卡的机会，这样的价格就显得非常便宜了，玩家的充值意愿因此大大提高。在《阴阳师》游戏的抽奖中，虽然中奖概率仅为 1.2%，但对应到概率权重函数，玩家心中的中奖概率其实是高于 1.2% 的。此时玩家对抽奖的主观期望值就会高于 1500 元全款购买时的主观期望值，产生"很划算"的错觉。玩家就是这样被自己的大脑欺骗，选择参与概率小、最高获益高的抽奖活动。

由于难以准确地理解小概率事件的发生概率，人们对小概率的估计也很容易受外界因素的影响。可得性（availability）就是一种影响因素，它指人们回忆起或想象出某事件发生的难易程度。例如，停放在家门口的自行车被偷了，此时，自行车被盗这件事的可得性很高，你就会自然而然地觉得家附近不安全，有很多偷车贼。相反，如果你的自行车在家门口停放了多年，从未被偷，你就不容易想起自行车偷窃事件，倾向于认为自行车在家附近被偷的概率非常低。也就是说，某一事件的可得性越高，人们越可能高估它的发生概率。

对于小概率事件，可得性的作用还不止于此。假设你刚经历过一件小概率事件，你会认为在完全不同的领域的另一件小概率事件更可能发生吗？来自中国科学院心理研究所的李金珍、李纾、王文忠、饶俪琳和刘欢对此进行了研究。2008 年的冬天，中国部分地区遭受了严重雪灾，损失惨重。研究者在湖南省受灾最严重的城市郴州市招募了 206 名居民参与研究，同时在江苏省连云港市招募了 178 名未经历雪灾的居民作为对照组参与研究。被试需要回答 6 道与风险决策相关的问题，一半问题发生在获益情境中，另一半则发生在损失情境中。以获益情境为例，被试需要在两个选项中选择：选择有 1‰ 的可能性获得 3000 万元，还是选择确定获得 3 万元？选择有 50% 的可能性获得 600 万元，还是选择确定获得 300 万元？选择有 1‰ 的可能性

第四章 识别并善用决策偏差

获得 1 万元，还是选择确定获得 10 元？损失情境则将获得变为损失，具体金额不变。

研究结果表明，在损失情境中，面对第一个问题时，在来自未遭受雪灾的连云港市的居民中，仅有 25.8% 的居民选择了确定损失 3 万元，而在来自雪灾重灾区郴州市的居民中，有 41.7% 的居民选择了确定损失选项，远高于非雪灾地区的居民。这些结果说明位于雪灾重灾区的居民可能会高估小概率事件发生的概率，出现更多的风险规避行为。

有趣的是，研究者还发现，在有 1‰ 的可能性获得 1 万元与确定获得 10 元的问题上，雪灾与非雪灾地区的居民出现差异。84.0% 的位于雪灾重灾区的居民选择了有 1‰ 的可能性获得 1 万元，而在非雪灾地区仅有 74.6% 的居民选择了此选项。雪灾这一事件对刚经历过雪灾的居民而言可得性比较高，所以他们倾向于高估小概率事件的发生概率，从而选择小概率的获益选项。

为了检验实验结果的稳健性，研究者又进行了第二项研究。当时，中国四川地区发生大地震，伤亡无数。在地震过后的两个月，研究者邀请了 333 名来自地震灾区的中学教师与 368 名来自非地震灾区的中学教师参与研究。结果表明，相比来自非地震灾区的教师，来自地震灾区的教师认为小概率事件更有可能发生，表现出对小概率获益的偏好。在损失情境中，在面临小概率、大损失选项与确定的小损失选项的抉择中，来自地震灾区与非地震灾区的教师没有表现出统计学上显著的决策差异，但趋势与先前的研究相似——来自地震灾区的教师倾向于规避能带来小概率损失的选项。除此之外，研究者还让这些教师评估自己购买保险和彩票的意愿。如前所述，保险的作用是以防万一，彩票的中奖概率也非常低，越倾向于购买保险或彩票就意味着认为小概率事件越可能发生。研究结果显示，地震灾区的教师购买保险和彩票的意愿都高于非地震灾区的教师，即他们在实际生活中也高估了小概率事件发生的可能性。这些结果说明，较高的可得性会让人们更倾向于高估小概率事件发生的概率。

"你连这种事都能碰上，不如去买彩票吧！"当有人身上发生了一件概率非常小的事件时，我们有时会这么对他说。但读完本文，你觉得这种说法理性吗？是不是高估了小概率事件发生的可能性？小概率虽难理解，大收益虽吸引人，也不要贪心啦。

小结

人们不能准确理解小概率的意义，经常高估小概率事件发生的可能性。因此，尽管中奖的可能性很低，人们也常常忍不住去抽奖。小概率事件的可得性越高，消费者越容易高估小概率事件发生的可能性。

为什么人们总是追捧最新款的 iPhone？

要论全球科技迷们最关注的盛事之一，一定少不了苹果公司的新品发布会。犹记得在 2016 年苹果公司秋季新品发布会上，iPhone 7 带着先进的 A10 Fusion 处理器、力度感应 Home 键和全新的无线耳机横空出世。在展示"更明亮、更绚丽的显示屏""新摄像头系统""更胜以往的电池续航力""富有沉浸感的立体扬声器"和"防溅、抗水、防尘"等诸多亮点后，iPhone 7 迅速收割了一批手持型号从 iPhone 5 至 iPhone 6s 的"果粉"。搭载着诸多先进技术的 iPhone 7，能否让拥有它的消费者心满意足呢？

仅仅一年以后，伴随着"Hello，未来"的标语，iPhone X 重

第四章　识别并善用决策偏差

磅诞生的消息迅速占领了头条。"色彩锐利的全新屏幕""仿生芯片""Face ID"和"全新无线充电技术"——无论是商业街区的巨幅海报，还是自媒体视频的开箱测评，无一例外地都在强调 iPhone X 是全新升级款。对 iPhone X 心动的可不仅仅是那些对手中的旧手机不满已久的用户，在或大手一挥，或咬牙挥泪地订购 iPhone X 的消费者中，竟然不乏那些手握 iPhone 7 还不满一年的"果粉"。

iPhone X 带来了划时代的改变，才吸引了这么多用户？事实上，许多科技媒体指出，相比刚刚出炉一年的 iPhone 7，iPhone X 的功能树并未作出颠覆性调整，只是对一些功能与特性进行了升级，并将这些升级点作为重点宣传点。而 iPhone X 前所未有的超高起售价，更是引发对其性价比的质疑。

或许是因为 iPhone 7 已经不好用了？然而，很多 iPhone 7 用户认为，它的表现着实不俗。iPhone 7 搭载着先进的 A10 处理器，即使到现在，它的运算能力也没有因为长时间的连续使用而大面积地出现卡顿，依旧能升级至最新的 iOS 系统；同时，iPhone 7 还提高了所有机型的最低存储容量，大大降低了用户反复遭遇容量不足问题的可能性。

既然手上的手机很好用，为什么还有如此多的消费者倾向于购买最新款的 iPhone？美国佛罗里达大学的塞拉（Aner Sela）及其合作者勒伯夫（Robyn A. LeBoeuf）提出的"比较忽略"（comparison neglect）或许可以一定程度上解释这种现象。比较忽略是指当候选项中有一项明显是自己现有产品的升级版时，消费者往往在没有充分评估手头现有产品的情况下，就更青睐升级后的产品，进行产品升级。

什么是升级选项呢？一般来说，它与现有产品会有一些重叠的功能与特征，同时会带来一些现有产品不具有的独特性与优势。例如，一款新车提供的基本功能与旧车基本一致——它们都是交通工具，都能载人，都有空调，而新车可能更省油，造型更时尚，有更舒适的座椅；新款智能手机与旧款一样可以打电话、发短信、上网，而新款的系统运行速度可能更快，像素更高，屏幕更清晰。消费者经常需要选择，是否要用一个更新、更好的同类产品替换掉手中还可以发挥基本功能的原有产品，我们将这种决策称为升级决策（upgrade decision）。

我们都知道，消费者的决策常常依赖于比较。美国斯坦福大学的西蒙森（Itamar Simonson）及其同事指出，让消费者独立地评价某个选项是很难的，消费者往往需要比较目标选项与其他突出的备选项，基于容易与其他选项比较的属性作出决策。人们在决定是否购买 A 耳机时就会开始比较：A 耳机是否比其他耳机音质更好，外形更时尚，性价比更高……比较在消费决策中无处不在。

升级决策应当也不例外——在作升级决策的过程中，理性的消费者会主动比较现有产品与升级版产品的功能与特性，综合考虑两个产品的区别和购买升级版产品需要的成本，再决定自己是否升级。塞拉与勒伯夫采访了 40 名消费者，其中有 78% 的被访者主动提出，在作决定时仔细比较现有产品与升级版产品是非常必要的一步。

因此，"比较忽略"听起来是一件反常理的事。它好像在说，消费者乘坐的列车原本可以好端端地在"现有产品"的道路上行驶下去，却在出现"升级选项"的岔路口时，被一只看不见的手猛然扳动了道岔，匆匆驶向了后者——消费者甚至没有仔细看一看、比一比，思考这两条道路究竟有什么区别。

第四章 识别并善用决策偏差

为了一探究竟，塞拉和勒伯夫招募了一批智能手机用户，这些用户的手机上都有几款当下最流行的免费应用程序。这几款应用程序有一个特点：它们既有免费版本，也有需要付费的升级版本。研究者为被试提供了经费，告诉他们："你们可以用这些经费，以比较优惠的价格将应用程序升级到付费版本，当然，也可以选择保留经费。"在一半被试选择是否升级前，研究者提供了一个特别的"比较提示"："请你描述一下，你手机上现有的这款免费应用程序有哪些主要的功能和特性。"另一半被试没有得到任何提示，直接自主选择是否付费升级。

研究结果显示，在没有得到任何提示、自行选择是否升级的被试中，有 37% 的人选择了升级；而在被提示要仔细评估现有程序的被试中，只有 15.9% 的人选择了升级。仅仅只是简单地提醒人们考虑现有选项的特性，比较升级选项与现有选项，就能够降低人们付费升级的可能性，这恰恰说明人们平常并没有主动去充分比较。

这种比较忽略在任何情形的消费中都存在吗？塞拉和勒伯夫指出，只有当消费者面对的选项明显是自己现有产品的升级版时，比较忽略才会发生；如果消费者仅仅是在某个产品与一个"比这一产品更好的产品"中作出选择，比较忽略就不会产生影响。

研究者再次招募了一批智能手机用户，这次，一半被试需要选择是花费 299 美元将现有的智能机升级到新型号，还是保留经费并继续使用现在的手机；另一半被试则需要选择是花费 299 美元购买全新机型，还是免费使用稍旧的标准款机型。也就是说，所有被试选择旧款手机都是免费的，选择新款手机则都需要花费 299 美元。两组被试的区别在于，前一半被试面对的新款手机被描述成"现有手机的升级版"，后一半被试面对的新款手机仅仅是"比旧手机更好的产品"。在这两组被试中，都各有一半人被提醒要仔细比较新旧手机，另一半人则没有得到提示。研究者希望通过对比两组被试的表现来观察那只"看不见的手"是在各种选择的路口都肆意扳动岔道，还是仅仅在"升级"的岔路口才对消费者的列车发挥作用。

研究结果显示，对于那些需要选择"是否升级现有手机"的被试，提醒他们比较两款手机能够有效降低选择升级的可能性；而对于那些需要从新款手机与旧款手机中作出选择的被试，无论是否提醒他们要比较两款手机，都不影响他们的选择。

这告诉我们，比较忽略仅仅发生在消费者的升级决策过程中。一般情况下，在决定是购买产品 A 还是产品 B 的岔路口，消费者不需要任何提醒就会主动比较两条道路的区别；然而，在决定是沿着当前的道路继续行驶，还是驶向一条"升级"的道路时，消费者好像突然忘记了要看看原本的道路，不知不觉地在岔路口变换了方向，被"升级"诱惑着行驶下去。当被外界大声提醒时，这些选择升级的消费者才如梦方醒——原来我完全可以沿着原本的道路行驶下去！

回到先前 iPhone X 与 iPhone 7 新旧博弈的例子中，不难想象，如果消费者在购买前仔细比较了两者，也许他们中就有相当一部分人老老实实地继续使用依旧很流畅的 iPhone 7，而不必为了 iPhone X 高昂的价格而省吃俭用。在实际生活中，没有声音会提醒消费者不要忘记比较，相反，铺天盖地的广告语都在强调：功能创新！外形革新！性能全面提升！最新款 iPhone 手机全面发售，快来升级吧！

事实上，苹果官方曾经明确表示，每一代 iPhone 手机的使用年限为三年。这里的"三年使用年限"并非指一款 iPhone 手机在三年后就必然损坏，不可使用，而是指在三年之内，iPhone 手机都可以

第四章 识别并善用决策偏差

保持较流畅的用户体验，并保持大部分软件的功能支持。许多用户表示，iPhone 手机的流畅性与耐用性在智能手机中堪称出众，如果保持良好的使用习惯，一款 iPhone 手机的使用寿命还不止三年。

然而，我们同时也看到，苹果公司几乎每年都会推出新款的 iPhone 手机，在发布会上声势浩大地宣传其功能"全新升级"。更不用提，与官方宣传的产品生命周期不符的是，苹果公司近年来还广泛推广"iPhone 年年焕新计划"（iPhone upgrade program），打出"升级到新款 iPhone，轻轻松松""每年升级换购新 iPhone""让你享受更流畅的升级体验"的响亮口号。在这种大力强调升级的氛围中，不难想象，它会将一批又一批消费者引入新产品的岔道。或许正是每一款新 iPhone 手机发布时不断强调的升级概念，让消费者忘记了低头看看自己手中明明还很好用的智能机，心甘情愿地选择"立即订购最新款 iPhone"！

塞拉和勒伯夫认为，营销者不断强调升级产品与原有产品的差异，的确能够进一步放大比较忽略的作用。从营销伦理角度来考虑，营销者有责任提醒消费者新产品与原产品有许多重叠的功能与特性，在考虑是否更新换代时，消费者应当仔细比较新产品与原产品。但考虑到消费者升级产品为企业带来的巨大利益，鲜有营销者会发出这种提醒。

长久以来，人们基本已达成一项共识：消费者在作决策时倾向于主动比较各个选项，升级决策似乎是一个例外。一旦某个选项被视作现有产品的升级版，消费者常常丧失了仔细比较的耐心与冷静，对升级表现出狂热的偏爱。

塞拉和勒伯夫也指出，在某些情况下，比较忽略的影响会减弱。例如，当升级版实在太贵，或原产品刚刚购买时，消费者还是会仔细考虑升级产品与原产品之间的差异；当原产品具有某些升级产品没有的特性，或原产品被纳入升级过程（例如"以旧换新"）中时，人们也不容易忘记评估原有产品。

人们在许多领域都面临着升级决策，从应用程序到航班、酒店房间、话费套餐，再到数码产品、家用电器、汽车……对个人而言，比较忽略可能会使人们反复更换产品，从而带来不必要的经济损失；从环保角度而言，过于频繁的产品升级也可能造成不必要的资源浪费。因此，消费者很有必要在作出升级决策时仔细比较升级选项与现有选项的共性与差异，尽可能避免比较忽略引发的不良影响。

当我们再一次被"升级"二字牢牢抓住注意力，对最新款的iPhone手机动心时，让我们低头看看手中握着的手机："我的手机真的不好用了吗？新款和旧款真的有那么大的差异吗？"或许，手中很好用的手机还可以再陪我们一段时间。

小结

比较忽略是指当候选项中有一项是自己现有产品的升级版时，人们往往没有充分评估现有产品，就倾向于升级。提醒人们关注现有产品，比较现有产品与升级版产品，能降低升级产品的可能性。

如何在讨价还价中把握先机？

漫天要价，就地还钱，原是买卖之人的俗谈。从人们日常在菜市场的锱铢必较，到新员工录用前的薪酬谈判，再到国际收藏品界的巨额交易，生活中，但凡涉及磋商，总少不了讨价还价。

讨价还价，是一种双方协商的过程。买方想要尽可能便宜地买到

第四章　识别并善用决策偏差

东西，卖方则想将自己的利益最大化，以更高的价格卖掉东西，双方自然会产生利益冲突。如何在讨价还价的过程中既保障交易的顺利进行，又尽可能使利益最大化，绝对需要技巧。

并不是所有人都擅长讨价还价。有些人即使带着"我今天一定得好好杀杀价"的信念去购物，也容易在商家报出价格后头脑变空白，要么乖乖接受商家的报价，或象征性地还价几元钱，要么摇摇头放下商品，默默离开。仅仅是日常购物倒也好说，要是涉及买房、买车等大额交易，或涉及新工作的薪酬、大项目的经费，不擅长讨价还价的人可就难受了：为什么在交易中吃亏的总是我？

如何才能在讨价还价中把握先机？要想在讨价还价中掌握主动权，首先，我们得学会第一招——抢占先机：敌不动我动，让我先出价！

许多人在讨价还价时并不习惯先说话，即使对方抛出"您觉得这个值多少钱？"的问题，很多人还是会把这个问题抛回去："那您最低卖多少钱？"殊不知，抢占先机在讨价还价中是相当重要的一步。当商品的定价并不明确时，第一个被报出的价格就如同一个有力的"船锚"，将随后的讨价还价过程固定在一定的范围内。在不确定的情境下，人们判断与决策的结果往往会向着初始信息的方向接近，这种现象被称为锚定效应（anchoring effect）。锚定效应类似于我们生活中常说的"先入为主"。先出现的信息成为人们之后信息加工过程中的"锚"，使人们在之后的判断与决策中不知不觉地向着"锚"靠近。正因锚定效应的存在，先出价的人往往可以将讨价还价的过程向有利于自己的方向引导。

不过，买卖双方又不傻，难道不会通过之后的讨价还价过程，再把价格往有利于自己的方向调整吗？的确，既然是讨价还价，往往不是一次报价便能结束的。但即使有多次报价，人们的调整可能仍难以逃出"锚"的限制。

著名行为科学家卡内曼和特维斯基指出，在不确定情境下，人们对数量的估计会向锚定值趋近。即使人们会从锚定值出发，调整估计值，这种调整也往往是不充分的。卡内曼和特维斯基招募了一批被试，邀请他们转动"幸运轮盘"，得到一个随机数值。接下来，被试需要判断非洲国家的数量在联合国国家总数中所占的百分比是大于还是小于该随机数值，并估计这一百分比究竟有多大。事实上，幸运轮盘会显示的数字只有 10 和 65 两种情况。

猜猜转到 10 和 65 的被试对这一百分比的估计有什么不同？研究结果显示，转到 10 的被试的估计值的中位数是 25%，而转到 65 的被试的估计值的中位数是 45%。难道人们不知道"幸运轮盘"随机转到的数字，和非洲国家数量在联合国国家总数中的占比完全没有联系吗？卡内曼和特维斯基指出，人们能够清楚地意识到"幸运轮盘"上的随机数值和当前面临的判断任务并无关联，所以会从随机数值出发调整自己的答案，但这种调整不足以抵消"锚"的力量。也就是说，人们的判断与决策常常会受到锚定效应的影响，即使人们意识到了这一点并有意调整，这种调整也往往不够充分。

在讨价还价过程中，锚定效应与不充分的调整常常发挥着作用。对于同一件大衣，如果由商家先报价："这件大衣最低 700 元。"我们可能会立刻还价："太贵了，500 元卖吗？"接下来，商家往往会面露难色："不行不行，600 元，不能再低了。"我们便很可能以 600 元成交。但如果转换角色，由我们先报价："这件大衣 400 元卖吗？"商家当然得守住利润："成本价都不够！500 元，不能再低了。"看，先报价的一方常常能成功地守住主动权,即使另一方有意识地调整,这种调整也往往不充分,不足以胜过锚定的力量。

现在我们知道在讨价还价中我们应该抢先出价,占据先机,但究竟如何出价?来自美国哥伦比亚大学商学院的埃姆斯(Daniel R. Ames)和梅森(Malia F. Mason)为我们提出了讨价还价的第二个小技巧:出价时,报出一个合理的价格范围,比直接报一个"一口价"更好!

生活中,我们常常以一个范围的形式来报价。在谈及月薪时,我们可能会说,"对于这份工作,我预期的月薪在1万—1.2万元之间";在购车时,我们可能会说,"我的心理价位在12万—15万元之间"。仔细一想,报出一个范围好像与直接报出"一口价"没有什么区别。毕竟,一个想严格控制招聘支出的人力资源经理可能只会留意你预期月薪范围的最低点;一个想尽可能高价卖出车子的卖家可能只会在意你可接受价格范围的最高点。讨价还价的双方,理所当然地都应该更在意价格范围中符合自己利益的一端。事实真的如此吗?

埃姆斯和梅森指出,既然第一个被报出的价格会作为"锚"影响人们之后讨价还价的进程,那么当人们报出一个价格范围时,范围的两个端点也会产生锚定效应。在航海中,船员会使用一种叫作"抛串联锚"的方法,即在抛出主锚的基础上再抛下第二个锚,通过两个锚的固定帮助船只更好地抵御强风和洋流。相似地,当我们报出一个价格范围,如"我预期的月薪在1万—1.2万元之间",我们提供的信息并不仅仅是"我能接受的最低工资是每月1万元",同样也告知了对方"我比较满意的工资水平是每月1.2万元",这样两端都提供了价格信息,都可以成为之后讨价还价过程的锚定点。

报价格范围带来的好处还不仅仅是提供了更多信息——报出自己可接受的价格范围，相当于暗示对方：我们之后讨论价格时，应该在这个范围内进行。一旦有了这样的信号，即使最终双方的商谈仍然可能超出这个范围，但对谈判的另一方来说，出于礼貌，他不会偏离这个范围太多。当候选人明确地说出自己可以接受的月薪范围在1万—1.2万元之间，一位懂礼貌的人力资源经理在报价时很可能会掂量一下：此时说我们只能给6000元的薪资是不是不太礼貌？在一方已经明确指出自己可接受价格范围的情况下，另一方报出一个明显超出讨论范围的价格，毫无疑问会显得有些粗鲁，这就会减少极端报价。

报价格范围有很多种可能性。如果本打算报一个6000元的一口价，现在想改成报价格范围，那么报比原先的价格点略低的范围，如"4000—6000元"更好，还是报略高的范围，如"6000—8000元"更好？或者，报刚好把原先的价格点涵盖在中间的范围，如"5000—7000元"更好？

为了找出哪一种报价方式最有利于开价者，埃姆斯和梅森招募了一批成年人，请他们想象自己是一个大型宴会的组织者，需要听取宴会承办者对宴会人均成本价的报价，并判断对方心目中的"保留价格"，也就是说，他们需要猜想对方能接受的最低价格是多少；不仅如此，被试还需要在宴会承办者报价的基础上还价，报出自己认为合适的人均成本价。在这样一个研究中，所有被试都类似于我们日常生活中的买家角色，他们需要判断卖家可以接受的最低价格，对卖家的开价作出回应。

所有被试被随机分配到四个组中，在每一组中，他们面对的卖家都有不同的开价方式：第一种卖家习惯报一口价，他们说办这场宴会

第四章　识别并善用决策偏差

人均需要花费 100 美元；第二种卖家作出了让步，他们说人均需要花费 80—100 美元；第三种卖家报出了一个刚好把 100 美元的价格点包含其中的价格范围——他们说这场宴会人均需要花费 90—110 美元；第四种卖家提价了，认为人均需要花费 100—120 美元。这四种报价方式事实上都包含了 100 美元的价格点，作为买家的被试会对这四种报价作出何种判断与反应呢？

埃姆斯和梅森发现，与那些报出一口价（100 美元）的卖家相比，被试认为：报出略微提价的价格范围（100—120 美元）的卖家心目中的保留价格更高；报出略微让步的价格范围（80—100 美元）的卖家心目中的保留价格更低；报出恰好把 100 美元包括在中间的价格范围（90—110 美元）的卖家心目中的保留价格，与报出一口价的卖家心目中的保留价格差不多。可以看出，当我们开价时报出一个比自己心目中保留价格略高的价格范围时，讨价还价的另一方并不会只考虑我们报出范围的最低点，而是会受我们报价范围的影响，认为我们能接受的最低价格也更高。

当买家对卖家保留价格的判断有所不同时，买家的还价行为会受到什么样的影响？研究结果显示，对于报 100 美元的卖家，被试的平均报价为 73.27 美元；对于报 100—120 美元的卖家，被试的平均报价为 77.35 美元；对于报 90—110 美元和 80—100 美元范围的卖家，被试的平均报价分别为 73.99 美元和 65.38 美元。我们可以发现，如果卖家报的价格刚好把自己心目中的一口价包含在中间，其实和报一口价没有什么区别；如果卖家在一口价的基础上让步了，精明的买家会"得寸进尺"，大力还价，企图更低价地达成交易；如果卖家报出的价格其实在一口价的基础上略略抬高了一些，会使得买家在还价时也相应地报出一个稍高一些的价格，这当然是对卖家更有利的。

这样看来，在自己心目中那个一口价的基础上，向有利于自己的方向延伸，报出一个价格范围，对引导讨价还价过程更有帮助。虽说讨价还价的双方总是着重考虑自己的利益，但当听到一个价格范围时，他们并不仅仅只注意与自己利益更相关的一端。正如前文提到的例子，一个想严格控制招聘支出的人力资源经理，的确会格外留意你可以接受的最低月薪，但也会整体考虑你对薪资的预期；一个想尽可能高价卖出车子的卖家，的确会在意你可接受的最高价格，但也会综合考虑你对这辆车价格的判断。当我们报出一个价格范围时，提供了更多可能起锚定作用的信息，也会使对方更注重礼貌，这就使我们容易在一个更符合自身利益的价格上达成交易。

总结一下我们提到的两个讨价还价小技巧：抢占先机，优先报价，让自己的报价成为之后讨价还价过程的锚定点；报价时，报出一个在一口价基础上向有利于自己的方向延伸一些的价格范围。

让我们来练习一下：如果你是一名求职者，正在与人力资源经理协商未来的薪资，当人事经理问"你预期的薪资是多少"时，可别用"请问贵公司给这个岗位的薪资一般是多少"来回答，你能先报价就要抢先报价！至于如何报价，如果你的预期薪资大概在1万元，可以稍微抬价，如"我预期的薪资大概是1万—1.2万元"，这样有助于谈妥一个更理想的薪资！

这两招讨价还价小技巧，你记住了吗？

小结

要想在讨价还价中占便宜，你可以尝试以下两招：先报价；报一个合理的价格范围。

第五章

增进消费者的幸福感

现在早已不是只追求物质满足的年代了,"幸福感"一词常被挂在嘴边。对很多人来说,多花点钱并不是问题,只要它能买到幸福。可惜钱与幸福的关系并不简单,虽然人们越来越有钱,却没有相应地越来越幸福。

巧用金钱买幸福

"如果我有很多钱,我一定很幸福。"似乎每个人都曾有这种想法。

小时候的你眼巴巴地望着橱窗中精致的甜点,母亲却说过日子要懂得节约;你对同学炫酷的飞机模型艳羡不已,口袋里的零花钱却只够买简单的模型;你遇到一件非常适合自己的衣服,看到价格标签后连试穿的勇气都没有……在这些需求得不到满足的时刻,钱似乎成为可以解决一切问题的神丹妙药。要是自己喜中千万大奖或年入百万,就可以毫不犹豫地买下各种昂贵的商品,进行各种奢华的体验,像影视剧里的霸道总裁或富家千金般光鲜亮丽、养尊处优了……但金钱和幸福之间的关系远非这样简单。美国南加州大学的伊斯特林(Richard A. Easterlin)等人提出了著名的幸福—收入悖论:长期来看,虽然国家的收入在提高,但人们并没有相应地变得更幸福。发达国家和发展中国家都存在这样的情况。

即使不从整个国家这样宏观的角度来看,单从每个消费者出发,也并非越富有越幸福。卡内曼和迪顿(Angus Deaton)的一项针对1000名美国居民进行的调查发现,消费者对生活质量的评估与收入、教育有关,而消费者每天的情绪体验与自身健康程度、来自他人的关心、孤独感以及是否抽烟等因素有关。对生活质量的评估随着收入的提高而提升,情绪体验也会随收入的提高变得更好,但这一效应仅仅在年收入未达到7.5万美元时存在。当人们的基本生活需求被满足之后,高收入可以买来高生活质量,却无法买到幸福感。

更令人惊讶的是,高收入不仅买不来幸福,还可能适得其反:仅仅想着钱,就会让人们作出一系列与幸福背道而驰的决定。

第五章 增进消费者的幸福感

美国明尼苏达大学的福斯及其合作者发现,钱让消费者更不愿意帮助他人。在其研究中,被试在电脑上和一名由研究者假扮的被试玩《大富翁》游戏。7分钟后,游戏结束,研究者操纵被试在游戏中的财产,给一组被试留下4000元,这在《大富翁》游戏中是一大笔钱;给第二组被试留下200元;第三组被试则没有得到任何钱。得到4000元的被试接下来要设想自己过上了富足的生活,得到200元的被试则设想自己未来的生活过得紧巴巴,没有得到任何钱的被试需考虑未来非财务方面的计划。

然后,福斯等人设计了一场意外,让另外一名研究助手拿着一摞纸和一箱笔"恰巧"从实验室旁走过,在被试面前"不慎"将笔掉落一地。研究结果表明,比起其他两组被试,有4000元并设想过上富裕生活的被试不怎么愿意帮助他人,他们帮助研究助手捡起的铅笔数量更少。

福斯等人还发现,提醒被试"钱"这一概念,例如让被试用与钱相关的短语造句,会使被试更不愿意捐款。福斯等人先给被试2美元作为报酬,被试完成实验任务后再告知被试,实验室正在为一些有需要的大学生募集资金,门口放着捐款箱,可以自愿捐款。结果表明,相比其他被试,在实验任务中接触到"钱"这一概念的被试更不愿意捐款。事实上,他们的平均捐款额只有其他被试的一半。

有关钱的想法除了使人们更不愿帮助他人,还会影响其社会亲密性。福斯等人先让被试坐在电脑前填写问卷。6分钟后,一部分被试看到一张水中漂浮着各种面额的货币的屏保图片,另一部分被试则看到许多小鱼在水中游泳的屏保图片,其余被试不会看到任何屏保图片(见图5-1)。

在这之后,福斯等人告诉被试,为了熟悉彼此,接下来研究者要和另一位被试聊会儿天。研究者准备带另一名被试过来时,拜托被试帮忙摆两把椅子,以便过会儿一起交谈。研究者发现,相比观看小鱼屏保图以及空白屏幕的被试,观看货币屏保图的被试将自己和另一位被试的椅子摆放得相距更远。

后续研究发现,观看货币屏保图的被试更倾向于独自一人工作,而不是与同事共同完成一项工作;相比看到海景及花园照片的被试,他们也更倾向于选择独自一人娱乐,而非和家人、朋友一起娱乐。

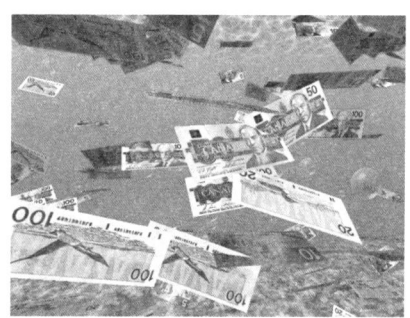 

图 5-1 研究所用的金钱屏保和小鱼屏保图片
(引自 Vohs et al., 2006)

这一系列研究都表明,当消费者产生与钱有关的想法时,他们不愿花费精力或钱去帮助他人,试图与不熟悉的人保持距离,不愿意与他人待在一起,不愿同家人和朋友一起娱乐。钱之所以让消费者产生这些变化,是因为它让消费者感到自己有能力自给自足。贫穷时,消费者缺乏控制感,感觉自己难以应付疾病、失业等突发事件。金钱却是这类痛苦境况的一味解药,它让消费者无需他人的帮助就可以达成目标,因而不愿依赖他人,也不喜欢他人依赖自己。

第五章 增进消费者的幸福感

著名心理学家马斯洛指出,想要吃饱穿暖的生理需要以及想要过得安全和舒适的安全需要是人类最基本、低层次的需要(见图 5-2)。钱有助于满足这两种需要,但一旦低层次的需要得到满足,更高层次的需要就会凸显出来。在生理需要和安全需要之上,人们还渴望与他人有感情上的联系,感受来自他人的关心和照顾,这便是爱与归属的需要。贾平凹在《浮躁》一书中曾写道,被别人爱是一种长久的幸福,而爱别人是一种更长久、无限的幸福。虽然钱使人们过上饱暖、舒适的生活,但人们很快便适应了物质享受,就好比再美味的美食每日吃也会厌倦,再迷人的景点日日看也会习惯。与他人建立的情感联系,如亲情、友情,可以带来更稳定、长久的幸福。但福斯等人发现,当脑中想着钱时,人们更不愿向他人求助,也不愿对他人施加援手,与陌生人、同事乃至家人的关系都更疏远。

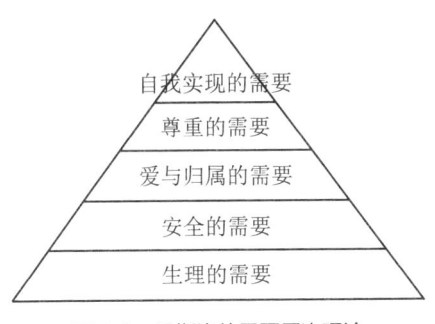

图 5-2 马斯洛的需要层次理论

这样看来,钱无法买来幸福的原因或许在于:当拥有很多钱时,人们可以独立满足自身的需要,将钱用于为自己购买各种高档商品。久而久之,人们会适应自己的生活条件,此时,更多的钱便难以带来更大的幸福。但钱使人们不愿与他人建立更多联系,钱侵害人际关系的最极端的例子便是巴尔扎克（Honoré de Balzac）笔下的老葛朗台——一个人活在金钱堆砌的孤岛之上，没有亲情与友情，没有对他人的关心和帮助，只有自私和吝啬，这样的人自然不会幸福。那么，如果将钱用于他人而非自己，会令人更幸福吗？

为了回答这个问题，加拿大英属哥伦比亚大学的邓恩（Elizabeth W. Dunn）及其合作者对16名公司职员开展了追踪调查。在公司发放利润分成奖金的一个月前，邓恩等人让这些职员报告他们的生活幸福度和年收入。然后，在职员收到奖金的6—8周后，让他们再次报告自己的幸福感。邓恩等人还询问这些职员，他们将奖金花在了哪些地方，要回答在支付账单、房租及抵押贷款、给自己购买商品、给他人购买商品、捐款给慈善机构、其他这六个方面的支出分别占所得奖金的百分比。前三项支出是这些职员花在自己身上的钱，后三项则是他们将奖金花在他人身上的支出。结果表明，年收入、奖金数额以及给自己所花金钱的数额都无法预测幸福感，只有给他人花钱的数额能预测他们收到奖金6—8周后的幸福程度：将越多的钱花在别人身上，就越感到幸福。

在这项研究中，如何分配奖金完全由职员自己决定，由此产生一个新疑问：究竟是为他人花钱令人感到快乐，还是愿意为他人花钱的人本身就具备一些使其更快乐的特质（如不拜金）？

为了探明为他人花钱是否可以使人更快乐，邓恩等人操纵了被试花钱的方式，而不是由其自己决定。清晨，邓恩等人走在校园中，拦住路过的学生，问他们是否愿意参与研究。如果愿意，就询问他当前有多幸福，然后给他一个信封，里面装有5美元或20美元。一部分学生的信封中写着，"在下午5点之前，将这些钱全部花到自己身

第五章 增进消费者的幸福感

上",这部分学生就可以给自己买个礼物或者付账单等;另外一部分学生的信封里的指导语则要求他们将钱花在别人身上,如捐给慈善机构或者给别人买个小礼物等。到下午 5 点,再将所有学生召集起来,询问他们用这些钱干了什么,并测量他们当下的幸福感。

　　被试是如何把钱花掉的呢?那些被要求为自己花钱的学生大多买了杂志、文具或单人餐;而要为别人花钱的学生选择了给兄弟姐妹买玩具、捐款给流浪汉以及请朋友吃饭等。同样的钱,仅仅是花的方式不同,会对这些学生有怎样的影响呢?邓恩等人发现,将钱花到别人身上的学生变得更开心,将钱花到自己身上的学生却没有因这笔意外之财而变得更快乐。更有趣的是,钱的多少不影响被试的快乐程度。很多人可能认为,得到 20 美元一定会比得到 5 美元更令人开心。但事实上,花了多少钱并不重要,真正可以令你开心的是将这从天而降的 5 美元或者 20 美元花在别人身上。

　　也许有人质疑,这个效应是不是只出现在富裕的人群中?邓恩等人除了在北美招募被试外,还在乌干达这一并不富裕的国家做了完全相同的研究,结果与北美的结果非常相似。此外,他们还在 136 个国家收集了数据,发现捐款给慈善机构的人要比没有捐过款的人更快乐。

　　这些都说明,要增加幸福感,有多少钱并不重要,用这些钱买了什么也不重要,重要的是将这些钱花在了谁身上。当你得到钱之后,你可以选择转身进入咖啡馆为自己买杯咖啡。这杯咖啡只是你喝过的咖啡中再普通不过的一杯,喝过之后你并不会因此感到幸福。但如果你为自己的朋友或咖啡馆门口的流浪汉买一杯温热的咖啡,它就会使你生命中的这一天变得更温暖。

　　可惜的是,人们似乎不懂这个道理。邓恩等人新招募了一批被试,让他们预测将钱花在自己身上还是花在别人身上会令他们更开心。被试非常肯定地认为，给自己花钱要比给他人花钱更幸福；拿到20美元也一定会比拿到5美元更幸福。可见，人们渴望幸福，却对如何才能增进幸福有错误的认识。人们常常觉得中彩票大奖是绝妙的人生乐事，但实际上，开奖那一刻的兴奋总会冷却，幸福并不会持续很久。更糟的是，科学研究和新闻报道都表明，彩票大奖还可能让你远离家人、朋友，使你变得孤独、抑郁。

完全没有必要为"钱不能买到幸福"和"钱能买到幸福"这两个共存千年的观点争执不休，因为能否买来幸福并不取决于钱本身，而在于如何利用钱。若像葛朗台一般，守着金币活在阴暗、逼仄的角落中，再富有也无法获得幸福；若是使用得当，一杯5美元的咖啡也可将幸福之光同时照进自己和他人的世界。

小结

正如巴菲特所言，要是有人说钱买不到幸福，那只是他还不知道该上哪儿去买。钱能否买来幸福的关键是如何使用钱。研究表明，为他人花钱可以使人更幸福。人们应当合理规划，善于用钱购买幸福。

拍照发朋友圈会让人更开心吗？

诺基亚的宣传片《摄影的历史》向观众描绘了摄影的前世今生：200年前，摄影术诞生。从此，人们得以通过照片遇见从未见过的人、闻所未闻的事，了解一个全新的世界。生活的片段、美好的记忆、人类的历史都被一一记录在照片中。岁月流转，随着数码相机、智能手机的相继出现，照相变得越发简便。照片成了全世界通用的语言，

第五章　增进消费者的幸福感

每个人都成为摄影师。人们通过摄影准确地记录生活，清晰地观察世界。照片承载着鲜活的记忆，改变了人们分享生活的方式，每一张照片都在讲述一个精彩的故事。

举着手机拍个不停已成为生活常态。无论何种聚餐，在享用美食之前人们纷纷掏出手机，拍下令人垂涎三尺的美食。旅行路上，只要看到美丽的景物或有趣的事情，人们立马拿出手机，定格这些画面。人们如此频繁地拍照，不禁使我们产生疑问：拍照有助于享受当下，还是具有反作用？

美国南加州大学的迪尔（Kristin Diehl）及其合作者耶鲁大学的曹贝尔曼（Gal Zauberman）、纽约大学斯特恩商学院的巴拉施（Alixandra Barasch）发现，拍照让人们在美好经历中体会到更多的乐趣。在拍照时，人们需要全神贯注地注意自己想要捕捉的瞬间，这有助于人们全然沉浸于美好的经历中，不被其他事物分散注意力，进而更享受其中的乐趣。但拍照并非在任何时候都能让人们有更好的体验，以下几种情况是例外。

首先，当遇到糟糕的经历时，拍照反而会让人们更沉浸在悲伤中。其次，如果拍照程序十分烦琐，拍照就会分散注意力，让人们无法专心体验美好的感觉。最后，当经历本身就很容易使人们沉浸其中时，如玩电子游戏、搭建积木等，拍照就显得不重要了，它很难进一步提升人们的愉悦体验。看来，拍照仅仅在某些特定情境中使人们更加享受当下的经历。

除了情境因素，拍照的积极效应还取决于拍照的目的。促使人们拍个不停的常见理由是留作纪念，或为了分享给他人。前者是自我导向的，人们希望用相机记录下生活中美好的瞬间，在闲暇时可以通过照片回味当时的点点滴滴；后者则是他人导向的，人们通过照片将一些精彩的经历分享给家人、朋友，让不在场的他们也能直观地感受那些瞬间。这两种截然相反的拍照目的会对人们的感受有不同影响吗？

为了回答这个问题，迪尔等人对正在参观洛奇雕像（rocky statue）的游客进行了调查。洛奇雕像是费城最受欢迎的旅游景点之一，总有游客排成长队等待与它合影。迪尔等人便请这些正打算拍照留念的游客参与调查，调查结束后会赠送他们糖果作为礼品。四天里，一共有153名游客接受了调查。这些游客首先需要选出他们拍照的首要目的，是"为了给自己留作纪念""为了与其他人分享""既不是为了纪念，也不是为了分享"，还是"没有特定的目的"。然后要评价自己在洛奇雕像所在处玩得有多开心，以及自己有多想把洛奇雕像这个景点推荐给朋友。

结果表明，高达96%的游客拍照的目的都是为了纪念或者分享。为了纪念而拍照的游客比为了分享而拍照的游客更享受这次旅行，也更愿意将此景点推荐给朋友。这一结果可以说明为了分享而拍照会降低消费者的享受程度吗？答案是否定的。出现这种结果的原因还可能是不太享受这次旅程的消费者更多地出于分享的目的拍照，或者是这些为了分享而拍照的游客具备某些特定的人格特质。换个角度，如果带着分享的目的拍照的人往往是爱炫耀的人，而爱炫耀的人常常不太享受自己的经历，就会出现完全一样的调查结果。

为了搞清拍照理由会不会影响消费者的体验，迪尔等人又进行了一项研究。这次，他们操纵了被试是为了纪念而拍照，还是为了分享而拍照。他们招募来一批将要过圣诞节的被试，在圣诞节前两天，把实验要求通过电子邮件发给被试——所有被试都要在圣诞假期拍摄至少10张照片。他们告诉一部分被试，拍这些照片的目的是给被试制

第五章　增进消费者的幸福感

作一个相册,留存这个圣诞的记忆;告诉另一部分被试,拍照的目的是将照片上传到脸书上,将其圣诞节经历分享给他人。在平安夜那天,他们又给被试发送了电子邮件,再次提醒被试拍照的目的。

圣诞节过去两天后,所有被试都收到了节后调查。首先,被试要闭上眼睛,在脑海中回忆圣诞节的场景。迪尔等人提醒被试他们拍照的目的是纪念还是分享,要求回想为了该目的拍下照片的那些时刻。回想完之后,被试要评价他们有多享受这次圣诞拍照的经历。结果表明,相比为了纪念而拍照,为了分享而拍照的被试更不享受这次圣诞节。看来,以分享为目的的拍照确实降低了被试的享受程度。

同样是拍照,为什么纪念和分享这两种目的会对体验有如此不同的影响?请你回想一下,当你打算拍一张照片发朋友圈时,或者想要拍照发给别人时,你会想些什么?"我的发型丑吗?""我今天的装扮是不是太随意了?""经常晒图的王小丽会不会嘲笑我摄影技术太差?""男神看了照片会觉得我拥有有趣的灵魂吗?""大家会给我点赞吗?"如果你的脑海中飞速掠过上述想法,这实属正常,因为在分享前人们能预期到自己会被他人评价。对人们来说,他人的评价十分重要。老板的评价会影响自己将来的职业发展,同学的评价会影响自己的人际关系,心仪异性的评价会影响彼此能否成为恋人……因此,每个人都想将自己最好的一面展现在他人面前。

带着分享的目的去拍照时,人们往往会猜测看到照片的人将怎样评价自己。不管是有本人入镜的照片,还是只有食物、风景的照片,都会向他人传达关于自己的信息,他人也可能通过这些信息评价我们。为了分享而拍照会使我们关注自我表现,渴望将积极的一面展现给他人。花费大量时间思考如何拍照才能在社交媒体上展现最好的形象,并担心他人看到照片后会如何评价时，我们便很难真正享受经历本身。置身宛如仙境的美好景色中，却一心想着拍出一米八的大长腿；面对色香味俱全的菜肴，却一直挑选最能体现自身品位的滤镜和角度，此时景色和美食带来的快乐已然大打折扣。

在迪尔等人的研究中，圣诞节后的调查还涉及他们如何回忆这次经历。被试需要回答在他们脑海中回放的圣诞节画面更多地采取第一人称视角还是第三人称视角。第一人称视角指人们从真实经历者的角度来回忆这段经历，所回想起的画面是透过自己的眼睛看到的场景。以这种视角来回忆圣诞节，被试看到的很可能是精心布置的圣诞树、银装素裹的雪景，却不会在这种画面中看到自己。第三人称视角不是透过自己的眼睛看到过往的经历，而是站在观察者的角度看到自己身处过往的经历中。如果采用第三人称视角，被试回忆中的画面可能是：在精心装饰的房间里，自己站在窗边微笑着观赏雪景。

结果表明，相比为了纪念而拍照，为了将照片分享给别人而拍照的被试更倾向于从第三人称视角来回忆这段经历。以往有研究表明，当人们意识到自己会被他人评价时，更可能使用第三人称视角来记忆一段经历。这间接说明在为了分享而拍照时，很可能会更关注他人看到照片后如何评价自己。

在这种预期他人将评价自己的状态下，拍出的照片不同于单纯为了纪念而拍的照片。迪尔等人要求被试上传10张圣诞节期间拍摄的照片。纪念组被试要制作一个能将记忆留存下来的相册，因此需要上传自己最想重温的照片；分享组被试则上传自己最想发布到脸书等社交媒体上，与朋友分享的照片。研究者仔细分析了这些照片，发现在为了分享而拍摄的照片中，有更多本人入镜的照片，更多刻意摆好姿

第五章 增进消费者的幸福感

势拍摄的照片,更多微笑的照片,此时人们在努力展现良好的形象。同时,用于分享的照片是给不在场的人看的,它往往需要独立呈现一个完整的故事,所以这类照片更多地包含经典的圣诞元素,如圣诞树、袜子、驯鹿等。这从侧面反映出人们预期他人会评价,此时会尽量呈现内涵一目了然的照片。

看到这里,你就能明白,为什么为了分享而拍照会让人们的体验大打折扣。分享的对象在这个过程中会受怎样的影响?拍一张照片给家人看与拍一张照片给同事看,这两种情况会有差异吗?

为了回答这个问题,研究者巧妙地设计了一个任务,让被试在实验室中带着不同的目的拍照。所有被试都先观看一个视频,被试透过视频拍摄者的眼睛看到乘坐巴士游览伦敦的景象。被试需要想象自己置身伦敦的街道,亲身经历巴士观光之旅,还可以按下屏幕上的拍摄键,拍下眼前的画面(见图 5-3),模拟真正在旅途中拍照的过程。

图 5-3 实验室模拟拍照界面
(引自 Barasch et al., 2018)

研究者要求一部分被试想象自己计划制作一本相册，以便日后再次回味这次旅行，他们是为了纪念而拍照；另一部分被试则想象自己计划拍一些照片，分享到社交平台上，选定分享的分组是10位好友；剩下的被试也想象自己要拍照片发布到社交平台上，分享的对象是10个认识但不亲密的熟人。跟随视频结束这次观光之后，所有被试需要评价自己有多享受这次巴士游览以及自己有多沉浸于这次游览。

结果表明，当分享对象为亲密朋友时，为了分享而拍照与为了纪念而拍照的被试同样享受并沉浸于这次巴士观光之旅。如果打算将照片分享给算不上好朋友的熟人，就会使游览的浸入感和享受感都大打折扣。这是因为当分享对象与自己非常亲密时，人们认为密友不会因为一张照片就改变对自己的看法，也就不担心他人如何评价自己，不担心自己的形象够不够好。就像你不会因家人看到你头发油腻、服饰随意的丑照而焦虑或发狂，但如果换成普通同学，你的感受就可能大相径庭了。这样看来，除非分享的对象与自己足够亲密，否则带着分享的目的去拍照可能会使人们无法好好享受当下。

在现实生活中，众多商家都鼓励消费者为了分享而拍照，旅游景点自称"火遍票圈的拍照圣地"，美食餐厅要求顾客在朋友圈发图集赞才能享受折扣……在这种情况下，作为消费者，也许需要忘记分享的目的，沉浸于经历当中；作为商家，则要警惕这种鼓励顾客分享的营销策略可能带来的负面影响。

小结

拍照让人们在美好的经历中体会到更多的乐趣，但如果分享的对象不是亲密朋友，带着分享的目的去拍照会使人们因担心他人的评价、渴望展现良好形象而难以真正享受这一过程。带着纪念目的拍照有助于人们享受当下。

阅读买家评价，会降低我们的购物满意度

说起网络购物带来的好处，总有说不完的话题：购物便利，让我们能随时随地购物；商品齐全，能够买到全国各地甚至全世界的各种商品；选择多样，常常能以比实体店更低的价格购得心仪的商品，还能便捷地货比三家……除此之外，网络购物还有一大特点，也深受青睐：在购物时，经常可以看到此前买过该产品的消费者对其的评价。在线评价已经成为购物时重要的参考信息来源，许多消费者会根据"前车之鉴"来决定是否购买某件商品。

每当我们点开购物 APP，拇指翻飞地选到一件心仪的商品，打开商品详情页，除了看一看商家提供的图片和基本参数，我们还常常翻到"评价"这一栏，仔细看看评价总数多少、好评与差评的比例；接下来，还得看看票数较多的标签有哪些，如有没有被很多人标出"尺码不合适""质量不好""不是正品"等；若精力充足，我们还会看看之前的顾客都说了些什么，是否提到使用产品的体验、购物的感受，最好"有图有真相"，能看看"买家秀"……毕竟，网络购物的一大问题就是无法实际试用商品，真实感知商品的尺码、质量、样式等，所以我们希望根据先前顾客的购物评价，或多或少地获取更多信息，帮助决定是否购买。

相比抽象且不一定准确的商品参数，以及不知经过了几层修图，总是过分好看的"卖家秀"，消费者可能更信任先前消费者的在线评价，将这些评价作为是否购买当前商品的重要依据。

消费者的决策：行走于理性的边缘

然而，我们也常常有这样的体验：在看了几页买家评价后，立刻因为这许许多多不同的评价而对是否要购买一件自己本来很喜欢的商品举棋不定；在几家网店中反复比较想购买的某件商品，花了很长时间翻看前人的评价，终于决定购买其中某家店的商品，收到货后却觉得这个选择并不那么令人满意。

为什么我们看了很多在线评价，购物后还是不满意？来自中国香港城市大学的刘谦谦（Liu Qianqian Ben，音译）及其同事指出，在线评价虽然能提供一些有助于消费者决策的信息，但也存在诸多问题，其中非常突出的一点是：我们在购物前会根据自己的购物需求，确定自己比较重视商品的哪些属性，对准备购买的商品初步"画像"，但在线评价可能将我们的注意力吸引到评价中提及的其他属性上，从而改变我们的初心。如此一来，我们购得的商品很可能不符合我们一开始的画像。例如，如果我们要购买一件大衣，在点开购物 APP 之前，我们可能已经决定要买一件长款、连帽、羊毛含量高、非常保暖的大衣，也即我们一开始比较关注大衣的款式、材质、保暖程度等属性；但在进入购物界面后，在仔细比较大衣的过程中，我们阅读了大量在线评价，在下单之前，我们可能变得非常在意这件大衣有没有色差，是否容易起球，有没有异味，开始关注大衣的颜色、面料、气味等属性。诚然，这些属性也很重要，但这些并不是我们购买大衣之初最重视的属性啊！也就是说，我们很可能在购买过程中过多地关注那些在评价中出现的属性，忽视了对自己真正重要的属性。所以，我们常常看了很多评价，可对自己深思熟虑后的购物战果并不满意！

为什么查看在线评价会改变我们重视的商品属性？在查看在线评价的过程中，什么样的商品属性更能引起我们的重视？刘谦谦等人指

第五章　增进消费者的幸福感

出,在阅读在线评价时,有三类商品属性在消费者心目中的重要性容易因评价内容而提高。

第一,在评价中被反复提及的属性更容易引起消费者的关注。某一商品属性上的信息量,会影响这个属性在我们心目中所占权重——我们看到的关于某一属性的评价数目越多,我们就越容易重视这一属性。首先,当在线评价明确提及某一属性时,毫无疑问,这是对这一属性的一种凸显。加拿大阿尔伯塔大学的豪布(Gerald Häubl)及其同事默里(Kyle B. Murray)曾指出,一旦某种产品属性在网页上被明显提及,消费者就容易更重视这种凸显出来的属性。而当某种属性在消费者心中凸显出来,接下来消费者就容易更多地提取与这一属性相关的信息,并依此推断这一属性在其他消费者心中也非常重要。在上文的例子中,在打算购买大衣之初,我们比较关注大衣的款式、材质和保暖程度;但在查看一款大衣的在线评价时,发现在1203条累计评价中,有300多条都打上了"容易起球"的标签,我们就更容易关注那些提到"起球"的评价,也会推测其他消费者普遍重视"大衣是否容易起球"这一问题。这样,我们就容易更关注大衣的面料这一属性,对其赋予比原先更高的权重。

第二,在评价中出现冲突性信息的属性更容易引起消费者的关注。冲突性信息往往会引起人们的警觉,为了搞清楚事实究竟如何,人们会主动搜索更多相关信息,也就会更关注这一属性。如果在一款大衣的评价中,我们反复看到有这样两种评价:一群消费者满意地说,"这件大衣颜色很正,与图片一模一样";另一群消费者则不满地表示,"收到的大衣颜色难看,与图片的色差太严重了"。这两种信息显然是相互矛盾的,会引起我们的困惑和警觉,让我们寻找更多相关评价,想看看这件大衣究竟有没有色差。这样，不知不觉，我们也比原先更关注大衣的颜色这一属性了。

第三，在评价上与商品的总体评分比较契合的属性更容易引起消费者的关注。消费者往往会通过总体评分形成对商品的整体印象。根据认知一致性理论（cognitive consistency theory），当消费者进行判断与决策时，他们更重视那些与整体印象基本保持一致的属性，容易忽略那些与整体印象不一致的属性。例如，我们看到一件大衣在满分为 5 分的评价中得分高达 4.8 分，在看具体的评价时，我们就更容易重视那些形容这件大衣"面料柔软""颜色好搭配""尺码合适"的评价，因为这些评价与这件大衣的高分相符；那些与高分不相符的"这件大衣不够保暖""款式有点老气"的评价，则容易被我们忽略。可是，明明款式和保暖程度才是一开始我们更重视的属性啊！

在查看在线评价的过程中，我们心里一开始最重视的那几条商品属性，悄无声息地被在评价中提及更多、有冲突性评价存在、与总体评分更契合的属性替代。根据看完评价后更重视的新属性，我们艰难地作出了选择，但最终选出的商品可能在我们原本非常重视的属性上表现得非常一般。例如，我们或许根据评价购买了一件没有色差、不容易起球、没有异味的大衣，但它很可能不符合我们一开始在款式、材质、保暖程度上的要求，最终我们对这件大衣并不满意。

为了给这些分析提供实证支持，刘谦谦等人邀请了 52 名大学生参与一项研究。被试需要想象自己正在为好朋友的祖父——一位想给孙女拍照但视力不好，也不擅长拍照的老爷爷——挑选一台数码相机。数码相机附有八个商品属性的介绍，其中四个是对老爷爷这种摄影初学者非常重要的属性，如自动对焦、防抖动等；另外四个是对初学者

第五章 增进消费者的幸福感

不重要,对摄影高手而言才有存在必要的属性,例如微距模式、大光圈模式等。对于这八个属性,先前已经有另外 50 名背景相似的大学生对其重要性进行评分,大家都认为,对老爷爷这种摄影初学者来说,与其非常相关的四个属性更重要,另外四个属性在本次购物过程中不重要。看来,根据这些大学生自身的知识和经验,他们能够识别出在这次购物中对老爷爷而言真正重要的属性。

可是,在阅读了一系列在线评价后,被试对商品属性重要性的判断会产生什么样的变化呢?在阅读完八个属性的介绍后,52 名被试读到 10 条关于数码相机的在线评价,这些评价涉及上面八个属性的相关信息。其中,一半被试看到的相机总分比较高,另一半被试看到的相机总分比较低。所有被试看到的评价在涉及不同属性的信息量高低和是否有冲突信息这两个方面也有所不同:有些属性在 10 条评价中都被提到,有些属性只被 2 条评价提到;有些属性既获得了正面评价,也获得了负面评价,有些属性则在提到它的所有评价中都获得了一致的正面评价或负面评价。在阅读完 10 条在线评价后,被试评估各个属性对老爷爷的重要性。

研究结果显示,相比那些没有阅读评价的大学生,阅读了在线评价的大学生明显将那四个不相关属性看得更重要了,相应地,也不再认为与老爷爷非常相关的四个属性有原先那么重要了。而且,在评价中被反复提及的属性、出现冲突性信息的属性、与商品的总体评分比较契合的属性,的确被看得更重要了。

人们经常相信"大众的智慧"能够帮助自己作出更准确的决策,会认为在购物时看看前人的评价能让自己的购物选择更正确,购物后更不容易后悔。事实上,阅读在线评价后,我们可能会改变自己对商品属性重要性的判断，作出的消费决策与最初的真实需求南辕北辙。

既然如此，作为消费者，我们需要意识到：一些在在线评价中被反复提到的属性，对我们而言可能是无关紧要的。或许在网络购物前，我们可以先列出最符合最初想法的几条商品属性，无论如何参考在线评价的信息，我们都坚守阵地，不忘记自己真正的需求！

小结

人们在网络购物时常常阅读在线评价，并在决策时过分在意评价中引起自己注意的属性，如被反复提及、出现冲突性信息、与商品的总体评分契合的属性，忽略原有的购物需求，最终反而对购物结果不满意。

一次浪漫旅行，远胜高档包包

终于到了发年终奖的日子，一年的辛勤工作有了回报，你会如何用这笔钱犒劳自己？给自己买一个心动已久的高档包，还是来一次放松身心的浪漫旅行？

我相信无论是将年终奖用来购物，还是用作旅行基金，都会是相当热门的选择。这两种选择有什么区别吗？事实上，这两种选择蕴含着不同的目的：前者是为了用钱换取高档包这一实物，后者是为了用钱换取外出旅行这一经历或体验。我们可以依此来区分两种不同的消费类型：如果消费是为了购买有形的物质商品，如奢侈品、家具、衣物、数码产品等，可以叫作物质消费（material consumption）；如果消费是为了获得一种体验或生活经历，如旅行、看电影、做按摩、听音乐会等，可以叫作体验消费（experiential consumption）。

年终奖的数额是固定的，但通过这两种消费方式花掉这笔钱，所

第五章　增进消费者的幸福感

买到的东西是不同的。当人们思考消费行为带来的感受时，往往格外看重消费带来的快乐或幸福感——钱总是有限的，人们都想用同等的钱为自己带来尽可能多的快乐。物质消费和体验消费，哪一种会让消费者更幸福？

美国科罗拉多大学波尔得分校的范博文（Leaf Van Boven）和康奈尔大学的吉洛维奇认为，体验消费会带来更高的幸福感——真正让人们更快乐的是他们所经历的一切，而非他们所拥有的。范博文和吉洛维奇首先调查了97名大学生，让他们回忆自己最近一次"为了增强幸福感"而进行的超过100美元的消费，还指定了他们需要回忆的消费类型：一半被试需要回忆的是"一次为了获得生活体验而进行的消费"，即体验消费；另一半被试需要回忆的是"一次为了获得有形的实物而进行的消费"，即物质消费。在回忆这次消费经历后，这些大学生需要回答四个问题：当你想到这次消费经历时，你有多开心？这次消费对提升你整体的生活幸福感的作用大吗？这笔钱花得值吗？这笔钱如果花在别的地方会更好吗？

研究结果显示，相比回忆物质消费的大学生，那些回忆体验消费的大学生觉得更开心，这次消费更能提升自己整体的幸福感，这笔钱花得更值，更不应该花在别的地方。

范博文和吉洛维奇还进行了一次更大规模的调查，被试涵盖了1263名成年美国人。调查结果显示，无论男性或女性、青年或中老年，无论工作情况如何、婚姻与情感状况如何，无论是什么种族、居住在什么地区，大部分被试都认为自己经历的体验消费比物质消费更让自己感到幸福。

为什么体验消费往往能比物质消费给人们带来更高的幸福感？

有这样几种可能原因：首先，人们更少将自己的体验消费与他人的比较。人们常常比较自己拥有的实物与他人拥有的实物，例如谁的包更高档，谁的手表更昂贵，谁的电脑配置更高；体验与经历则是相对个人化的，很难比较究竟是自己的海岛之旅更舒心，还是他人的登山之行更有趣。相比实物，体验具有独特性甚至唯一性，可比性相当小。既然减少了不必要的攀比，人们就更可能满足于自己当下的状态，更容易感到幸福。

其次，人们更多地将体验与自我联系在一起。我们常说，一个人的人生就是其所有经历的总和，人们会借助自己曾有过的丰富多彩的经历与体验来定义自己。当我们刚认识一位朋友时，对方可能会用"我是个一年阅片100部的电影爱好者""我是个登山爱好者，曾在世界各个大洲攀登过名山""我超级喜欢旅游，尤其是海岛之旅"等来介绍自己，但很少会有人在自我介绍时说"我是个卡地亚的狂热爱好者""我去年刚买了价值数万的真皮沙发""我超级喜欢我的电脑，花了很多钱去升级它的配置"……范博文与吉洛维奇调查了76名成年人，发现89%的人都认为体验消费比物质消费更能说明"我是谁"。由此可见，体验的确与人们如何定义和看待自己密切相关。人们倾向于对自我保持积极的看法，自然容易将体验与经历看得更积极，体验消费因而带来更美好的感受。

再次，体验消费本身具有更强的社交性质。人类是社会性动物，具有与他人建立亲密、友好的社会联系的需求。购买实物是消费者一个人就能够完成的，而一段美好的体验往往伴随着与他人的社会交往。人们经常会与朋友一起外出旅游、观看电影、参加户外活动等，这些都是共同参与、共同体验、相互交流的过程。体验消费更能够满足人

第五章 增进消费者的幸福感

与人相互连接的心理需求,更能提升幸福感。

最后,还有一个非常重要的原因:人们更愿意与他人分享自己的体验,而非拥有的实物。第一,与朋友谈论自己刚买的奢侈品,容易被认为是在炫耀,但与朋友谈论自己的登山旅行、美食体验,常常会得到更多的支持与认可。第二,在描述体验消费时,我们会提到更多的个人感受,例如我们常说"那部电影真的很感人""那次游乐园之旅超级刺激",分享体验能帮助我们更好地向他人表达内心感受。第三,相比物质消费,体验消费非常独特,例如我们很可能一出门就和别人"撞衫"或"撞包",可是一次旅行中的种种细节是很难与他人经历雷同的。既然体验具有更强的独特性,在谈话中分享体验也就更能吸引听众的兴趣。来自葡萄牙天主教大学的巴斯托斯(Wilson Bastos)及其合作者布鲁克斯(Merrie L. Brucks)指出,正是由于这些原因,体验消费更容易成为社交活动中的谈资。

这种社交分享同时会放大体验消费带来的快乐。当我们向朋友描述一次旅行时,我们是不是会挑选其中最丰富、最有趣的部分?这种分享的过程能让我们再一次回顾这次经历的有趣之处;就在一次次的叙述中,我们不知不觉地美化了其中的种种细节。阿米特·库马尔(Amit Kumar)和吉洛维奇强调,正是在这一次次的叙述与分享中,体验消费为我们带来了更持久的快乐。另外,当我们与朋友谈论品尝美食的体验、聆听音乐会的经历时,朋友是不是常常称赞我们的经历非常有趣,投来艳羡的眼神?有时候,我们是不是还会约定下次一起出游?在社交互动中分享自己的体验,经常能收获他人积极的反馈,帮助我们与他人建立更紧密的联结。

正因为这种种原因,体验消费比物质消费给人们带来更美好的感受：更强烈的愉悦感、更持久的满足感、更高的幸福感……不仅如此，沃克（Jesse Walker）、阿米特·库马尔和吉洛维奇还指出，相比物质消费，体验消费更能让我们的内心充满感激之情。让我们想象一下：感恩节那天，你抽出一小段时间感恩身边美好的一切。你可能会想起与家人共度的一段悠闲假期、与朋友共赴的一场浪漫旅行或自己最近观看的一部温馨感人的电影，进而感恩生活中的"小确幸"。你可能很难感恩新买的真皮沙发、高档包——即使你觉得它们确实很棒，也很少会感恩它们。

为了给这一观点提供实证支持，沃克等人招募了 372 名参与者，让他们回忆自己的一次体验消费或物质消费。被要求回忆体验消费的参与者需要回答"你有多么感激拥有这样一段经历"；被要求回忆物质消费的参与者需要回答"你有多么感激拥有这件东西"。研究结果显示，回忆体验消费的参与者的确更感激拥有某次体验。

感激是一种如此美好的感受，它会使人们感到自己与他人之间有某种温暖的联结，进而促使人们对他人更友好、慷慨。沃克等人招募了 48 名大学生参与实验，发现相比那些回忆物质消费的大学生，回忆体验消费的大学生在社交互动中表现得更无私，对他人更慷慨大方。体验消费不仅给人带来更好的内心感受，还有助于将这种美好的感受传递出去。

沃克等人提议，公共政策应该鼓励人们更多地将钱花在体验消费而非物质消费上，这既能够提升人们自身的满足感和幸福感，还能使人们心怀感激，更友好地对待他人，更乐于帮助他人，促进社会的整体和谐。

当我们手握新一年的年终奖时，如果条件允许，不妨考虑如何用一段美好的体验来奖赏自己。一次浪漫旅行带来的美好感受，远胜过橱窗里的高档包！

小结

相比物质消费，体验消费往往能带来更高的幸福感。这可能是因为体验消费更少地引发社会比较，与人们的自我有更紧密的联系，具有更强的社交性质，同时人们更愿意在社交中与他人分享自己的体验。

被拒绝的方式最重要：别为了另一个人拒绝我

相信大家都有在餐厅前排队等位的经历，漫长的等待使我们坐下来用餐时已经饥肠辘辘，眼前的饭菜愈发美味，排队时的苦闷一扫而光，大家总结出两个字——值得！然而，不是每次排队等位都有如此美好的结局。就在上周，我和三五好友下班后决定去吃寿喜锅，好友推荐的那家餐厅离我们较远，等我们到达时已是晚上六点半。众所周知，想要在魔都一家稍稍有名的餐厅用餐，六点之后基本都需要排队。于是我们拿了排号单，开始了等待。

令人绝望的是，这家餐厅的门窗是透明的，排队的客人能清晰地看到店里桌上的火锅冒着热气，服务员端着"娇嫩欲滴"的牛肉卷穿梭在"仙气"中，饭桌前的食客都脱了外套，聊天嬉笑，大快朵颐，好不痛快。而我们在店外，裹着厚重的大衣，饿着肚子，吹着冷风，眼巴巴地看着餐厅内的一派热闹景象。

我莫名地生出了怒火：为什么此刻餐厅里坐着的不是我们一行人？虽然我很清楚先来后到的道理，但还是忍不住生气，体会到一种强烈的被拒绝感——我感到这家餐厅是因为此刻在饭桌前嬉笑的那些人而拒绝了我们。在屋内欢快情景的强烈刺激下，我们很快失去耐心，转身去了旁边一家餐厅，尽管一开始我们是特地为了这家主打寿喜锅的餐厅而来。

说起来，我并不是一个没有耐心的人。还记得某次我非常想去一家餐厅用餐，那里的冰激凌配烤面包再美味不过了。我开了将近两个小时的车，终于抵达那家餐厅，却在门口被告知现在厨房设备出了问题，不可以用餐，不过可以喝一些冷饮。实际上，我们都知道，当时已经到了用餐时间，我是不可能进去喝冷饮的，服务员的这番话相当于拒绝了我。说来奇怪，同样是体验到拒绝感，这次我心里非常失望，但没有生气。因为我明白，我吃不了，别人也吃不了。

不仅仅在消费情景中，生活中我们也处处能体会到拒绝感，如售货员对你说，"对不起，这一款已经售罄"；精心准备的工作简历被人力资源经理当面拒绝；邀请喜欢的女孩去看电影，却被告知已经有约……事情本身的重要性无疑会影响被拒绝者的心情，但人为因素可能更直接地决定了这一切，如被拒绝的方式。

美国康奈尔大学的德里和泽泰克（Emily M. Zitek）试图揭开"同样是拒绝，为什么有时好接受，有时却极难接受"的秘密。他们提出，当人们遇到坏事的时候，往往倾向于寻找原因来解释它为什么发生，这个解释反过来会影响情绪。当人们遭受拒绝时，通常基于归属感和拥有这段关系的价值去寻求解释，拒绝引发的排斥感越强，人们感受到的负面情绪就越多。

德里和泽泰克来到一所学校门口，询问来往人群是否愿意参加一个小实验，最终招募到 108 名学生参与实验。学生们以三人为一组参加实验，但他们不知道，每一组的三位成员中只有一位学生是真正从

第五章 增进消费者的幸福感

学校门口临时招募而来,其他两位都是假装来参与实验的研究助理。

首先,研究者让小组成员互相介绍一番,彼此熟络起来。在小组成员建立了一定的社会联系后,研究者告知他们,这个研究要考察单独解决问题与结伴解决问题,哪个效果更好,因此需要先选一个人作为选择者,这个选择者可以自己决定是否选择同伴一起完成任务。当然,每次都不出意料地由"潜伏"在小组中的研究助理来担任选择者的角色。在一种情况下,选择者选择独自完成任务,也就是不选择剩下两人中的任意一位;在另一种情况下,选择者选择另一位研究助理一起完成任务。

无论在哪种情况下,参与研究的学生都不会被选择者选到。两种情况本质上都是拒绝情境,区别仅在于,一半学生体验到无比较的拒绝感,因为选择者虽然拒绝选择他参与任务,但也没有选择剩下的那名组员;而另一半学生体验到有比较的拒绝感,即选择者拒绝他是因为更青睐另一名组员。之后,研究者测量了被拒绝的学生体验到的负面情绪以及对拒绝者的态度。

有趣的研究结果出现了:体验到有比较的拒绝感的学生明显感受到更强烈的悲伤,对拒绝他的那名"组员"表现出更多的厌恶。虽然都是被拒绝,但当拒绝者是因为偏爱另一个人而作出拒绝决定时,被拒绝者会更难受和不满。

德里和泽泰克并不满足于这一结果,他们认为,当学生遭受无比较的拒绝后,因为选择者没有选择任何一个人,自然会留下另一名组员,学生的情绪差异很可能与有比较或无比较的拒绝无关,而是因为被拒绝的学生体会到他人的陪伴,这种陪伴会减少负面情绪。

于是德里和泽泰克继续进行研究,他们在一场社会科学讲座上找到 97 名学生，并将其中 49 位学生安排在有比较拒绝场景，另外 48 名学生安排在无比较拒绝场景。

每次同时参加研究的人数为 4—5 人，分别待在相邻的隔间里，其中包括 1 名假扮学生的研究助理。因为隔间的设置，每个人都处于单独的隔间里，这就排除了先前研究中陪伴感的差异。德里和泽泰克告诉大家，他们中将有 1 人被选中作为主导者，主导者可以决定要选择某个人一起完成任务或者独自完成任务，并得到一笔可观的报酬。德里和泽泰克将选拔主导者的过程伪装成表面上公平的随机选择，当然，实际上永远都是那名"潜伏"的研究助理被选中做主导者。

参与实验的学生需要分别向主导者做几分钟的陈述，说明为什么应该选择自己作为合作伙伴。阐述完毕后，主导者开始选择。在有比较拒绝场景里，主导者宣布选中某个不存在的人；而在无比较拒绝场景中，主导者宣布不选择任何人，独立完成任务。之后，德里和泽泰克测量了学生体验到的消极情绪，并让他们评估自己感受到的归属感。

研究结果表明，与无比较拒绝场景相比，在有比较拒绝场景中，这些学生体验到更多的消极情绪，归属感更低。研究者还发现，归属感在拒绝与消极情绪体验中起了传导作用——人们经历了有比较的拒绝之后，产生了更低的归属感，从而引发之后的消极情绪体验。

看到这里，不知道你是不是也发现了一些问题：在先前的研究中，人们都明确知道自己属于哪一种拒绝类型，但现实中并非如此。生活中我们常常是在被拒绝后再去寻找信息，最后得知自己属于哪一种拒绝情境。为了让研究尽可能贴近生活，德里和泽泰克又做了一个研究。这次他们进行了在线实验，在网站上招募了 201 名参与者。

他们请参与者想象自己与约会对象的关系进展顺利，但是有一天

第五章 增进消费者的幸福感

忽然收到了对方的一条短信:"跟你在一起很开心,但我觉得我们不应该再见面了,对不起。"此时,他们对参与者进行第一次消极情绪测量。接着,他们询问参与者会不会去问自己与约会对象的共同好友到底发生了什么。不管参与者回答是还是否,都会被告知自己为什么遭到拒绝,只是两种情境下拒绝原因不同。在有比较拒绝情景中,被拒绝者得到的原因是,他的约会对象此时渴望独处,不想和任何人恋爱;而在无比较拒绝情景中,被拒绝者得到非常"扎心"的回答——他的约会对象此刻正在与另一人恋爱,因此拒绝了他。此时对参与者进行第二次消极情绪测量,最后测量参与者的归属感。

研究发现,在201位参与者中,有130位都表明会在被拒绝后进一步询问共同好友被拒绝的原因,这支持了人们在拒绝后总是希望找出被拒绝的相关信息的观点。更有意思的是,当无比较拒绝情景中的参与者得知被拒绝原因之后,他们的负面情绪明显低于一开始被拒绝之后的状态,可见无比较的拒绝大大降低了最初的负面情绪;同时,他们体验到的归属感也更高。

相似地,利里等人在1995年的研究中就曾发现,当被试出于个人原因被排除在某个群体之外时,他们会强烈地感受到社会排斥,这种社会排斥威胁被试的自尊水平。同样是被排斥在外,只是将排斥原因变为随机排除,即被试不再因为个人因素被排斥,自尊下降的心理过程就不复存在。人们的自尊水平也许能一定程度上解释有比较与无比较的拒绝带来的心理感受差异。

同样是拒绝,为何感受如此不同?关键就在于——你是否为了他人而拒绝我?有社会比较的拒绝更让人生气,这对服务行业的经营者有什么启示呢?试想,当我们走进一家珠宝店,看中了一款做工精致的手镯，兴致勃勃地询问手镯的原材料、产地及做工，甚至问好了价钱。当我们准备购买的时候，营业员查询后告诉我们："对不起，这款手镯已经被别人预订了。"此时，作为消费者的我们多半会火冒三丈，体验到强烈的被拒绝感。

既然这样简单粗暴的拒绝行不通，不妨利用德里和泽泰克的研究成果，下次再遇到这种情况，可以告诉顾客："对不起，这款手镯没有库存了，店里的现货作为模型不能出售。"同样体验到被拒绝，顾客的感受却一定比遭遇第一种拒绝时要好一点。

即使是品质最优的商家，也在所难免会对消费者"say no"。不过，千万别让顾客感到，他们是因为商家选择了其他人而被拒绝的。

小结

当你看中了一款衣服，售货员告诉你这款衣服没有库存了，你会略感失望；当你看中一款衣服却被告知，它仅此一件且已经被预订了，你会非常不高兴，这是因为有比较的拒绝比无比较的拒绝更让人不满。

疯狂的最后一搏

在出国旅行即将结束时，在机场停留之际，我们总能看到各国游客在免税店里"血拼"。面对此等景象、此等价格，你是不是有点蠢蠢欲动，也想参与其中？但你随即想到，自己旅游时已经花了不少钱，买了不少东西，再继续买下去可能就要破产了。匪夷所思的是，此时此刻，你脑中突然冒出了一句话："马上要回国了，可能是最后一次来这儿了，想买就买点吧。"本想节约的你竟然觉得这句话有几分道理，你咬咬牙，像一名披甲上阵的将军，内心大吼"拿我的信用卡来"，一

第五章　增进消费者的幸福感

往无前地冲入人群中"厮杀"，之后提着大包小包"胜利而归"。

美国学者麦格洛思林（William H. Mcglothlin）在赌马中早已发现了类似现象。让我们先大致了解一下赌马活动。很有可能在比赛中胜出的马通常拥有较低的赔率，如果这些马最终获胜，下注的赌徒只能赢得一小笔钱。不太可能胜出的马则拥有较高的赔率，如果这些马成为黑马，下注的赌徒将赢得一大笔钱。麦格洛思林分析了美国1947—1953年间9605场赌马中赌徒的押注情况，发现在每日最后一场赌马中，赔率较高的马匹的押注金额会明显增加。梅茨格（Mary Ann Metzger）研究了美国1978年发生的11313场赌马，发现了同样的现象——在最后一场比赛中赌徒大大增加了赔率高的赛马的押注金额。这一现象被命名为"终场比赛效应"（last race effect），即在最后一场比赛中，人们的下注行为变得更冒险。北京大学心理与认知科学学院的谢晓非、谢佳秋、任静和余松霖让被试在实验室中完成模拟股票投资任务，同样发现被试倾向于在最后一轮投资中更加冒险，作出最后一搏。

这是为什么呢？可能的原因是，赌徒在之前的赌博中赔了钱，为了弥补损失，或者说为了回本，他们倾向于在最后一场比赛中对可能带来最大获益的马押重注。如果这种说法正确，终场比赛效应发生的前提就是人们在之前的赌博中赔了钱。如果人们在之前的赌博中已经赚得盆满钵满，终场比赛效应就不会出现。

与猜想不符的是，一些研究表明，即使在赔钱的情况下，终场比赛效应也未必出现；而在赢钱的情况下，终场比赛效应也时有发生。该效应是否出现取决于人们在最后一场赌博前输了或赢了多少钱。总的来说，输钱的人想回本，而赢钱的人要避免亏本。之前输得精光的人想靠冒险行为回本，而输得比较少、押赔率低的马就能回本的人相对保守；之前赢了很多钱的人会押少量钱在赔率高的马上，因为即使此次赔了，他也不会亏本，而赢得比较少的人稳妥起见，会乖乖地押赔率低但亏本风险小的马。因此，输得多和赢得多的人会更冒险，出现终场比赛效应，而输得少和赢得少的人会比较保守。

然而，来自美国加利福尼亚大学圣迭戈分校的麦肯齐（Craig R. M. McKenzie）及其合作者的研究表明，不管人们在之前的任务中是输钱还是赢钱，不管输赢金额的大小，终场比赛效应都"风雨无阻"地出现了。刚才提到的两种原因似乎都是"六耳猕猴"，而不是真正的"孙悟空"，我们还没有看穿终场比赛效应的真相。上述两种假说都无法很好地解释终场比赛效应，真正的原因究竟是什么？来自中国人民大学心理学系的邢采及其合作者从卡斯滕森（Laura L. Carstensen）等人提出的社会情绪选择理论（socioemotional selectivity theory）中找到了灵感。

根据社会情绪选择理论，人们有两类目标：知识获取型目标与情绪调控型目标。知识获取型目标与获取新信息、体验新鲜事物、扩展知识广度有关，人们之所以追求这类目标是为了开阔视野，并为将来打算；情绪调控型目标与情绪调控有关，人们追求这类目标的动机在于获得积极的情绪体验。在日常生活中，这两类目标经常相互冲突。寻求新的信息和知识就可能带来负面情绪。在《战国策》中，齐威王曾下令："群臣吏民能面刺寡人之过者，受上赏；上书谏寡人者，受中赏；能谤讥于市朝，闻寡人之耳者，受下赏。"齐威王此举意在寻求新信息，然而，忠言逆耳利于行，群臣百姓所谏之言往往无法给齐威王带来积极的情绪体验。

第五章 增进消费者的幸福感

当两类目标相互冲突时,人们会优先考虑哪一类?社会情绪选择理论的提出者卡斯滕森认为,哪类目标能获得优先权取决于任务的剩余时间。当人们认为任务的剩余时间还很充裕时,会优先考虑知识获取型目标。相反,当任务的剩余时间有限时,人们会优先考虑情绪调控目标。年轻人和老年人的部分行为差异就可以用社会情绪选择理论来解释。在年轻人眼中,人生的剩余时间十分充裕,他们因而追求获取知识、开阔视野,主动接触各式各样的陌生人,扩展自己的社交圈。但随着年龄的增长,人们越来越意识到剩余时间有限,就越来越倾向于实现情绪调控型目标,更重视深化与巩固与熟人的关系,从中获取积极的情绪体验。

邢采等人认为,社会情绪选择理论可以解释终场比赛效应。他们招募了46名大学生被试,被试需要完成20轮投资决策任务。一组被试得知,投资任务将进行20轮,另一组被试却不知情。在任务开始前,被试得到10个代币,在此基础上被试对掷骰子的结果选择下注或者不下注,每轮下注金额不超过5个代币。如果被试选择下注且结果为"1",被试获胜,可以获得下注金额7倍的代币作为奖励;当结果不为"1",被试就会失去他们所押的代币;如果被试选择不下注,则不会有任何损失。

结果表明,知情组被试与不知情组被试在第20轮(即最后一轮)中的表现存在明显差异。与第19轮相比,知情组被试在最后一轮中的平均下注金额更高,参与下注的人数比例与平均下注金额均高于20轮的总平均数。反观不知情组的被试,他们在最后一轮中的表现与前19轮不存在明显差别。这表明,在投资决策中,当知道投资即将结束时,人们的冒险倾向会增加,邢采等人将该现象命名为"末期效应"

（ending effect）。事实上，末期效应类似于终场比赛效应。

邢采等人认为，在最后一轮任务中，知情组被试知道任务即将结束，所剩时间不多了，他们便优先追求情绪调控型目标，希望获得情绪上的满足，渴望获得奖励，这驱使他们采取更冒险的行动。为了给这一解释提供证据，邢采等人重新招募了46名被试，将他们随机分配到损失组或获益组中。被试依旧需要决定是否对掷骰子的结果下注。损失组被试在任务开始时拥有30个代币，如果选择下注，他们有1/6的概率失去6个代币，有5/6的概率不会有任何损失；如果选择不下注，则在该轮中会失去1个代币。获益组被试在初始阶段没有代币，他们的投资任务与损失组一样，但结果会从"失去"变为"获得"。

对获益组被试而言，在最后一轮任务中冒险可能会获益，而获益是一种奖励，能为他们提供情绪上的满足，因此获益组被试应该表现出末期效应。对损失组被试而言，在最后一轮任务中冒险可能会导致损失，而损失无法让他们体验到积极的情绪，因此损失组被试应该不表现出末期效应。果不其然，末期效应仅出现在获益组中，看来末期效应的确是由人们对奖励的渴望导致的。

需要注意的是，奖励有两种形式，风险选项带来的金钱回报是一种奖励，金钱回报带来的积极情绪也是一种奖励，哪一种奖励才是人们追求的？根据社会情绪选择理论，当感知到某一事件即将结束时，人们追求情绪上的满足，情绪性动机才是末期效应的"幕后推手"。

邢采等人又招募了50名被试，被试需要完成的任务和第一次研究一样，并且他们都知道第20轮投资任务是最后一轮。在20轮投资结束后，他们需要报告自己在最后一轮以及整个20轮投资中的出手目的在多大程度上是为了满足自己的情绪及金钱需要。结果如社会情

第五章　增进消费者的幸福感

绪选择理论预测的那样,相较之前的 19 轮任务,在最后一轮中,被试的情绪性动机明显提高,但金钱性动机没有显著提升。这说明被试之所以在最后一轮投资任务中更冒险,是为了得到好结果从而体验到积极的情绪。

为了进一步探讨情绪性动机与末期效应之间的因果关系,研究者开展了第四次研究。被试同样需要完成 20 轮投资决策任务,其中,一半被试知道投资任务共 20 轮,另一半被试不知情。在这两种情况下,被试被分入三个组,在任务进行到第 20 轮时他们会得到不同的指令。在进行最后一轮投资前,第一组的被试被要求关注自身的情绪需要,作出能带来好情绪的决策;第二组的被试被要求关注自己的金钱需要,作出能获得金钱的决策;第三组的被试没有得到任何指示。结果显示,在知情组中,被要求关注自身情绪需要的被试在最后一轮投资任务中更冒险,其冒险程度显著高于关注金钱需要和未得到指示的被试。即便在不知情组中,关注自身情绪需要的被试也表现出末期效应。这就说明的确是情绪性动机在任务末期对人们的冒险行为起了关键作用。

让我们将目光转向现实生活。2019 年春节前夕,支付宝照例开展了"集五福"活动,但与往年不同的是,当年的活动多了一张"花花卡"。拥有"花花卡"的用户可以在除夕夜参与抽奖,奖品为"全年帮你还花呗",共 2019 份。虽然很多人明白,最后的结果是绝大多数人只能"全年自己还花呗",但这一奖品着实令人眼红。在闲鱼、微博和朋友圈有不少人高价求购"花花卡",尤其是在活动即将结束时,求购者纷纷提高了价格,即使是之前并不在意"花花卡"的人也纷纷加入。很显然,这是因为很多人意识到,活动时间所剩无几,他们需要最后一搏，疯狂地全力追求奖品，从而让自己在整个春节都拥有好心情。

小结

最后一搏效应是指在某项活动即将结束时，人们会变得更冒险，原因是当发现某项活动的剩余时间即将耗尽，人们会更想享受现在，追求积极情绪体验，而冒险带来的金钱收益能引发积极情绪。

先甜后苦，会不够尽兴？

人们常说生活要"先苦后甜"，而不是"先甜后苦"。在日常生活中，我们无时无刻不面临"苦"与"甜"的权衡。我们有很多需要花费大量时间和精力才能完成的工作任务，也有很多想要体验的活动，如听一场偶像的演唱会，去一家"种草"许久的餐厅吃饭……我们经常要抉择如何安排工作和娱乐的顺序，应该像俗语讲的那样"先苦后甜"，还是应该在任务完成前就先去享乐？

大学生圆圆现在就面临这个难题。新学期转眼已经过半，三天之后是她提交某门课程作业的截止日期。由于这个学期课程较多，圆圆和几个室友都还没有完成这项作业。不巧的是，作为"漫威"漫画的狂热粉丝，她们早就计划好这周末要一起去看《复仇者联盟3》的首映。究竟是照常去看电影，还是乖乖待在寝室写作业？几个人犹豫不决。圆圆和两名室友都觉得，作业没写完就去看电影，心里会战战兢兢，难以尽兴，还是等交了作业再去看电影，感觉会更爽。虽然看场电影不过几个小时的时间，并不会让她们写不完作业，但这三个人依旧打定主意要留在寝室写作业，只有另一个室友阿甜在犹豫了很久之后独自出门看电影。

第五章　增进消费者的幸福感

第二天一早，圆圆等人把阿甜围住，询问她昨天看电影是否开心。她们惊讶地发现，阿甜昨晚过得开心极了，甚至是她记忆里"开学以来最'嗨'的一晚"。看着幸福的阿甜，她们内心充满了疑惑：阿甜怎么就能把作业抛到脑后，投入地看电影呢？她们虽然留在寝室写作业，但效率并不高。如果昨晚和阿甜一起去看电影，会不会也这么开心？

在这个故事中，圆圆等人选择了作业写完后再去看喜爱的电影，就类似开篇提到的选择"先苦后甜"，即人们倾向于赶紧摆脱消极的事情，把积极的事情留到最后。学生经常产生"赶紧考完试，就可以去吃大餐了"的想法，平时人们也很在意该不该参加娱乐活动——在完成艰难任务后去吃一顿大餐是合理的，而如果在完成任务前就去吃大餐，就可能觉得自己过于放纵。总的来讲，在工作和娱乐孰先孰后的问题上，人们偏向于将娱乐安排在工作之后。

为什么人们会选择"先苦后甜"呢？一方面，人们可能觉得，把享乐留在最后就像在黑暗的隧道尽头点亮了一盏明灯，可以让工作变得更轻松，更有希望；另一方面，这种倾向可能反映出，人们预测自己在完成任务前就去娱乐，应该不会尽兴。在圆圆的故事中，三人放弃看电影的一个重要原因是，她们认为，即使去了首映式现场，自己也无法完全投入剧情中。她们预测自己的注意力会被快到截止日期的作业所占据，会反反复复考虑该如何把作业写得更好，自然无法尽兴。

美国芝加哥大学布斯商学院的奥布赖恩（Ed O'Brien）和罗尼（Ellen Roney）为了检验在任务完成前就开始娱乐活动，会不会很难乐在其中而设计了一系列研究。他们将招募来的被试随机分成两组，一组被试想象自己在完成任务前先有一次享乐体验（如看表演、听音乐会、旅行），另一组被试想象自己在完成任务后再开始享乐体验。所有被试都要预测自己享乐的尽兴程度。结果表明，相比"先苦后甜"组被试，"先甜后苦"组被试倾向于预测自己无法好好享受娱乐活动。

在另一个研究中，一组被试想象自己在月初开始享受假期，另一组被试则想象在月末开始享受假期。显然，假期位于月初的被试将经历"先甜后苦"，而假期位于月末的被试会经历"先苦后甜"。结果表明，前者预测的尽兴程度明显低于后者。这些结果都说明，人们普遍认为，要玩得开心就得"先苦后甜"，而"先甜后苦"会使自己在娱乐活动中的尽兴程度大打折扣。

先玩后工作真的会像人们预测的那样，毁了享受娱乐活动的兴致吗？在开头的事例中，没写完作业还能开心看电影的阿甜只是一个特例吗？事实上，人们的预测很可能不准确。

很多心理学研究都发现，人们的预测能力很差，无法准确预测自己会如何分配注意力及能否享受某些体验。例如，摩尔韦奇（Carey K. Morewedge）等人发现，人们认为，当自己坐在沙发上吃薯片时，如果沙发前的茶几上摆放着其他诱人的食物，自己就会不由自主地惦念着这些食物，而无法全身心地享用薯片。但事实上，当研究者真的在吃薯片的人面前放上许多其他零食时，品尝薯片者的注意力几乎不会被这些零食"拐跑"，他们还是能专注于享用薯片；在咀嚼薯片时，除了薯片脆脆咸咸的美妙感觉之外，他们很难想到其他事情。享乐状态，例如休闲带来的放松感，能让人们全身心沉浸其中。在那一时刻，享乐状态会占据人们的整个大脑，打败其他任何与其竞争注意力的事物。在看电影、旅游、唱卡拉OK、做SPA时，消费者几乎都能全然沉浸在这些活动带来的美好感觉中，不去想其他事情。人们常常无法意识到享乐体验有多令人沉醉，才会认为工作之前就去娱乐是无法

第五章 增进消费者的幸福感

尽情享受的。

奥布赖恩和罗尼设计了一个研究来检验人们的这种预测准确与否。他们把实验室改建成一个 SPA 体验室，体验室的墙上挂着令人愉悦的画作，音响中传出轻柔的音乐，忽明忽暗的烛光在屋子中摇曳，在这样的环境中享受一次电动按摩和电动足浴，听上去是不是特别诱人？他们在校园中招募了一些学生来参与研究，其中一部分学生扮演体验者，另一部分学生扮演预测者。

有意思的是，研究是在学期中间进行的。对于绝大多数学生，完成期中作业是一件很有压力的事情，这一阶段往往任务重、时间紧。研究分两个时间段进行：第一个时间段是期中阶段伊始，扮演体验者的学生需要亲自到实验室体验 SPA，然后评估自己有多享受此次 SPA。在离开实验室前，他们还需要报告自己还有多少期中作业未完成；扮演预测者的学生需要想象自己在完成大部分期中作业之前来这个体验室体验 SPA，然后预测自己的享受程度。第二个时间段则是期中阶段之后，这时，由于已完成了作业，绝大多数学生的学业压力骤减。同样，扮演体验者的学生亲身体验 SPA 并评估自己的享受程度，而扮演预测者的学生想象自己在作业完成后体验 SPA 并预测自己的享受程度。

研究结果表明，预测者认为如果在完成作业之前就体验 SPA，自己无法全身心地享受，还是在完成作业之后再体验 SPA 会更尽兴。但有趣的是，无论是在完成期中作业之前还是之后，到实验室亲身体验 SPA 的学生都很享受 SPA 带来的美好感觉，压根没想到作业。我们总以为如果在完成工作前就去参加娱乐活动，工作会像幽灵一样纠缠我们，可事实上，这种影响要比我们想象的小得多！

消费者的决策：行走于理性的边缘

在生活中，你是否经常因工作还没完成就拒绝与朋友一起看电影？你是否担心因为一直惦念着没做完的工作而毁了观影体验？你错了！即使没完成工作，坐在电影院里时，你依然会全身心地享受电影。

相信有人会问，如何减少乃至消除预测偏差呢？人们预测错误的原因在于，他们将注意力都放在当前发生的事情上，意识不到未来发生的很多事情也会吸引自己的注意力，所以引导人们将注意力分散到未来发生的事情上可以降低预测偏差。举个例子，研究发现，学生会高估本校足球队输球之后自己的难过程度，而美国弗吉尼亚大学的威尔逊（Timothy D. Wilson）及其合作者就通过分散学生注意力的方式修正了这一预测偏差。他们要求学生确切列出自己在接下来的24小时内可能会做哪些事情，这让学生想起了那些比足球更重要的事件，从而成功将其注意力从足球上"偷走"，使学生正确预测自己的感受。

奥布赖恩和罗尼也发现，基于这种原理设计的干预程序是有效的。在他们的研究中，被试需要完成一个"认知马拉松"任务，这个任务令人疲惫和紧张，它包含谜语、逻辑题、数学题和其他类型的题目。作为完成"认知马拉松"的奖赏，被试可以到隔壁房间体验一项娱乐活动。奥布赖恩和罗尼告诉一部分作为体验者的被试，其他被试正在使用"认知马拉松"任务的材料，为了不影响研究进程，体验者需要先到隔壁房间体验娱乐活动，内容是为自己选择一款零食，一边吃一边观看搞笑视频。结束后，体验者要评价自己有多享受刚才的活动以及在多大程度上沉浸其中。作为预测者的被试首先看到对认知任务和娱乐活动的描述，随后他们得知体验者不得不先体验娱乐活动再开始完成"认知马拉松"，预测者需要预测体验者会有多享受娱乐活动以及在多大程度上沉浸其中。

第五章　增进消费者的幸福感

奥布赖恩和罗尼对一部分预测者进行了干预。在作出预测之前，这部分预测者需要回答一些与看搞笑视频及吃零食的体验有关的问题。例如，某人在看搞笑视频时的大笑是自然而然的反应，还是刻意产生的行为？某人看搞笑视频时持续笑了10秒，请问在头一秒中，此人是沉浸于视频内容，还是排除了其他想法的干扰才发笑的？这些问题的目的在于提醒这部分预测者，享乐体验本身就是令人沉浸的。奥布赖恩和罗尼发现，在完成有压力的任务前先参加娱乐活动，体验者仍然会十分尽兴。没有接受干预的预测者再次预测错误，他们认为体验者无法乐在其中。令人欣慰的是，接受了干预的预测者准确地预测了体验者的感受，成功地消除了预测偏差。

生活中很多人信奉"先苦后甜"，这看似有理，其实大错特错。工作永远都做不完，如果因为担心无法尽兴就将娱乐活动一推再推，人们只会损失更多。在工作前适当娱乐是不错的选择，"先甜后苦"并不亚于"先苦后甜"哦！

小结

人们预测在完成工作之前就享乐，不如完成工作之后再享乐更尽兴。实际上，享乐活动令人沉浸其中。即使没有完成工作，人们一样能享受娱乐活动。"先甜后苦"并不亚于"先苦后甜"。

"一帆风顺"真的优于"化险为夷"吗？

在当今的消费时代，逛街与买买买已经成为不可或缺的体验。"没有什么是一支口红解决不了的，如果有，那就两支。"虽然购物常常带来美好的感觉，但我们也会不幸"踩雷"：点了餐厅的招牌菜，打算大快朵颐，上菜之后却发现厨师放了太多盐，原本美好的晚餐变成一场灾难；迫不及待地拆开刚到货的新衣服，却看到本该洁白的布料上有一片刺目的污渍，购物带来的美好感觉因此大打折扣。

罗泽柳斯（Ted Roselius）发现，即使消费者没有实际遇到类似的糟糕情况，仅仅是产品有可能存在瑕疵，就会让他们对此次购物感到厌恶，不愿意再购买了。例如，在网上购物时，如果在商品详情页看到商家注明"极小部分商品有些许瑕疵"，人们就很可能退出购买页面，查看其他店铺的产品。

产品可能出现瑕疵时，消费者会进退两难，努力避免坏结果，如只买熟悉的品牌，研读产品的测评报告，向朋友寻求建议，试用小样，等等。正因如此，商家都努力提高产品质量，尽可能降低瑕疵率。一大半财富五百强企业都遵循"六西格玛"（Six Sigma）的管理理念，追求每百万件产品中出现的瑕疵品少于3.4件。

出现瑕疵品的可能性对消费者来说是否有百害而无一利呢？美国佛罗里达大学的杨洋（Yang Yang，音译）及其合作者给出了否定的答案：有可能出现的坏结果并非一无是处，有时它反而带给消费者更持久的快乐。

杨洋等人在实验室里放了一个装有1颗"M&M's"花生巧克力豆的小杯子和一个装有500颗"M&M's"花生巧克力豆的透明罐子（见图5-4）。首先，他们让被试吃掉杯子里的花生巧克力豆，要求被试报告自己的开心程度。接下去，所有被试都领到任务——从罐子里拿出9颗花生巧克力豆并吃掉它们，同时阅读一份说明："M&M's"花生巧克力豆通常都采用质量上好的花生，但偶有发霉的花生混在其中。一般而言，每500颗"M&M's"花生巧克力豆里就有1颗花生

第五章　增进消费者的幸福感

是发霉的，霉花生虽然对人体无害，但非常难吃。

图 5-4　实验室道具摆放示意图
（引自 Yang et al., 2018）

　　杨洋等人将被试随机分成两组，告诉第一组被试："我们确认罐子里的'M&M's'花生巧克力豆里绝对没有发霉的花生，都是好吃的。"但他们没有向第二组被试作出任何承诺。接下来，被试开始吃罐子中的"M&M's"花生巧克力豆，每吃完一颗就要报告一次自己此时此刻有多开心。

　　最后，杨洋等人询问被试是否吃到了发霉的花生，然后仅仅分析没吃到发霉花生的被试的数据。结果表明，随着吃的"M&M's"花生巧克力豆越来越多，被试的快乐程度逐渐衰减。令人惊奇的是，相比得到承诺不会吃到发霉花生的被试，以为自己有可能吃到发霉花生的被试的快感反而减退得更慢。

　　这一研究结果和大多数消费者的直觉相反。消费者厌恶不确定性，厌恶出现坏结果的可能，觉得确定能得到好结果更令人开心。而事实上，得知可能存在"危险"的消费者如果能成功避开雷区，他们会比从一开始就确定自己安全无虞的消费者拥有更持久的快乐。相较"一帆风顺","化险为夷"为何延长了快乐的保质期？

在这个研究中，随着吃"M&M's"花生巧克力豆的数量增多，被试的快乐在逐渐减退，这其实反映了消费者的一种叫作"享乐适应"的天性。当重复消费某种产品或者体验某种经历时，这些刺激带给消费者的愉悦感会逐渐减少。想象一下，令你惊叹的饕餮美食，如果每日都摆在你的饭桌上，它带给你的快乐是否一如最初？令你兴奋雀跃的迪士尼乐园，如果允许你长久定居，你是否还会在看到城堡的那一刻，像个孩子一样兴奋得又叫又跳？

那些知道可能吃到发霉花生的被试，每吃到一颗口味正常的"M&M's"花生巧克力豆，就会感觉悬着的心暂时放下。消费者讨厌不确定性，讨厌风险，在"化险为夷"的那一刻，他们感到放松和快乐。想想风靡淘宝的福袋，在它们的评价页面，有很多购买者吐槽自己收到的奇葩商品，福袋本身就意味着巨大的不确定性，但在打开的那一刻，如果没有遇到奇葩的商品，购买者就会长舒一口气，倍感开心。

"化险为夷"还会引起下行反事实思维（downward counterfactual thinking）。反事实是当事情的结果出现后，消费者想到的其他可能结果。反事实思维通常以"如果……那么……"或者"如果当初……就好了……"的形式出现。上行反事实思维是指假想的情况要比现实更好，例如一个中途放弃学钢琴的人可能在听音乐会时想到"如果当初再坚持一下，我也许就能像他们一样站在舞台上演奏了"；而下行反事实思维是指现实好于想象，例如"还好我当时放弃了学钢琴，不然我可能没法遇到我心中的真爱——绘画了"。下行反事实思维可以提升幸福感。在生活中，第三名虽然差于第二名，但季军似乎总比亚军更开心，因为亚军可能处于上行反事实思维中，"我本来可以是第一名的"；

第五章 增进消费者的幸福感

而季军处于下行反事实思维中,"我差点就没进入前三名,太幸运了"。

"化险为夷"会引起令人更愉快的下行反事实思维:"我可能吃到发霉的花生,但还好这次没吃到。"如果没有任何风险,好结果的出现就变成了理所当然,没有任何惊喜可言。正因如此,面对着可能出现的坏结果,人们在得到好结果后的愉悦感会持续更久。

读到这里,也许你会问,真的是避开雷区那一刻的释然让快乐更持久吗?会不会仅仅是因为不知道结果的刺激感在起作用?如果可能的结果都是好的,不确定性还能让快乐保鲜更久吗?

研究者也想到了同样的问题,他们设计了一个巧妙的实验。这次,研究者先让被试看一张赏心悦目的沙滩图,询问被试此时此刻有多快乐。接着,被试会在屏幕上看到以矩阵方式呈现的 600 个蓝色盒子(见图 5-5)。研究者告诉被试,他们每点击一个盒子,就会看到一张和盒子对应的图片,图片呈现 10 秒。在实验中,被试需要点击 19 个不同的盒子,也就是看 19 次图片。研究者将被试随机分成三组:第一组被试得知,每一个盒子对应的都是他们先前看过的沙滩图;研究

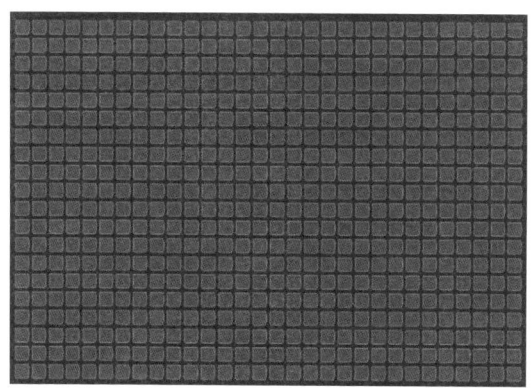

图 5-5 实验所用的 600 个盒子示意图
(引自 Yang et al., 2018)

者告诉第二组被试，有一些盒子对应之前的沙滩图，有一些则对应一张令人不适的眼科手术图；第三组被试得到的信息是，有一些盒子对应之前的沙滩图，另一些对应一张美丽的山景图。所有被试每点击一次盒子，看过一张照片后，都要报告自己此时此刻有多开心。实验濒临结束时，研究者还会询问被试对这个实验的整体感受。

你可能已经猜到，研究中所有被试都只看到了沙滩图。后两组被试虽然被告知可能会出现眼科手术图和山景图，但在实验中根本未出现。实验结果表明，虽然三组被试看到的图片完全一样，但心理感受大相径庭。当被试以为自己会看到令人难受的眼科手术图时，看到沙滩图的快乐更持久；如果被试以为自己会一直看到沙滩图，或者认为有可能看到同样美好的山景图，沙滩图带给他们的快乐便迅速减退乃至消失了。

更有趣的是，被研究者"威胁"可能看到眼科手术图的被试，对整个研究给予更高的评价，他们表示，很可能推荐同学参与这个研究。这就像比起一个保证会让全班同学都及格的老师，先威胁大家会让一部分人挂科，但最后给了所有人及格分的老师反而更受学生爱戴。

这个研究也回答了刚刚提出的问题：好结果带来的快乐保质期只有在可能出现坏结果的情况下才得以延长；在两种好结果中不确定会得到哪一个，虽然听起来很诱人，却无法给快乐保鲜。这是因为只有在可能"踩雷"的时候，人们在避开雷区后才会如释重负。如果老师告知会有同学挂科，在知道自己及格时，你便会长舒一口气；若是老师给出两个同样令人满意的可能成绩，你便没有这种喜出望外的感觉了。

不过，用"化险为夷"给快乐保鲜，这一招并非在任何时候都奏效。

第五章　增进消费者的幸福感

在另外一个研究中，杨洋等人还是先让被试看一张优美的风景图，询问他们有多开心。然后被试得知，在实验中，有的被试看到优美的风景图，有的被试则可能看到一张令人不适的眼科手术图。杨洋等人告诉第一组被试，他们接下来只会看到优美的风景图；告诉第二组被试，他们既可能看到风景图，也可能看到眼科手术图。然后，所有被试都要看一个 5 分钟的电影片段。

看完电影之后，杨洋等人提醒第一组被试，他们接下来只会看到风景图；提醒第二组中的一半被试，接下来他们可能看到风景图，也可能看到手术图；其余被试没有得到任何提醒。被试接着观看 10 张优美的风景图，每张图片呈现 10 秒；每观看一张图片，被试依然要报告自己此时此刻有多开心。

结果表明，在看过电影之后被提醒可能看到手术图的被试，要比确定只会看到风景图的被试体验到更持久的快乐；虽然也知道有看到手术图的可能性，但在看电影后没被再次提醒的被试，其快乐的流逝就像确定看到风景图的被试一样快。在实验结束后，研究者还让这些被试做了选择题，发现没被提醒的被试清晰地知道，"在实验中，可能会看到风景图或眼科手术图"，他们并非遗忘了出现手术图的可能。这说明，只有当"踩雷"的可能在人们的大脑中凸显时，在得到好结果后人们才会感受到更持久的快乐。

想象一下，你在淘宝上购买了一件衣服，下单的时候看到店铺有公告——因为种种原因，这件衣服可能会有轻微瑕疵。但由于等快递的时间比较长，这个公告的内容已经不再活跃在你的大脑中。在拿到快递的那一刻，你看到衣服完好无缺，但也不会因它没有瑕疵而如释重负。可如果换一个情境，在提交完学期论文之后，老师宣布这次论文的质量参差不齐，一部分同学的论文甚至被判定为不及格。在成绩公布前的每一天，你听到身边同学不时地议论这次作业，以及老师何时才会公布成绩。不及格的可能在你的大脑中挥之不去，此时若你得知自己的成绩还不错，一定会觉得心中的一块大石终于落下，这种感觉会让快乐消退得更慢。

研究结果很清晰，消费者却难以预料到这一点。研究者招募来一批被试，给他们呈现了吃"M&M's"花生巧克力豆的实验材料和实验流程，告诉他们实验中的被试会吃 10 次"M&M's"花生巧克力豆，每次吃 2 颗。结果表明，这些被试预测，确信自己不会吃到发霉花生的人会更开心。如果让他们来参加实验，他们也更愿意被分到确定不会吃到发霉花生的实验组，即使他们知道两组被试实际上都有可能吃到发霉花生。

当你又一次踏进熟悉的餐厅，也许可以设想一下，厨师会不会在你常点的那道菜中不小心加多了盐；当你在想去的餐厅的大众点评页面上看到有人抱怨用餐体验不好，也许可以去冒点险……有时，想象可能的坏结果并非杞人忧天，反而是给快乐保鲜的妙招。

小结

人们厌恶出现坏结果的可能性，因此商家都努力降低瑕疵商品出现的概率。但即使概率很低，仍然有必要告知人们有可能出现坏结果，它会让人们得到好结果时如释重负，获得更持久的快乐。

排队可以很愉快：来自商家的妙招

去超市购物时，结账柜台前总是排满了人。对于不爱等待的消费

第五章 增进消费者的幸福感

者，长长的队伍总是令人烦躁不堪，排一次队的时间像等了一个世纪。有时因为队伍太长，人们甚至会放弃购买已选好的商品。除了增加结账柜台和提高收银员的结账速度，商家想出了各种方法，企图留住不愿意排队的消费者。

不知大家是否注意到，超市的结账柜台边总是摆放着各种商品，常常是一些可买可不买的商品，如口香糖、牛奶、巧克力等。在百无聊赖的等待时间里，消费者总是试图找一些事情做，以转移注意力，缓解排队时的焦虑与烦躁。此时，随意看看并挑选身边的商品就是一个绝佳的选择。当看到身边的小商品时，我们很容易觉得：买块巧克力好像也不错？口香糖是不是也可以来一盒？排着排着，百般无聊的消费者就不知不觉地买下了许多原本可以不买的东西。

不只是超市，同样需要排队的还有餐饮店，海底捞火锅就是其中非常典型的一家。海底捞火锅的生意异常火爆，要去海底捞火锅用餐，食客通常需要排很长的队。为了避免食客因不想排队而离开，海底捞火锅的许多门店都开辟出一大块区域作为等待专区。食客刚在等待专区落座，服务员就会捧着水果托盘热情地迎上来，笑容满面地问食客是否需要水果和零食。食客在等待专区里一边吃着水果，一边与朋友聊天，时不时还会有服务员收拾桌上的垃圾并递上热毛巾擦手。这一套服务下来，原本无聊的等待时间就像开了"几倍速"前进，不知不觉地就过去了。如果食客还是等得不耐烦，海底捞火锅还有绝招，其推出的脚底按摩和美甲服务可谓远近闻名，俘获了一大批女性食客的心。通过一系列优质服务，海底捞火锅减少了因排队人数过多而导致的食客流失，最大限度地留住了食客。

商家还有哪些应对排队焦虑的小妙招？不知大家是否注意过星巴

克与众不同的排队方式？在绝大多数餐厅，如肯德基与麦当劳，排队的人都站成一条直线，与柜台保持垂直，但在星巴克，顾客被要求沿着柜台横向排队。柜台里放置了许多美味可口的小蛋糕，店员就在柜台后面调制咖啡，咖啡的照片和价格挂在柜台上方的墙上，一目了然。食客在排队的过程中，不仅可以看到店员调制咖啡，还可以看看柜台里的小蛋糕，浏览一下价目单，慢悠悠地挑选着，排队的时光也好像没那么漫长了。

无论是在收银台附近摆放小商品，还是为等位的顾客提供多样化服务，抑或要求消费者横向排队，商家都希望在消费者的知觉中将排队的时间变短，缓解排队时的焦躁情绪。

来自以色列特拉维夫大学拉卡纳提商学院的霍尔尼克（Jacob Hornik）曾调查过人们在购物结账时的时间知觉。他分别在一家连锁超市、一家百货公司和一家银行蹲点，在一周中每一天的不同时段，随机调查光顾这些地点的顾客。霍尔尼克找了6位有经验的访谈者，记录顾客从开始排队到完成结账的时间、顾客的性别以及排在其前面的人数。结账完毕，访谈者询问顾客是否愿意回答一些简短的问题，包括他们对本次排队时长的估计、排队的感受是否愉悦、他们的购物频率以及一些人口统计学变量（例如年龄、受教育程度、职业）。霍尔尼克发现，对排队的感受越愉悦，顾客主观知觉到的排队时长越短。可见，提升等待时的愉悦感，能有效地降低知觉到的等待时长。

影响消费者愉悦程度的因素有哪些？来自荷兰伊拉斯姆斯大学的研究者安东尼德斯（Gerrit Antonides）等人猜想，等待过程中听音乐能增加人们的愉悦感，降低对排队时长的感知。安东尼德斯等人招募了236名被试，要求他们打电话给某个金融机构索取信息手册，顺

第五章　增进消费者的幸福感

利完成任务的被试将得到 2 美元的报酬。完成这一任务需要等待电话接通，被试被随机分配到等待时间不同的三组中，其等待时长分别为 40 秒、80 秒和 120 秒。不过，安东尼德斯等人只告诉被试他们需要等待的大致时间，分别为 1 分钟左右、2 分钟左右和 3 分钟左右。

在每组中，一半被试在等待过程中聆听《泰坦尼克号》主题曲，另一半被试不听音乐。等待结束后，被试需要估计刚才自己等了多久。结果表明，相比没有听音乐，当被试听着音乐等待电话接通的时候，主观感知到的等待时长更短。这也许正是彩铃兴起的原因之一吧！当人们打电话等待接通时，一首彩铃音乐能缩短时间知觉，让人们觉得等待的时间一眨眼就过去了。

此外，确切地知道自己将要等待多久能使人们较准确地评估等待时长，而不会主观夸大时长。在上述研究开始前，一组被试还得知自己排在第 3 位、第 6 位或第 9 位，还有一组被试不知道自己的排位。结果显示，当被试知道自己处于第几位时，他们对等待时长的估计更准确。这也是如今商家都会显示顾客的排号进程的原因，商家不仅会告诉顾客前面还有多少人在等待，而且会显示预估的等待时间，这一举措大大降低了顾客的不满情绪。

听音乐能让排队的人更愉悦，与之相反，哪些因素会有损心情呢？来自美国麻省理工学院斯隆商学院的勒克莱尔（France Leclerc）等人探讨了这一问题。他们设计了两个情境。

情境一：X 先生在午餐时间去银行兑换支票。X 先生排队等了 30 分钟后，成功兑换支票。

情境二：Y 先生在午餐时间去银行兑换支票。在排队等了 20

分钟之后，Y 先生被告知他所排队伍对应的计算机终端出现了故障，无法使用，他需要换一支队伍，再等 10 分钟。

被试需要评价 X 先生与 Y 先生中谁的心情更糟糕。虽然 X 先生和 Y 先生的实际等待时间相同，但被试认为 Y 先生的第一支队伍白排了，完全是浪费时间，因而有 75% 的被试认为 Y 先生更不高兴。

在排队过程中，我们有时还会面临这样一种抉择：如果有人告诉你有另外一支队伍，它有可能比你现在所排的队伍用时短，也有可能比现在所排的队伍用时长，你愿意冒险去排这支不确定时间的队伍吗？在另一项研究中，勒克莱尔等人要求被试想象以下情境：

你打算乘坐公共汽车去纽约，正走去汽车站的时候，一位朋友告诉你，你计划乘坐的汽车 1 小时后才出发。朋友还告诉你，学校里也有价格相同的巴士可以到纽约，每小时都有一班巴士开出，下一辆巴士将在半小时后出发。此时，你离汽车站和学校一样远，你有 50% 的可能可以赶上学校的巴士，在半小时内出发去纽约；也有 50% 的可能会错过学校的巴士，这样就需要等上 1.5 小时才能坐上去纽约的车。

被试需要选择究竟是去汽车站坐车，还是去学校坐车。结果，70% 的被试都选择去汽车站。虽然去汽车站意味着放弃最好的选项，即在半小时内坐上去纽约的车，但人们宁可选择次优的选项，也不愿冒险选择不确定的选项。

此外，勒克莱尔等人还采用了另一个类似的情境：

你在机场等了 3 个小时后，被通知由于飞机出现故障，原定

第五章　增进消费者的幸福感

的航班取消了。此时工作人员给你两种选择，一个航班确定有座位，但在 3 个小时以后才能起飞；另一个航班有 25 个座位，可以立即起飞，但已有 49 名乘客选择了这个航班。如果你也选择它，航空公司将在 50 名乘客中随机抽取 25 名乘客，没有抽中的乘客需要再等 6 个小时。也就是说，你有 50% 的可能立即出发，50% 的可能 6 个小时后再出发。

航班问题与汽车问题非常类似，其结果也是有 72% 的被试选择了第一个选项，即宁愿确定等待 3 个小时，也不愿意冒风险。

排队这件事，对消费者而言实在太痛苦了，会不会有消费者愿意花钱避开排队？为了回答这一问题，勒克莱尔等人又招募了一些学生，给他们呈现如下情境：

> 你和朋友在演出当天去剧院售票处购买演出的门票，如果你在售票处的学生票窗口购买，只需要花费 15 美元，但学生票窗口要在 45 分钟之后才打开，而普通票窗口此时已经打开，你在普通票窗口需要以更高的价格购买相同的票。

被试需要决定是现在在普通票窗口支付更多的钱购买门票，还是等待 45 分钟之后在学生票窗口购买便宜的学生票。如果选择在普通票窗口购买，被试还需报告自己愿意为避免排队额外支付多少钱。最终，被试为了省去 45 分钟的排队时间，愿意额外支付平均 3.6 美元。

总而言之，排队对绝大多数人而言都不是一件快乐的事。人们对排队时长的主观感知受愉悦程度的影响，心情好的时候，人们就会感觉排队的时间变得飞快，但当人们感到烦躁时，每分每秒都是煎熬。

提高愉悦程度的方式有很多，播放音乐、提供周到的服务、让他们挑选商品等都是有效方法。听着美妙的音乐，享受着宾至如归的服务，在商家精心提供的商品中挑挑选选，人们会欣然发现，排队似乎也是一种享受，人们便不再责备队伍太长、等待时间太久。对商家而言，还能出售更多的商品，或促使人们在排队时就挑选好商品，到点单处就能立刻下单，提高速度。

排队的人希望明确得知队伍的进程，这样才能免除不确定感的折磨，排一条明明白白的队。许多商家因而会将前方排队人数、预估等待时间等具体信息展示出来，减少焦虑感，最大程度地留住排队的人。还有一点对商家也非常重要：千万别让顾客产生"之前的队伍白排了，之前的时间都浪费了"的感觉。

商家可以利用消费者厌恶排队的心理，给消费者提供排队和不排队两个选项：排队与低价商品捆绑，不排队与高价商品捆绑。毕竟，很多消费者宁可多花一点钱，也不愿意排队。

排队的事儿看似挺小，但其背后的规律能为营销带来不少启示。

小结

提高人们的愉悦感能有效地缩短其感知到的排队时长，方法包括播放优美的音乐、提供优质服务等。同时，人们在排队前想知道排队所需时长，明确告知需要等待的时间会是一个明智的选择。

只怕错过，不怕后悔的"网红"时代

十年前，"凤姐"凭借一系列惊人言语走红网络；同时期的"奶茶妹妹"因为一张手捧奶茶的清纯照片打动无数人。就这样，越来越多的

第五章 增进消费者的幸福感

普通人在机缘巧合下走红网络,一夜之间成为家喻户晓的名人。"网络红人"这个新名词应运而生,它被简称为"网红"。如今,"网红"已经不单单指网络红人了,而是泛指在网络上出名的东西,如景点、小吃等。

随着全民上网的浪潮和社交软件的增多,各种"网红"层出不穷:以戏谑口吻调侃生活的papi酱,坐拥2800多万微博粉丝;火遍全网的"雪梨"电商服务平台公司仅在2017年"双十一"当天就达成了三亿销售额。"网红"饮品店"喜茶"和"网红"景点洪崖洞甚至一度成为社会热点话题:人们惊讶于至少需要排三个小时的队才能喝上一杯"喜茶"饮品,也惊讶于原本游客稀少的洪崖洞仅因夜景酷似日本知名动漫《千与千寻》的场景,就一跃成为人头攒动的全国第二热门景点。长时间的排队和人挤人的不快让人们停下了追逐"网红"的脚步吗?没有!人们仍然疯狂地涌向"喜茶",奔向洪崖洞,频繁在社交媒体上"打卡",分享这些经历。诸多商家也纷纷走起"网红"路线,希望炒热"网红"商品,吸引消费者。

为什么"网红"商品具有如此大的吸引力?为什么人们愿意排三个小时的长队买一杯奶茶?要找到这种狂热行为背后的原因,先让我们看看"网红"商品是如何产生的。

"网红"商品诞生背后的一大推手是社交媒体,如微博、微信朋友圈、抖音短视频等。当你刷朋友圈、微博或者抖音时,忽然看到大家都在分享排队买"喜茶"饮品的经历,你大概会好奇:"喜茶"饮品究竟是什么?我怎么完全不知道?是不是我已经和世界脱节了?一旦这些想法在脑海中生根发芽,你就很可能也去"喜茶"买一杯奶茶。

看到社交媒体上的朋友都在谈论某种"网红"产品,自己却一无所知,似乎缺席了这场社交盛宴,人们因而感到焦虑。为了缓解焦虑,也为了满足好奇心，很多人会心甘情愿地加入追逐"网红"的大军。

人们常会认为自己突然缺席社交经历，因而倍感焦虑，心理学家将这种感受叫作错失焦虑感（fear of missing out）。读到这里，你是否觉得自己也经常体验到错失焦虑感？我们可以通过心理学家编制的《错失焦虑感量表》来简单了解自己是否容易体验到这一感觉。这份量表由英国牛津大学的研究者普日贝尔斯基（Andrew K. Przybylski）等人编制。编制量表时，普日贝尔斯基等人首先参考了以往的测量社交焦虑的量表，初步拟定了32道题目。为了考察这些题目是否对拥有不同性别、年龄层和文化的人都适用，他们招募了672名男性和341名女性被试，年龄范围为18—62岁，来自不同的国家，包括美国、印度、澳大利亚、加拿大、英国等。被试需要根据自己的真实经历回答初定的32道题目。经过统计分析，普日贝尔斯基等人最后保留了10道题目。你不妨根据自己的真实情况来测测自己是否容易体会到错失焦虑感。

  指导语：请根据您的实际经历填写，1表示"一点也不符合"，2表示"有些符合"，3表示"中等符合"，4表示"非常符合"，5表示"完全符合"。

1. 我担心其他人比我有更多有价值的经历。
2. 我担心我的朋友比我有更多有价值的经历。
3. 如果我的朋友在没有我的情况下玩得很开心，我会感到担心。
4. 当我不知道朋友们在做什么时，我感到焦虑。
5. 能够理解朋友们的玩笑话对我来说很重要。
6. 有时候，我在想我是否为了跟上现在正在发生的事情而花

第五章 增进消费者的幸福感

费了太多时间。

7. 当我错过与朋友见面的机会，我会感到焦虑。

8. 我喜欢在线分享玩得开心时的细节，并认为这是一件重要的事情。

9. 当我错过了本来要参加的与朋友的聚会时，我会感到烦恼。

10. 当我去度假时，我会继续关注我的朋友在做什么。

评分标准：计算10道题目的平均分。

以往研究表明，大部分人的平均分在1.53—3.21之间。

哪些人更容易体验到错失焦虑感？普日贝尔斯基等人发现：年轻人，尤其是年轻男性，其错失焦虑感会更强。这也许是因为社交网络参与度和错失焦虑感之间存在一定的正向关系，也就是说，越频繁使用社交网络的人，其错失焦虑感越强。年轻人比老年人更频繁地使用社交网络，错失焦虑感便更容易出现。

错失焦虑感如何影响人们的生活？普日贝尔斯基等人发现，错失焦虑感会降低人们的生活满意度并引发消极情绪。有高错失焦虑感的人在使用社交网络时，内心是复杂的：一方面，社交网络能够给他们提供很强的满足感和愉悦感；另一方面，他们又体验到社交网络带来的焦虑感等消极情绪。有高错失焦虑感的人还会担心错过他人的生活动态，时不时拿出手机查看社交网络上他人的状态更新，其注意力变得难以集中。布莱克韦尔（David Blackwell）等人发现，拥有多强烈的错失焦虑感不仅能够预测社交网络使用情况，还能够预测社交网络成瘾倾向。那些具有高错失焦虑感的人要小心了，你可能已经对社交网络成瘾了。

现在，我们再来看看前文提及的案例。那些苦等3个小时也要喝上一杯"喜茶"饮品的人，那些无视人山人海也要一探洪崖洞究竟的人，以及那些热衷于追逐"网红"的人，很有可能属于高错失焦虑感人群，他们会因缺席了这段追逐"网红"的社交经历而倍感焦虑。为了缓解焦虑，他们似乎忘记了思考做某件事是否值得，对他们而言，紧跟大众的脚步才是最重要的。在其他人眼中，为了一杯奶茶而排上3个小时的队是一桩赔本的买卖，追逐"网红"所获得的价值与自身花费的时间、金钱和精力并不匹配，有时候甚至相去甚远，但大多数追逐"网红"的人面无悔色！

我们仍然以排长队买奶茶的人为例，这样的消费者往往拥有两种信念。第一种信念是物应该有所值，也就是说，奶茶的好喝程度应该配得上自己花费的时间、精力和金钱。第二种信念是对当前状况的评价，即奶茶的好喝程度显然配不上实际花费的时间、精力和金钱。这两种矛盾的信念在心里打起架来，使人感到不舒适和不愉快。为了缓解内心的不爽，人们会进行自我调节，这时必须提到认知失调（cognitive dissonance）理论。

认知失调这一概念于1957年由美国心理学家费斯汀格（Leon Festinger）提出。如果不同的认知产生冲突，或者认知与行为产生冲突，人们就会体验到失调，因而感到不愉快。为了减少这种冲突，我们或改变自己的行为，或改变自身的认知，使认知和行为达成一致。

费斯汀格设计了一个巧妙的实验来检验假说。首先，他让所有被试做1小时枯燥无味的绕线任务。任务结束后，被试需要对在外面等候做实验的人谎称这个任务非常有趣，说出这个谎言将得到一笔报酬。被试被分成两组，第一组被试会获得20美元，第二组被试获得的报

第五章 增进消费者的幸福感

酬很低,只有1美元。最后,被试需要评价绕线任务是否有趣。

研究结果非常有意思,比起得到20美元的被试,得到1美元的被试认为绕线工作更有趣。拿钱少的人反而觉得任务更有趣,怎么解释这种现象呢?费斯汀格解释,被试持有两种信念:一种是自己原本的认知,即这是一个无趣的任务;另一种是说谎时的认知,即这是一个有趣的任务。这两种截然相反的信念导致被试出现认知失调,产生心理上的不适。在实验中,两组被试都产生了心理不适,为什么低报酬组被试与高报酬组被试的认知不同呢?原因是,高报酬组被试虽然说了谎,但是高额的报酬为说谎提供了一个合理的理由。被试认为,"我之所以说谎,是为了得到很多钱",这么一来,被试的认知就达到了平衡,他们不再感到失调。但低报酬组被试无法给自己的说谎行为找到一个合适的理由,要消除失调,他们只能改变自己的认知,告诉自己:"这的确是一个有趣的任务,我没有说谎。"

当体会到认知失调时,人们有哪些办法减少内心的冲突,缓解不适的感受呢?让我们来设想一下:你的朋友黄小明接到了上级布置的一项重要工作,眼看截止日期马上就要到了,但黄小明仍然买了电影票,打算去电影院观看新上映的电影。此时,他的态度是"为了按时完成任务,我不该去看电影",他的行为却是购买电影票。认知与行为产生了冲突,于是,黄小明体验到认知失调。为了平衡认知失调,黄小明有三条路可走:

- 改变行为,如退票;
- 改变认知,如告诉自己,"出去看电影,并不影响我完成任务";
- 增加新的认知,使自己的行为合理化,如告诉自己,"最近为了完成这个任务,我已经持续工作很久了,需要去看一场电影,放松一下"。

冲突会带来不适,要想缓解内心不适的感受,就必须减少冲突。人们要么改变自己的行为,要么改变自身的认知,才能使认知和行为一致,缓解不适。

那些为了买奶茶而排了3个小时队的人真的喝到奶茶时,很可能认为奶茶配不上投入的时间和精力,但是自己已经排了那么久的队,此时就体验到了认知失调。接下去,他们就要想方设法地让脑海中的不同信念握手言和。奶茶已经买到手,不能退回了;为了买奶茶已经付出的时间和精力,也难以挽回了。要减少内心的冲突,最简单的方法就是改变认知,即认为奶茶是好喝的。当然,还有一种调节认知失调的方法就是发朋友圈,得到朋友的点赞和评论,以此告诉自己,买奶茶的行为是合理的。经过这样一番调节,无论"网红"商品能否达到自己的预期,购买的人至少常常不会后悔了。

在"网红"时代,如果消费者是理性的,就不应该盲目购买"网红"产品。但消费者的"内心戏"从来不会如此简单,在错失焦虑感的助推下,他们走上追逐"网红"的道路。如果你问追逐"网红"的消费者是否满意,他们的回答很可能是满意!对消费者而言,在网红时代,他们不怕后悔,只怕错过。

小结

人们害怕错过当下的热点,不停地追逐"网红"商品。这需要付出时间和金钱,会让人们不满,但人们会及时调整自己的认知,告诉自己,"网红"商品很好,从而规避认知失调。

第六章

助推健康决策

助推健康决策中的"健康"并不仅仅指生理健康,还指对个体与社会的有利性。帮助人们作出有利于自身、有利于他人、有利于社会的决策反映了"道德营销"的内涵。

数字减肥法

我们常常觉得肥胖离自己很远，但其实它离我们很近。2016年英国知名医学杂志《柳叶刀》(The Lancet) 发布了全球成年人体重调查报告，报告显示中国的肥胖人口已达 9000 万，超越美国，成为世界第一。在 2017 年 5 月国家卫生和计划生育委员会的例行新闻发布会上，中国疾病预防控制中心副主任梁晓峰提到，中国人的肥胖率约为 12%，近年来出现快速增长趋势。肥胖会导致患病风险增加，心脏病、高血糖、高血脂及一些癌症都与肥胖密切相关。

祸从口出，病从口入，如何从源头上控制体形，避免人们一步步走向肥胖，是一件非常重要且日益紧迫的事。在当下推崇匀称有致的身材的大背景下，减肥早已成为许多人心中的头等大事。《卡路里》这首歌风靡网络，人人传唱着"燃烧我的卡路里"；薄荷、Keep 等减肥瘦身软件更是拥有千万级甚至亿级的用户量……人们不是自己在减肥，就是身边有人在减肥。

但减肥实在不是一件简单的事。"民以食为天"，如今"食"的意义已从补充身体所需能量上升到精神层面的享受，人们日益增长的对美食的渴望与合理搭配膳食、适量饮食的需要形成了巨大的矛盾。人们并非不知道应该如何吃、吃多少，很多人都将减肥挂在嘴边，记在心上，但要控制住自己实在太难了。多少人边说要"管住嘴，迈开腿"，边宅在家里点炸鸡、汉堡的外卖；多少人发微博说，"今天少吃一口肉，明天维密我走秀；明天少喝一口汤，后天维密我开场"，但看到好吃的东西依然目不转睛，将食物一扫而光。人们想健康饮食，但逼着自己放弃可口的美食，选择清淡无味的健身餐；逼着自己吃到兴头上时及时停下，不再多吃，着实需要非常强大的自我控制能力。有没有简单的方法能够帮助人们更好地自我控制呢？研究者提出了两个与数字相关的方法。

方法一：卡路里标注法

人们在决定吃什么时，往往需要权衡食物的味道与健康程度。人们常偏爱那些美味却不健康的食物，如炸鸡、奶茶、芝士蛋糕，不待见那些健康却不够美味的食物，如煮青菜、鸡胸肉等。即使是正在减肥的人，对美味的渴望有时依然会占据上风，如明明是为了健康才吃均衡配比的沙拉，却忍不住添加不健康的沙拉酱以提升口感。

为什么明明保持健康能给人体带来长期、正面的影响，人们却依然偏爱仅能提供一时之欢的美味呢？这是因为味道与健康虽然都是食物的属性，但人脑对这两类信息的加工处理方式截然不同。味道属于能被快速处理的属性，食物只要一吃到嘴里，人们很快就能判断它是否好吃。好吃就多吃，不好吃就少吃，这是人的天性，无需大脑更多的加工。健康属性虽然更重要，但往往需要额外的、更高水平的认知处理，人们需要仔细想一想，什么是健康食物，面前的食物是否符合标准。有时人们不愿意付出额外的努力处理健康属性的信息，口舌之欢就令人心满意足了。对于减肥的人，即使愿意付出努力，大脑对健康属性的加工速度也不如对味道属性的加工速度。在味道属性与健康属性的较量中，更直接、加工更快的味道属性往往更占上风。

什么力量能够帮助健康属性战胜味道属性，使人们更合理地饮食，控制体重呢？美国密苏里大学堪萨斯分校的利姆（Seung-Lark Lim）及其合作者提出，标注卡路里能让人们更重视食物的健康属性，增强对饮食的自我控制。

利姆等人邀请了 178 名密苏里大学堪萨斯分校的学生参与研究。这些学生会看到 60 张食物的图片，其中包括 30 张健康食物的图片，如蔬菜、水果、豆类等，以及 30 张不健康食物的图片，如快餐、甜点、油炸食品等。学生们首先需要评价每一种食物是否健康，接下来再次观看先前呈现过的 60 张食物的图片，对每种食物都作出"吃"或"不吃"的选择。每张食物的图片会被呈现两次，一次仅以图片的形式呈现，另一次在图片的下方提供了食物的卡路里信息。

研究结果显示，这些学生对健康组食物的健康属性评分高于不健康组食物的健康属性评分。更重要的是，对于健康的食物，是否标注卡路里信息不会影响学生的食用决定；但是对于不健康的食物，在标注卡路里信息后，这些学生更倾向于不吃它们。学生在标注卡路里信息的情况下作出决定的速度比无卡路里信息时更慢，这表明他们在标注卡路里条件中的决策经过了额外的加工处理。

简单来说，标注卡路里信息会提醒人们关注食物是否健康，促使人们少吃不健康食物。在选择食物之前，我们不妨提醒自己查一查、看一看食物的卡路里信息，一个小小的数字就能帮助我们更好地控制自己，少吃垃圾食品。

当然，真的推行卡路里标注法时，人们也会发现一些阻碍因素。首先，许多情况下我们不能轻易获得食物的卡路里信息。中华美食博大精深，川、鲁、粤、淮、浙、闽、徽、湘等八大菜系各有特色，蒸、煮、煎、炸、炒、焖、炖等做法各有千秋，再适当加入各种调味料，着实难以算出确切的卡路里数据。对提供明确信息的超市食品或简单烹饪的食材来说，计算卡路里便捷有效，但当烹饪过程较复杂时，往往就难以计算卡路里了。

其次，虽然选择健康的食物是减肥的第一步，但人们有时也想吃些不健康却美味的食物，满足口舌之欲，稍稍放纵自己，缺点是"稍稍"的程度实在难以把控。当芝士带着香滑可口的味觉体验滑过口腔，当牛油火锅带来将胃点燃的火爆与酣畅淋漓感时，人们会越吃越想吃，越吃越停不下来，这就犯了减肥的大忌——过度进食。诱人的食物放在面前时，如何能让人们浅尝辄止？美国康奈尔大学的小刘易斯（Neil A. Lewis Jr.）和密歇根大学的厄尔（Allison Earl）提出了另一个帮助减肥的方法。

方法二：数数法

数数法非常简单。举个例子，如果你买了一包薯条，你将这包薯条全部倒出来，数一数有多少根薯条，就可能比没数薯条时吃得更少。听起来有些不可思议，如此简单的行为就能增强控制力吗？

这里要引出一个概念：无意识进食（mindless eating）。人们在吃东西时一般不会过多考虑面前有多少食物。虽然目标是吃饱，但人们往往不能迅速感知到自己吃得够不够多，外部线索就是吃饱与否的重要参考。买了一包薯条的人会在内心假定，一整包薯条就应该一次吃完，不管这包薯条的实际分量是多少。这样，薯条分量多，就会吃得多些；薯条分量少，自然会吃得少些。这种默认的饮食习惯使人们在吃东西时不假思索，全部吃掉。数数法可以打破这一已经自动化的进食习惯，使人们有意识地吃东西，就会影响接下来吃掉多少东西。

数数法的核心并不在于数数这一行为，而在于它调整了人们感知食物分量时所使用的量级，使人们不再将一份食物作为一个整体，而是将同样的食物看作多个独立的部分。相比小量级的食物分量描述，大量级的食物分量描述会增加人们对分量的感知。一包薯条内有40

根薯条，虽然实际分量一样，但就人们的心理感受而言，40根薯条比一包薯条的量要多得多。人们的自我调节意识因而增强，尤其是正在减肥的人，脑中的警钟开始敲响："怎么能吃这么多不健康的食物！我要控制自己！"自然而然就吃得少了。

小刘易斯和厄尔进行了一个研究，以检验食物分量的量级描述是否会通过增强自我控制来影响人们的进食意愿与进食行为。他们首先招募了160名想要减肥的成年人参与研究，一半减肥者被分到大量级描述组，另一半减肥者被分到小量级描述组。每位减肥者都需要观看软糖和小胡萝卜的图片，但图片下方的描述有所不同。在大量级描述组，研究者将食物描述成"16颗软糖"和"16根小胡萝卜"；在小量级描述组，研究者将其描述成"一份软糖"和"一份小胡萝卜"。接下来，为了测试食物分量的量级描述对自我控制的影响，这些减肥者需要评价只吃16颗软糖（或一份软糖、16根小胡萝卜、一份小胡萝卜）对他们来说有多难。为了测试进食意图，还需要回答自己需要吃多少颗软糖（或多少份软糖、多少根小胡萝卜、多少份小胡萝卜）才会感到满意，以及自己可以一次性吃下多少颗软糖（或多少份软糖、多少根小胡萝卜、多少份小胡萝卜）。

结果显示，相比看到小量级描述（一份软糖和一份小胡萝卜）的减肥者，看到大量级描述（16颗软糖和16根小胡萝卜）的减肥者准备吃得更少。尽管一份软糖等同于16颗软糖，但减肥者认为要控制自己只吃一份软糖比只吃16颗软糖的难度更大。也就是说，当看到小量级描述的食物分量信息时，减肥者更难控制自己，而大量级描述的食物分量信息可以增加自我控制，使他们适可而止。但量级描述没有在吃小胡萝卜的情境中产生类似的效应，这可能是因为对于想要减肥的人，不健康的软糖的吸引力较大,少吃软糖需要自我控制,而健康的小胡萝卜的吸引力没那么大,少吃小胡萝卜并不需要过多自我控制。

卡路里标注法与数数法都是用简单易行的小技巧帮助人们更好地自我控制。人们都知道什么是健康状态,如何才能减肥,但在吃东西时往往不会想那么多,轻易地被美食诱惑,以至于虽然心心念念要减肥,但依然无法阻止自己吃不健康的食物或吃过量的食物。鉴于当前肥胖率不断上升,改变人们的进食意愿,让人们合理地饮食尤为重要。这两个方法能通过改变外部的一些小线索,帮助人们将减肥大业落到实处。

出售不健康食品的商家或许并不会细致地注明所售每份食物的卡路里及具体分量,但对于那些有减肥意愿的人,不妨餐前三省吾身:我查看食物的卡路里了吗?我数了食物的个数吗?我控制住自己了吗?

小结

卡路里标注法和数数法能让人更好地控制自己,轻松减肥。了解食物的卡路里后,人们会重视食物是否健康,少吃不健康的食物;将一份食物划分为若干小份,人们会清楚自己已吃了不少食物,避免过量饮食。

不必做苦行僧:偶尔吃顿好的,减肥更有效

正节食减肥的你路过一家蛋糕店,香浓的气味拉住了你,但大脑发出卡路里警告。吃还是不吃?这是个问题。类似地,你提前一两个月开始努力为"双十一"购物狂欢存款,却常常管不住自己的手,想要为某个游戏充钱,这对你的购物计划而言会是个糟糕的决定吗?

也许每个人心中都住着一个顽固又清高的"圣人",我们听见他喊

出响亮的口号:"人要克制,要压抑那些与当前重要目标冲突的欲望。"在他的教诲下,绝大多数人会试着阻止自己,在心痒痒的时候强忍住不去"挠",结果注意力都集中到痒的感觉上,反而百般难忍。忍住不吃蛋糕的你,闻到香味就心烦意乱;忍住关掉付款界面的你,每次打开游戏心里都停顿了一秒。我们不是苦行僧,却或多或少地一致认定,背离当前主要目标的众多诱惑是妖魔鬼怪,一定要把它们赶出脑海,在清心寡欲中不断挑战自我。

为了实现目标,就一定要当苦行僧吗?一些心理学家站了出来,反对我们给自己制定严苛的清规戒律。他们认为,在达到终极目标的过程中,偶尔享受一下,小小地破几次戒,实际上会更有利于实现目标。也就是说,在漫长又艰苦的节食过程中,偶尔来一小块巧克力蛋糕,长期来看更有可能帮助我们坚持下去,完成减肥大业。你若不信,可以想想《西游记》中的情节:二师兄在取经路上,总要不时开个小差,大吃一顿。要是顿顿都靠唐僧化缘和吃斋饭,不食人间烟火,二师兄不被妖怪吓跑也要被饿跑了,哪能扛过九九八十一难,取回真经?很多研究发现,节食者并不喜欢死板的节食计划,灵活的节食策略能缓解其饮食紊乱的症状,帮助他们维持较好的体形。

为什么会出现这种现象呢?我们先要从人们的零容忍态度说起。当一些暂时能带来好处的行动与人们内心对目标的追求发生冲突时(如减肥过程中偶尔吃顿大餐),人们会觉得应该完全杜绝这些行动的念头,不允许自己被诱惑,因为"一旦放开限制,就意味着不会成功",这就是零容忍态度。人们忽略了一个事实:要完成目标,首先得参与和坚持下去。坚持不下去,何谈完成目标?如果认定任何偏离目标的行动都意味着失败,人们就可能吹毛求疵,以至于打死白骨精,就要赶走孙悟

第六章 助推健康决策

空；在最严重的情况下，甚至会因为一两个小问题而自暴自弃。

当"零容忍"这个金箍戴在头上，人们的资源会枯竭，动力持续减弱。这不难理解：人们时刻紧绷着内心的弦，情绪紧张，自然觉得执行与目标相关的行动十分费力，努力达成目标的动机便可能降低。其实，许多目标的实现最需要的是长期坚持。为此，人们需要特定的策略来应对这个过程中不断遭遇的挑战，让自己不放弃，尽管这些策略有时会违反直觉，甚至打破戒律。

来自葡萄牙天主教大学的瓦莱（Rita Coelho do Vale）及其合作者认为，想要达成目标，重要的一点是改变零容忍的态度，不要把偶尔一次破戒判定为自我的大失败，必须将努力过程维持下去。要坚持不懈就需要强大的自我调节资源，而有计划的小插曲有助于人们保留和恢复自我调节资源。缺乏了这种资源，自律系统更容易崩溃，抵御不住接二连三的诱惑。举个例子，减肥者如果不偶尔有计划地稍稍放纵一下，就会越来越难以抵制美食的诱惑，有朝一日彻底认输，宣告减肥失败。这就像一个水库，每天都有新的水流入，如果不有计划地开闸放水，最后就会漫过堤坝；抑或水压太大，一有机会就容易过于放纵。

美国明尼苏达大学的福斯及其合作者希瑟顿（Todd F. Heatherton）发现，自我调节资源不足时，人们的进食量会大大增加。他们请来长期节食者做被试。研究中，这些长期节食者观看10分钟视频，中途不断被周围放置的小零食诱惑，一些节食者被严令不准吃零食，另一些节食者则可以自由决定是否吃零食。看完视频后，都要品尝冰激凌并作出评价。研究者以被试吃掉的冰激凌的量作为指标，分析后发现，那些没有外在禁令限制、需要约束自己的被试，在坚决抵制零食诱惑的过程中消耗了更多的自我调节资源，面对冰激凌时更倾向于不顾自己的长期节食计划而大吃一顿。

由此看来，看似破戒、偏离目标的小插曲的确有其独特的意义：可以帮助人们坚定长期为目标奋斗的信念，改善情绪，重新获得自我调节的资源，尽量不放弃目标或者中途停下来。

如何证明这种理论？福斯和希瑟顿首先进行了一个角色扮演的研究。在这个研究中，被试先想象自己即将实行节食计划。研究者这样告诉被试：医生说，作为节食者，你需要在接下来的两个月里减掉9千克，还提供了节食指南和食品白名单。被试被随机分为两组——苦行僧组和花和尚组。苦行僧组的被试得知，根据医生给的节食指南，自己平均每天只能摄入1500卡路里（这个数值仅为成年人每日正常卡路里摄入量的40%）；花和尚组的被试则得知，自己平均每天只能摄入1300卡路里，但每节食6天就可以获得一次破戒的机会，即第七天他们可以摄入2700卡路里。当然，这两个组一周内摄入卡路里的上限是相同的。接着，所有被试完成《自控能力量表》，开始进行这个想象的节食计划。

研究者在电脑上提供了每日菜单，其中包含有关食物热量和成分的详细信息，被试需要从中选择自己的一日三餐和零食。这种选择重复6次，以模拟节食计划的前6天。为了尽可能贴近现实，每次菜单的内容都会改变。经过6天的模拟节食后，被试评估自己在此期间的情绪体验。然后来到关键的第七天，这时，花和尚组的被试收获了宝贵的破戒机会，可以点白名单之外的食物，单日卡路里摄入量限制也提升到2700卡路里。可怜的苦行僧组依然恪守戒律，只能清淡饮食。第七天结束后，被试以为第八个节食日将到来，并在此时再次完成《自控能力量表》。完成量表后研究者告诉被试，终于横渡无边苦海,第八个节食日不会到来了。

模拟节食程序结束之后,研究者还测量了被试完成目标的行动能力。两组被试都想象自己遵医嘱保持节食,经过在校的漫长一天后,疲惫地踏上回家之路。路上,被试来到超市买东西,穿过超市货架的时候看到了琳琅满目的零食。为了增加真实感,研究者还在实验室电脑旁放上了各种零食。在接下来的三分钟内,被试需要尽可能多地想出应对零食诱惑的策略并写下来。

研究结果颇有意思。理所当然,比起苦行僧,花和尚更享受节食的第七天。不过,更让研究者关注的是,在开始节食前,花和尚和苦行僧的自控能力没有明显的区别,经过7天节食后,苦行僧的自控能力不敌花和尚了;花和尚在最后的行动能力测试中,也比苦行僧想出了更多抵抗零食诱惑的策略。不仅如此,在整个过程中,花和尚还体验到更多的积极情绪。纵观这个实验,苦行僧可谓"苦人没好报",经过节食折磨之后自控力降低,心情很差,还更容易遭到诱惑。花和尚最后一天开戒,反而做到了"酒肉穿肠过,医嘱心中留",自控力更强,心情也保持得不错。

这个研究足够说服你吗?如果实验室研究不够具有生活气息,瓦莱等人还做了一个现场研究,检验两种节食方案的真实效果,其结果足以打消你的疑虑。这次,瓦莱等人邀请了36名存在体重超重问题的被试,同样随机将他们分配到苦行僧组和花和尚组。研究者告诉被试,这次研究旨在测试一种新的节食方案,要求他们在14天内严格遵守节食计划,并报告每天的行动。被试领到一本有详细指导的节食计划手册,他们的每日三餐和下午茶的饮食内容都得在手册上如实记录下来。卡路里限制与上一个研究完全相同。被试每天都要评估自己继续执行节食计划的动机强度、遵循节食计划要求的难度以及情绪体验。为了测量被试的实际减肥效果，被试在节食开始前、节食一周后、节食结束时分别记录体重。研究结束两个月后研究者开始回访，评估被试继续执行之前的节食计划的意愿，并再次记录他们的体重。

排除了被试的个体差异之后，研究者发现，根据每天的真实记录，所有这些尝试节食的被试都或多或少有破戒行为，只不过苦行僧因零容忍态度，遭受明显更强的负面影响：苦行僧在节食中的自控能力、执行节食计划的动力、体验到的积极情绪都与日俱减；相反，花和尚不仅自控能力、执行动力全程没有下降，体验到的积极情绪竟然还有所提升。

在后续的研究中，研究者把"苦行"的目的从减肥拓展到储蓄、健身等众多不同的领域，都成功验证了此前的结论：偶尔破费一笔更有利于攒钱，偶尔开个小差更能促使人长期到健身房打卡。

值得注意的是，瓦莱等人提醒，这些小插曲必须是有计划地执行的。完全随性、无头苍蝇式的计划外享乐容易召唤出零容忍态度，使人将偶尔的享乐解释为失败，打击情绪并导致放弃目标。由于小插曲本质上是享乐性的，人们仅仅是对即将到来的放松机会有期待，都能够帮助提高对未来实施目标过程的乐观程度，产生激励作用。正如研究中的花和尚，只要想到第七天能破戒就快活起来。

回头再看减肥能否吃大餐的问题，这种问题在日常生活中屡见不鲜，其背后的心理学原理我们也常常无师自通。稍加搜索，我们便可以发现它存在的种种形式：有些学生复习迎考的时候，不时会小小地放松一下，打打球或玩一小会儿游戏，再回到书山里苦读，比一整天都埋头苦读的人学习效果更好，情绪体验也更好；军训的时候，教官也很少一直维持魔鬼训练，总会安排拉歌或者表演的环节助助兴，学员才能缓过来，继续活蹦乱跳。正所谓张弛有度，弦要是一直紧绷着就变得易断；一张一弛，适时松松劲儿，才能更长久。

我们可以让心里的"圣人"歇歇了，给自己安排几段小插曲很合理，正如减肥途中偶尔吃一顿大餐并不是什么严重的问题，只要计划得当，它反而能成为完成目标的助力。

小结

在实现目标的艰苦过程中，偶尔的、有计划的享乐并非不可接受。相反，它能够补充人们的自我调节资源，让追逐目标这一过程中的情绪体验更积极，更有动力长久努力，最终达成目标。

想管好钱包，要先填满我们的胃

饥饿是人类最基本、最原始的内驱力之一。它关乎人类的生存，对人们的行为有重要影响。例如，饥饿会直接影响人们处理与食物有关的信息。相信你一定会有这样的体验：三更半夜，你躺在床上，听到自己的肚子在咕咕叫，此时，朋友在微信上发来一张烤肉的图片，你会不会想马上起床找东西吃？的确，饥肠辘辘时，美食的图片显得格外诱人，食物的香气更是令人垂涎三尺。饥饿还会影响人们获取食物的意愿，例如，感到饥饿的人更可能购买高热量的食物，更渴望得到钱去购买食物。总之，饥饿驱使人们付出更多的时间、精力和金钱去寻找食物、获取食物、享用食物。

饥饿对人的影响仅仅停留在人们对食物的态度和行为上吗？回答这个问题前，让我们先想想生活中的事例。或许不少人经历过这样的事：终于到了周末，为了好好放松一下，你约上好友，想要享受一个逛逛吃吃的悠闲下午。在"先吃顿大餐，再逛街"与"先逛街，再找地方用餐"两个选择中，你们觉得逛累了再坐下来美餐一顿，才是人间乐事。于是，尽管你们俩都已经有些饿了，还是走进了商场。琳琅满目的商品让人眼花缭乱，你试穿了一件款式时尚的外套，觉得挺合身的，但有些难搭配。你原本有些纠结是否买下外套，但一想到遇到一件款式不错又合身的外套并不容易，还是立刻买了下来。你的好友也战斗力非凡，迅速买下一条裤子和一双鞋。两人提着大包小包走进餐厅，长舒一口气，突然想起最初没打算买这么多东西……

你可能从未想过，或许正是"先逛街，再找地方用餐"的选择，让你和朋友大买特买！这听起来有点莫名其妙，吃大餐和买衣服似乎是不相关的两件事，即使先逛街的选择使你们多饿了一会儿，也只可能让你们在点餐时刹不住车，怎么会影响购物？可是，饥饿对人的影响不仅仅停留在"吃"这件事上，饿着肚子走进商店的人，容易提着更多的购物战果走出来。

为什么饿的时候，我们买了更多东西？难道饥肠辘辘的我们不仅想买食物，还对其他不可食用的商品产生了更强的购买欲？针对这种现象，美国明尼苏达大学卡尔森管理学院的徐静（Alison Jing Xu，音译）及其合作者提出了一个大胆的猜想：饥饿作为一种内驱力，会驱使消费者更想获取食物，直至饥饿感消失；饥饿也会激活"获取"这一概念，提高其认知上的易得性（cognitive accessibility），进而增强消费者获取各种物品的欲望，即使这些物品可能根本无法帮助我们填饱肚子，消除饥饿。因此，饥饿的消费者不仅会渴望食物，还会购买更多其他商品。

什么叫"提高了认知上的易得性"呢？简单来说，我们的头脑中

第六章 助推健康决策

一直都有"获取食物""买东西""好好学习"等诸多念头,饥饿这种内驱力为了让我们尽快行动起来,填满肚子,会将"获取食物"的概念从脑海中抓出来,顺便将更广泛的"获取"的概念带出来,我们非常容易提取这些概念,因而产生相应的念头。

为什么饥饿不仅会激活我们对食物的渴望,也可能激活"获取"的概念呢?事实上,这种跨领域的激活并非没有先例。徐静和小怀尔在 2012 年的另一项研究就表明,如果让一个人听一段政治演说,这段演说恰好出自这个人非常讨厌的候选人之口,就将激活他与人争辩的倾向。接下来,即使是让他看一段与政治完全无关的广告,他也会倾向于有更多争辩与驳斥行为。同理,作为一种对人们至关重要的内部线索,饥饿很可能会对人们在其他领域的认知、决策和行为产生影响。徐静及其合作者希望通过一系列研究来检验这种认知上的跨领域激活,并证明这种激活带来的认知上的易得性会进一步增强人们"获取"的意愿,引发相应的获取行为。

首先,为了探究饥饿是否的确会使"获取"的概念更易得,研究者设计了一项词汇识别任务。在实验中,22 个英文单词与 22 个"非单词"(无意义的字母串)以 50 毫秒的频率在电脑屏幕上闪现,被试需要输入自己看到的单词。如果无法辨认,就猜测或直接输入"X"。在 22 个单词中,有 9 个与"获取"相关(如 acquire、want、obtain、gain),4 个与"饥饿"相关(如 hunger、starve、appetite、famine),其余的则是与两者都无关的控制词汇(如 speak、close、floor、symbol)。完成任务后,被试还需要报告自己当前的饥饿程度。

研究结果显示,被试越饥饿,就越容易正确识别出与"饥饿"和"获取"相关的词汇;被试对控制词汇的识别情况与饥饿程度无关。这说明，饥饿能帮助人们更快、更准确地加工与"饥饿"和"获取"相关的信息。饥饿的确提高了与"获取"相关的概念在认知上的易得性。

饥饿仅仅在认知层面上使与"获取"相关的概念更易得吗？接下来，研究者考察了这种认知上的易得性是否会影响人们获取非食物物品的意愿。研究者在午餐时间（上午 11:30 到下午 2:00 之间）守在一家校园咖啡厅里，招募了 77 名被试，他们要么是饥肠辘辘地刚走进这家咖啡厅，要么是吃饱喝足，刚准备离开。显然，这两类人的饥饿程度截然不同。研究者给他们呈现 10 件物品，其中 5 件是食物（如三明治、意大利面、饼干），5 件是不可食用的物品（如 USB 存储器、无线鼠标、水疗券）。被试需要分别评估自己有多想要每一件物品，有多喜爱每一件物品，以及报告自己目前有多饥饿。

结果显示，饥饿者更喜爱食物，对不可食用物品的喜爱程度则与饱腹者没有差别；但无论是食物还是不可食用的物品，饥饿者都会比饱腹者更渴望获取它们。饥饿并不会让人更喜爱摆在面前的 USB 存储器，但会让人更希望得到它。

为了进一步探究这种"获取"的意愿是否会影响生活中的真实行为，研究者招募了 63 名被试。所有被试需要在实验开始前禁食至少 4 个小时。在研究中，一半被试进入饥饿组，另一半则进入饱腹组。两组的区别在于，饱腹组被试首先品尝一款蛋糕，评价其口感，研究者鼓励饱腹组被试吃下整块蛋糕，美其名曰是为了让他们作出准确的评价；饥饿组被试此时不能吃任何东西。接下去，两组被试都需要对一款新上市的长尾夹打分，评估自己有多喜欢这些长尾夹，自己能否区分该品牌的长尾夹与其他品牌的长尾夹，这些长尾夹有多容易使用；被试可以拿走任意数量的长尾夹。完成长尾夹评估任务后，饥饿组被

第六章 助推健康决策

试再开始品尝和评估蛋糕的口感。

研究结果显示，无论在评价长尾夹之前是否吃了蛋糕，被试对长尾夹的评价都没有差异；然而，平均而言，饥饿组被试所拿的长尾夹数目是饱腹组被试所拿数目的1.7倍！长尾夹还是那些长尾夹，可是饿了4个小时还没吃上蛋糕的被试想得到更多的长尾夹。饥饿果然会让人们"获取"更多物品，即使它们完全不能用来填饱肚子！

在现实生活中，消费者是否也会因饥饿而频频购买呢？现实中的"获取"行为，可是需要我们自己买单的！

为了探讨这一问题，徐静及其合作者走出实验室，走进一家大型商场，做了一个现场研究。这家大型商场售卖非食品类商品，如衣服、鞋子、电子产品等。研究者随机调查了81名刚刚购物的消费者，在征得同意后，查看了他们的购物收据，记录了购买的商品的数量和花掉的钱。消费者还需要报告自己当前的饥饿程度，完成一份关于情绪、购物时长等内容的问卷。结果显示，即使在控制了消费者的情绪和购物时长之后，饿肚子的消费者还是比吃饱的消费者购买了更多的商品，也明显花了更多的钱——这些钱，可都是花在非食物类商品上的！

这么看来，胃中空空的消费者的确有些"饥不择食"。这可不是一个好消息，它意味着我们很可能在饿肚子的时候变得更大手大脚，甚至会心甘情愿地买一些平时压根不会买的东西。

回到先前那个逛街的例子中，我们可以发现，正是因为选择了"先逛街，再找地方用餐"，已经有些饿了的你和好友才会双双购买诸多商品。在逛街过程中，处于饥饿状态下的你们不仅仅想着吃，还容易对看到的商品动心，希望能够拥有它们。不难想象，这样的故事不会仅发生在逛街过程中，饿着肚子打开购物软件的人也会忍不住往购物车里添加一件又一件东西，不管是各种零食，还是衣物、生活用品、数码产品……

在当今社会，饥饿并不是一种遥远的感受。且不说贫困地区的人可能长期处于食不果腹的状态，即使是在比较富裕、生活水平较高的国家和地区，也有许多人经常处于饥饿中：快节奏的工作和生活让很多人习惯三顿并做两顿，或用最短的时间解决一顿正餐；为了减肥或保持身材，许多人有意识地节食，甚至干脆省去某顿饭……但饥饿对我们的影响是广泛而深远的——饥饿，不仅仅关乎吃。

从另一个角度来看，饥饿对人的影响暗示我们，某个特定领域的动机可以影响无关领域中的行为。恋爱受挫的人或许会冲进奢侈品店，疯狂"血拼"；想买某个名牌包却囊中羞涩的人或许会在快餐店点了远超自己食量的炸鸡……

在饥饿的状态下出门逛街或网上购物，都绝非明智之举。想管好钱包？先填满自己的胃吧！

小结

饥饿促使人们寻找、获取、享用食物，同时激活了"获取"的概念，使人们产生"获取"的想法。饥饿的人不仅会购买更多食品，而且会购买更多非食物商品，即使它们完全不能用来填饱肚子。

难以忍受的剥夺型好奇：潘多拉为何放纵自己

潘多拉——古希腊神话中的第一个人类女人——得到赫拉女神的馈赠，拥有了好奇心，正是这份好奇心给人类带来了灾难与瘟疫。如果潘多拉生活在当今的消费时代，她会是怎样的消费者？

第六章　助推健康决策

好奇，是一种被赞誉的特质。在居里夫人（Marie Curie）眼中，好奇心是学者的第一美德；在培根（Francis Bacon）眼中，好奇是知识的萌芽。这些名人所赞美的好奇是一种美好的体验，是因发自内心的兴趣而产生的渴求知识的状态。这种好奇被称为兴趣型好奇，是好奇家族中最令人骄傲的成员。不过，它还有一个不受欢迎的孪生兄弟——剥夺型好奇。当人们想要知道某些特定的信息却无从得知的时候，剥夺型好奇便会出现，它让人们感到不适。潘多拉急切地想打开众神赐予她的魔盒，其丈夫埃庇米修斯则时时刻刻提防她的好奇，阻止她打开盒子。每每此时，潘多拉便感受到百爪挠心般的焦灼和痛苦。同样，假设你迫切想知道自己的考试成绩，老师却偏偏卖起了关子；或者你得知好友有一个秘密，她却对你隐瞒且闪烁其词……在这类时刻，你寻求事实真相的权利被无情剥夺，就会体验到剥夺型好奇。

剥夺型好奇无疑是一种糟糕的感受。不幸的是，消费者每天都要面对许多引起剥夺型好奇的事物。各类微信公众号不断用匪夷所思的标题包装自己的文章；企业争相使用悬疑广告提高热度；电视剧总在最关键的情节处插播广告；系列电影总为下一部埋下数不清的伏笔……消费者总在不经意间被勾起好奇心。这种悬而未决的感觉，又怎样影响消费者的生活呢？

请设想这样的场景：周末的晚上，你沉浸在最喜欢的电视剧里，剧中的一幕幕都牵动着你的心。剧情推进到关键处时戛然而止，响起了熟悉的片尾音乐。今天的电视剧已经播完，但你满心的疑问得不到解答："女主角恢复记忆了吗？""男主角真的去世了吗？""恶毒女配角的阴谋是如何被揭穿的？"你期盼知道下集剧情的好奇心得不到满足，便体验到令人不适的剥夺型好奇。这时，你的肚子咕咕作响，于是你拿出手机准备点一份外卖。你会选择怎样的食物？健康、低脂的沙拉，还是金黄酥脆、鲜嫩多汁的炸鸡？你所做的选择会被电视剧勾起的好奇心影响吗？美国德雷塞尔大学的王晨（Chen Wang，音译）和合作者黄艳柳（Yanliu Huang，音译）提出了一个有趣的问题——消费者被勾起的好奇心会使他们接下来更自我约束还是放纵享乐？

  为了回答这个问题，王晨和黄艳柳招募了 166 名被试。研究者隐瞒了真实的研究意图，告诉被试，这个研究是帮一家市场调查公司收集观众对某个电视节目的评分的。实际上，研究者是在用这一电视节目片段操纵被试的好奇心。被试观看的节目片段源自一个真实的电视节目《What Would You Do？》。这个电视节目用隐藏摄像头记录下旁观者对一些日常事件的即时反应。在 4 分钟的视频里，一名女演员扮演的商界人士试图将咖啡厅当作自己的私人办公室。她将笔记本电脑和文件铺在桌子上，然后开着手机免提参加电话会议。过了一会儿，她起身打算去卫生间，拜托旁边的顾客在她不在时帮忙接听一通生意上的电话。她刚刚离开，手机铃声就响了起来。来电是由节目组事先安排好的。一部分被试看到这里，视频就结束了；而另外一部分被试看到了之后节目记录下的故事结尾，知道了旁边的顾客在手机铃声响后是怎么做的。没有看到故事结尾的被试想知道后来发生了什么，研究者成功地勾起了他们的好奇心。

  看完视频，被试需要在研究者准备的两种零食中选一种作为酬劳。一种是 Twix 巧克力曲奇棒，另一种是天然山谷燕麦花生棒。研究者事先做过调查，发现这两种零食获得消费者同等程度的喜爱，但消费者觉得吃巧克力曲奇棒是一件放纵的事，吃燕麦花生棒就比较节制。研究者选择这两种零食是想知道，消费者如何在放纵选项（巧克力曲

第六章　助推健康决策

奇棒）和自律选项（燕麦花生棒）中作出选择。

研究结果显示，比起知道故事结果的被试，被电视节目勾起好奇心的被试更多地选择巧克力曲奇棒，而不是燕麦花生棒。不经意间被勾起的好奇心让消费者更加放飞自我，寻求享乐。可以想见，当消费者为电视剧剧情牵肠挂肚时，或者为不知道答案的脑筋急转弯题目绞尽脑汁时，他们更有可能点一份"罪恶的"炸鸡，而不是健康的沙拉。

好奇心为什么会对消费者有这样的影响？首先，剥夺型好奇产生于消费者想要得到某些信息却无法得到之时，消费者迫切希望补全信息缺口来满足自己的好奇心。想要得到的信息之于好奇的消费者，就像丰盛的宴席之于饿汉，甘甜的泉水之于口渴的人，它是一个可望而不可即的奖赏，让消费者心痒难耐。敏贞康（Min Jeong Kang）等人在2009年的一项研究表明，对某个问题感到好奇的被试愿意花更多的时间或金钱得到答案。其次，当被试对问题非常好奇时，他们大脑中与奖赏预期有关的区域也被激活。这些结果说明，当消费者对一件事好奇时，那些缺失的信息，例如未知的剧情，就像食物和金钱一样，对他们而言是一种奖赏。回想一下，你是否也曾因为想快点知道下集剧情而开通了视频网站的会员？是否也曾因为想得知一个八卦而花费大量时间与朋友聊天？这些都是将缺失信息作为奖赏的表现，这种心理状态可能激活消费者的一个更大的目标——寻求任何形式的奖赏，就好比买袜子这个具体的小目标可能会激活逛街购物这个更大的目标。一旦消费者的大目标被激活，他们就会在之后的行动中想方设法地达成目标，哪怕之后要做的事情与最初激活这一目标的事情完全无关。沃德瓦（Monica Wadhwa）等人的一项研究就发现，消费者在品尝了一小口非常好喝的饮料之后，奖赏寻求的目标被激活，会去参加享乐活动，如按摩。同理，当消费者被勾起好奇心之后，想要寻求缺失的信息作为奖赏，进而演变为想要寻求任何形式的奖赏，在之后的决策中就更可能选择放纵的选项来使自己开心。

王晨和黄艳柳继而探讨了好奇心如何通过激活寻求奖赏的目标使消费者选择放纵选项。他们让被试解决一系列谜题，却只给他们少得可怜的时间，让被试无法琢磨出答案。之后，告诉一部分被试这些谜题的答案，却告诉另一部分被试："由于版权原因，答案不予告知。"被试要写下自己此时此刻最先冒出的五个念头。最后，被试设想自己到一家餐厅用餐，要选择吃光明农场混合沙拉，还是酒吧式炸鱼薯条。结果显示，与知晓谜题答案的被试相比，被谜题勾起好奇心的被试冒出更多与寻求奖赏有关的念头，如"我想赚很多钱""我想吃巧克力"。恰恰由于这个原因，好奇的被试在之后的点餐任务中更倾向于选择比较放纵的炸鱼薯条，而不是健康的绿色沙拉。

好奇引发放纵消费，其效果能持续多久呢？这种影响仅仅出现于消费者点餐这种无关痛痒的决策中，还是也存在于关乎消费者切身利益的选择领域中？王晨和黄艳柳再次用谜题勾起一部分被试的好奇心，然后请被试观看一段时长为8分钟的折纸教学视频。研究者接着告诉被试，他们会随机抽取一名被试，向其赠送一张亚马逊礼品卡。被选中的被试可以选择今天就拿到礼品卡，也可以选择三个月后拿到金额更高的礼品卡。每个被试都要做11次选择，在这些选择中，今日拿到的礼品卡金额从10美元到110美元不等，而三个月后拿到的礼品卡金额都为120美元。最终，研究者会在抽出的幸运儿的11次选择中随机抽取一次的结果作为他的选择。研究结果显示，比起知道谜题答案的被试，被勾起好奇心的被试更偏爱今天就拿到礼品卡，即使这

第六章　助推健康决策

些礼品卡的面值较小。在这个研究中，被试被勾起好奇心之后需要观看8分钟的折纸视频，如此一来，在被试被引发好奇心和作决策之间有一段时间间隔。即使这样，好奇心也会使消费者更多地选择放纵选项，即选择即刻拿到礼品卡来满足自己，而不是耐心等待以获取更大金额的礼品卡。

好奇对放纵消费的影响在什么情况下会失效？答案很简单，好奇激活了消费者寻求奖赏的目标，只要给消费者提供某个奖赏，使其得到满足，好奇就不再会使消费者偏好放纵选项了。研究者这次又使用了《What Should You Do？》的视频。所有被试都先观看视频的第一部分，视频截至电话铃声响起。因为研究者之前告诉过被试，这个研究的目的是为市场调研公司收集对这个电视节目的评价，所以接下来研究者让所有被试都对节目作出评价。不同的是，一部分被试看不到视频的结尾就直接对视频作出评价（即好奇组），一部分被试看到视频的结尾再作出评价（即不好奇组），另一部分被试虽然没有看到视频的结尾，但在作出评价后得到了一块Twix巧克力曲奇棒作为答谢礼物（即食物奖赏组）。然后，研究者告诉被试，他们有可能得到一张价值25美元的礼品卡，可以在两种礼品卡中任选其一，如果被抽中，研究者就会赠送他们选择的那张礼品卡。一种礼品卡可以购买娱乐产品，是较为放纵的选项；另一种可以购买文具，是比较自律的选项。

结果显示，在三组被试之中，被勾起好奇心却没有得到巧克力棒的被试最偏爱放纵选项——用于购买娱乐产品的礼品卡。食物奖赏组被试虽然也很好奇后来发生了什么，但他们选礼品卡的决策和不好奇组被试相比没有差异。这说明给好奇的消费者提供一些奖赏，虽然不能满足他们的好奇心，但可以让他们接下来的决策不再受好奇的影响。

讲到这里，你就知道为什么当你看电视剧看得津津有味时，戛然而止的剧情会让你接下来更想吃炸鸡了。在好奇心被勾起时，我们应该更谨慎地对待之后的选择，例如，刚刚看完电视剧下集预告后，如果面临经济决策，一定得三思而后行。对市场营销者来说，与健康、财富有关的产品，例如健身课程和养老金计划，在策划营销活动时就要注意不能引起消费者的好奇心。而对于那些放纵享乐的产品，例如奢侈品和旅行，也许可以考虑在广告中加入悬疑元素。当利用好奇心诱发消费者购买这些享乐品时，一定要注意在消费者作出决定之前不要提供任何奖赏，如美味的小吃。

可想而知，如果潘多拉生活在消费时代，她每每被众神赐予的魔盒勾起好奇心却又不得其解之后，一定会开始大肆买买买。

小结

很多事物都能勾起人们的好奇心，如未完待续的故事。渴望知道某事却不得会使人们选择放纵自己，如吃不健康的食物、购买享乐品等。但如果给好奇的人一些奖赏，如美食，就可以消除这种影响。

挑来挑去，可能是为了弥补控制感

自天猫 2009 年首创"双十一"购物节以来，这一天原本的意义逐渐被人们遗忘，取而代之的是一场全民期待的购物狂欢。2019 年天猫"双十一"全天交易额再创新高，达到 2684 亿元，再次展示了大众的购物热情。

当天我结束购物后意犹未尽，就去朋友圈围观其他人的战况。有的人兴高采烈地炫耀战果，有的人抱怨网速不争气，没抢到心心念念的服装或化妆品。在花样百出的战果中,有一条信息格外吸引我的注意:"为了过个'双十一',选择困难综合征又犯了,选着选着,不知不觉就到了凌晨三点,连续几天都是这样,'双十一'囤的几瓶精华液都消不了我这几天熬出来的黑眼圈。"不同于众多议论自己是否买到了心仪的商品或买到了怎样的商品的人,这位朋友描绘的是挑选过程中的心理状态——纠结。

你在购物时是不是经历过难以抉择的时刻,甚至像这位朋友一样不知不觉地熬夜,陷入纠结中?也许你会想:"购物就是挑选的过程,尤其是在天猫这样拥有海量商品和各种折扣的平台,怎能错过如此多样的选择机会!"但如果这种对多样性的追求并不只是出于购物需求,你是否好奇其中的原因呢?

美国纽约州立大学布法罗分校的允(Sunyee Yoon)和约翰斯·霍普金斯大学的基姆(Hyeongmin Christian Kim)在2017年做了一项研究,他们发现,消费者的控制感越低,就越热衷于追求选择的多样性。在什么情况下,消费者的控制感会降低呢?允和基姆给出了最直白的答案——当消费者的社会经济地位低的时候。认真思考的读者很快就会质疑:这个结论真的可靠吗?我们的生活中不乏经济条件较差,社会地位也不如意,却心怀希望、活得自信的人,他们有时甚至比条件优越的人更励志,从贫困家庭走出来的高考状元就是十分有力的例证。怎么能说他们的控制感低呢?的确,通常情况下社会经济地位低并不会直接降低人们的控制感,就像《肖申克的救赎》中的经典台词:"Remember, hope is a good thing, maybe the best of things and no good thing ever dies!"(希望是美好的,也许是人间至善,而美好的事物永不消逝!)即使身处监狱,只要有希望，人也会积极地生活。

若这个希望破灭了，又会发生什么？这就是允和基姆给出的第二个关键词——"感知到的经济流动性"，它指个人对社会在多大程度上允许其成员通过个人行为达到更好的经济地位的信念。通俗地讲，如果一位贫寒的学生感知到的经济流动性是高的，他就相信可以通过自己的努力改变糟糕的生活，他会因而发奋读书，期待进入一所著名学府，然后找到理想的工作，追求人生巅峰；而当他感知到的经济流动性很低时，他认为自己的所作所为并不能改变自己的处境，无论他多么努力，哪怕去了最高等的学府，掌握了最先进的技术，依然只能勉强糊口，不受人尊敬，既然如此，他索性放弃挣扎，自暴自弃。

可见，当消费者的社会经济地位较低，同时感知到的经济流动性也低时，他们就会感到无论怎么做都无法改变糟糕的情况，导致控制感降低。出现这种情况时该怎么办？关键点依然是控制感，只有当人们拥有较高的控制感时，才能感受到希望，好好生活下去。允和基姆认为，商品的可选择性可以补偿消费者的控制感，选择越多样，人们在选择时获得的控制感就越强。也就是说，通过对商品多样性的追求，可以在一定程度上弥补缺失的控制感。

为了检验这一推论，允和基姆做了一系列研究。首先，他们招募了311名被试来到实验室，为被试呈现一幅阶梯图，阶梯共有10层，依次代表从低到高的社会经济地位，被试需要选择一个能代表自己的社会经济地位的阶梯位置。然后，一半被试想一位社会经济地位高的人，并写下自己与这个人之间可能存在的差异；另一半被试则想一位社会经济地位低的人，也写下自己与这个人之间可能存在的差异。显然，前者处于低社会经济地位组，而后者处于高社会经济地位组。

第六章　助推健康决策

接着，研究者用量表测量被试感知到的经济流动性，并以询问"你感到对生活的控制程度有多大"的方式记录被试的控制感。

这样，来到实验室的被试被分为四组：第一组，社会经济地位低，同时感知到较低的经济流动性；第二组，社会经济地位低，但感知到较高的经济流动性；第三组，社会经济地位高，但感知到较低的经济流动性；第四组，社会经济地位高，同时感知到较高的经济流动性。

研究者还设计了一个有趣的任务来测试被试对选择多样性的偏好程度。研究者要求被试想象自己正在购物，面前有9款不同的袜子，被试的任务是从中挑选出5双，被试的选择中包含不同袜子的数量就代表着选择的多样性。商品既可以带来实用效用，也可以带来享乐效用。以挑选衣服为例，前者指我们更多地考虑衣服的材质、保暖性能等因素，选出性价比最高的那件衣服，而后者指衣服唤起了我们的积极情绪，带来心理上的满足，即使它的质量不高，保暖性能不好，我们依然喜欢它。两者对人们的选择发挥不同的作用，因此研究者对商品的种类加以控制，使消费者面临的多种选择都有相似的效用。研究结果发现，当社会经济地位低且感知到的经济流动性低时，被试的控制感在这四组中是最低的，挑选出不同袜子的数量也明显多于其他几组。

为了保证研究中使用的商品不具有特殊性，研究者又在另一项研究中将选择的商品换成酸奶，其他程序与之前的研究完全一致，得到的结果也与第一次研究相同。

但这两个研究还不足以为允和基姆的推论提供足够的证据支撑，因为以往的研究发现，当消费者情绪低落时，他们也会寻求多样性，进行情绪补偿。换句话说，可能是较低的社会经济地位和感知到的较低的经济流动性引发了人们的消极情绪，因这种消极情绪而非控制感促使消费者出现寻求多样性的行为。

　　于是允和基姆进行了第三个研究。这一次他们没有直接用量表测量被试感知到的经济流动性，而是向被试呈现一个论点，即"每个人都有公平的机会"，并让 1/3 的被试写下支持该论点的证据，1/3 的被试写下反对该论点的论据，以分别唤起人们较高或较低的经济流动性感知。值得注意的是，剩下的 1/3 的被试不仅要写下反对上述论点的论据，还需要描述一个自己能够完全控制事态发展的情境，研究者试图以这种方式唤起这组被试较高的控制感。同时，还测量了这三组被试在完成任务时体验到的情绪。

　　研究结果与之前的一致，当较低的社会经济地位和感知到的低经济流动性结合在一起时，人们对多样性的寻求是最强烈的。最令人眼前一亮的结论是，研究者发现，就算人们的社会经济地位低，感知到的经济流动性低，一旦高控制感被唤起，他们就明显不那么追求多样性了，这无疑有力证明了研究者提出的假设。对情绪的分析结果表明，社会经济地位、感知到的经济流动性以及这两者的结合均对情绪没有明显影响，因此可以排除情绪的作用。

　　总的来说，允和基姆的研究发现，消费者追求消费的多样性是为了补偿个人控制感，而个人控制感的降低要追溯到社会经济地位低和感知到较低的经济流动性的共同作用。

　　无独有偶，2017 年香港浸会大学的苏磊及其合作者也探究了消费者如何补偿缺失的控制感，他们提出，当控制感降低时，消费者会增加消费转换行为。消费转换是指消费者自愿改变现有选择，选择新的选项。昨天你在公司楼下的汉堡店吃了午餐，今天决定换到隔壁的中餐厅享受午餐，这一过程就是消费转换。同样是着眼于控制感，与

第六章 助推健康决策

允和基姆的研究不同的是，苏磊等人强调的是控制感的人际关系来源——社会排斥，他们认为，社会排斥会削减消费者的控制感，于是消费者通过追求消费转换补偿控制感。

苏磊等人收集了 126 名中国本科生的 QQ 好友数量和 QQ 讨论群数量，将它们作为个体受社会排斥的指标。他们认为，一个人的好友越少，就越可能受到排挤。随后，苏磊等人又提取了这些学生过去三个月在学校食堂的就餐数据，将消费过的食堂数量作为消费转换的指标，同时还询问学生的月消费，在数据分析时排除由月消费等经济因素带来的消费转换。研究结果表明，学生越是被社会排斥，就越频繁地更换食堂用餐。

读到这里，你可能无法被这个研究说服。首先，将 QQ 好友数作为社会排斥的指标不一定靠谱，因为如今社交软件很多样，不使用 QQ 的学生大有人在，QQ 上没有好友的人说不定正在微信上与朋友聊得火热。其次，这个研究只能说明社会排斥和转换行为这两个变量相互关联，但无法确定孰因孰果，即我们无法确定这些学生是因为受到排斥而转换消费行为，还是因为经常转换消费行为而感到被排斥。

因此，苏磊等人又进行了第二项研究，他们招募了 134 名香港某大学本科生参加研究。被试需要和其他两名同学一起玩在线传球游戏。其中 1/3 的被试被分到社会排斥组，在研究者的安排下，这一部分被试在接到一开始的三个球之后再也没有接球机会；1/3 的被试被分到社会接纳组，他们能够接到 1/3 的球；剩下的 1/3 的被试不参加游戏，他们既没有体验到社会排斥，也没有体验到社会接纳。游戏结束后，被试可以从两个冰箱贴中挑选一个作为礼物带走，在他们选择之后，研究者又告诉他们，现在又有第三种冰箱贴，被试可以重新挑选一次。需要说明的是，事先已经过测试，消费者对三种冰箱贴的喜爱程度没有明显差异，因此，如果被试改变了原先的选择，便可看作是与礼物本身质量、吸引力无关的转换行为。研究结果表明，社会排斥组被试更倾向于改变原先的选择。在之后的研究中，苏磊等人使用量表测量了被试的控制感，发现社会排斥导致个人控制感降低，从而促使被试通过更多的消费转换行为来弥补控制感。

上述两个研究共同说明，消费行为并不仅仅受到商品本身、个体购物需求的影响，还可能是个人控制感等更深层次的心理需求在起作用；无论是物质需求还是社会心理需求的缺失，都有可能降低消费者的控制感。

让我们回到生活中，诚然，我们都有过在消费中希望最大程度穷尽多样选择的经历，并常常因此陷入纠结。也许，下一次我们可以停下来想一想，这种对商品多样性、消费转换行为的追求，真的是为了满足当前的购物需求吗？

小结

无望提高较低的社会经济地位和被他人排斥会让人缺乏控制感。此时，人们会最大程度地穷尽选项并频繁更换选择，以提高控制感。

为什么购物时我们如此健忘？

随着消费水平的提升，大型超市，如沃尔玛、家乐福、联华等，逐渐扩散到各大城市的角落。为了给顾客提供一站式体验，超市越来越大，常常占据商业中心的整个楼层；商品也越来越齐全，应有尽有。与之对应，在线上购物时，商品页面的长度和数量日益见长，翻完了

第六章　助推健康决策

这一页，又有前仆后继的下一页，手指来来回回，刷个半天才能翻到最后一页。然而，庞大的超市、无边的网店、琳琅满目的商品也会带来烦恼：人们迷失在商品的森林里，容易忘记自己本来想买什么。

不少消费者都经历过类似故事：当你走进一家超市，出现在面前的是一排排长长的货架，一眼望不到尽头。货架上种类繁多的商品层层叠叠，令人眼花缭乱。你努力回忆自己进来前准备买什么，要买的东西很多，你一时没有头绪，在这迷宫里兜兜转转。你当然有东西要买，却怎么也想不起来。不一会儿，作出一些似是而非的选择，离开收银台，走出超市，乃至打开家门后，你才想起来：家人曾提醒你买一瓶洗发水，孩子的玩具需要更换电池，明天早餐要喝的牛奶已经储备不足，几天后过节要送的贺卡也还没准备……它们现在都不在你的购物袋里。

为什么购物时我们如此健忘？如何才能在购物时"不忘初心"？

其实，购物时发生的遗忘非常普遍。美国纽约大学的辉（Sam K. Hui）与合作者在 2013 年进行了一项现场研究，以了解现实生活中的超市购物。研究者与一家杂货店合作，在入口和收银台处（一头一尾）都开展问卷调查，请消费者报告他们的购物计划。研究者还希望获得直接的购物行为记录，于是，他们要求每位消费者都携带一台便携式摄像机，在镜头下采购。这些摄像机记录了消费者逛杂货店、挑商品的全过程。对问卷数据和消费者购物视频整理分析后，辉等人发现，消费者竟然忘记买原本的购物计划中高达 30% 的商品。

雪上加霜的是，尽管研究者一再证明购物时的记忆不那么可信，总有所缺漏，消费者依然很少采取预防措施，如通过列购物清单来提醒自己。"曾经有一件想要的商品摆在我面前的货架上，但我没有珍惜，等我想起的时候才后悔莫及。"全世界的消费者都经常在离开超市后拍拍脑门，发出一声叹息，然后下次进超市时再重复同样的错误。

为了拯救健忘的消费者，葡萄牙天主教大学的费尔南德斯（Daniel von der Heyde Fernandes）及其合作者进行了一系列研究，试图揭开这种恼人现象背后的秘密。他们认为，有两个因素值得关注：目标商品的购买频率以及消费者的购物策略。通过对它们的探索，可以发现造成遗忘的种种蛛丝马迹。

首先，我们来看看不同购买频率的商品有何区别。那些购买频率高的商品是出现在消费者计划清单上的常客，如牛奶、零食、纸巾等；购买频率低的商品是那些偶尔想尝尝鲜才买，或者经过很长时间才需要补充一次的商品，如生蚝、电池、贺卡等。显然，购买频率对记忆而言十分重要。但在以往的研究中，"刷脸狂"和稀客究竟哪个更容易被记住众说纷纭，有的研究者认为，见得多容易想起来，也有人认为，见得少的东西更能留下印象。因而，费尔南德斯等人引入了第二个要素，即购物策略，希望在购物这个情境下，通过购物策略与购买商品频率的匹配，为两种不同的观点找到合理的解释。

关于消费者的购物策略，研究者依据购物时使用的线索，将其分为两种：其一，基于商品的搜索策略。采用这种策略的消费者会系统地浏览店里的各种商品，找到自己计划购买的东西。想象一位计划购买牛奶的消费者，如果他在实体店里将货架挨个浏览一遍，或者一页页地刷网店商品页面，最后发现想买的牛奶，他就是基于商品进行搜索。其二，基于回忆的搜索策略。采用这种策略的消费者试图回忆想买的东西，并直接找它们所在之处。同样以这位购买牛奶的消费者为例，如果他决定基于回忆搜索，就会走进超市，直奔饮品区，精准定位想买的牛奶，又或者逛网店时直接用搜索栏寻找目标。由于消费者不喜欢制订清单，研究者认为消费者在购买时一般使用这两种策略来帮助自己记住目标商品。值得提醒的是，这两种策略的区别并不是绝对的。实际上，消费者在依靠记忆定位后，仍然需要靠视觉搜索找到商品的具体位置。它们的区别仅在于，消费者对回忆或者视觉两种线索的依赖程度不同。

为了探究购物策略和目标商品购买频率对购物的共同影响，费尔南德斯等人做了一个商品回忆研究。研究者先通过预实验挑选出10种消费者常买的商品（包括可乐、苹果、饼干等）和10种消费者不常买的商品（包括红茶、桃子酱、无花果等）。接着，招募了83名大学生作为被试，根据购物回忆策略和目标商品购买频率分为四组。在研究中，研究者先给被试呈现所有常买商品或者所有不常买商品，要求他们全部记住，然后让被试预测自己在5分钟后能够识别出或回忆出多少种商品。之后，被试完成一系列无关任务。最后，研究者要求基于商品策略组被试从一个有100个商品的目录中挑出目标商品；要求基于回忆策略组被试在文本框中输入记住的目标商品。结束后，研究者统计被试记住的目标商品的数量。

费尔南德斯等人发现了两个有趣的现象：被试对自己能记住的商品数量的预测不同。基于商品策略组被试认为自己能记住的不常买商品数量比常买商品数量少，而基于回忆策略组被试相信不论商品购买频率高低，他们能记住的数量一样多。以研究中的材料做说明，即看目录挑选商品的被试预测自己能记住可乐，不太能记住红茶；自己输入商品名的被试预测自己可乐和红茶都能记住。

然而，实际表现恰恰相反！基于商品策略组被试忘掉的不常买商品与常买商品数量没有明显差异，而基于回忆策略组的被试明显忘掉了更多的不常买商品。这就是说，看目录挑选商品的被试实际上既记住了可乐，又记住了红茶；自己输入商品名的被试反而只记住了可乐，忘了红茶。这不仅说明消费者对自己记忆能力的自信并不靠谱，而且也显示出在回忆的时候消费者更容易忘掉那些不常购买的商品。

为了验证上述效应在现实生活消费中的确存在，研究者又进行了一次真实的线上购物实验。他们招募了 145 名大学生，随机分配到三个组中：基于商品策略组，研究者要求被试仅通过浏览线上商店的商品目录来购买 10 种指定果蔬；基于回忆策略组，研究者要求被试只能使用线上商店的搜索引擎，查找并购买 10 种指定果蔬；控制组的被试则没有购物策略的限制。这次，一半被试的目标被设置为人们常买的果蔬，如苹果、香蕉、西红柿等；另一半被试的目标被设置为人们不常购买的果蔬，如菠萝、椰子、蘑菇等。展示完目标商品后，被试预测自己在之后购物时还能记住多少商品，然后经过一段更长的 8 分钟无关任务间隔后，打开一家指定的真实零售网站，开始购物。

研究结果毫不令人意外，被试平均会忘记买的商品达到 3 件，反映了十分残酷的现实。自始至终，不论研究者如何更换商品种类、商品记忆任务的情境、被试群体，这种效应依然稳定存在。这意味着，对于那些刷遍货架、边看边买的消费者，不论是常吃的苹果还是偶尔想吃的菠萝，被忘掉的可能性没什么差别；但对于那些主要依赖自己的记忆的消费者，他们的表现有所不同：对苹果的记忆以正常水平保存在脑海里，而菠萝已经飞到九霄云外了。

研究者还想进一步探究消费者能否自己发现购物时的这些问题并自行调整，于是接着进行了一项调查。他们通过发放问卷，收集了

第六章 助推健康决策

104名来自某欧洲城市的消费者的数据。在调查中,研究者明确询问被试:什么时候你更容易忘记常买的商品?什么时候更容易忘记不常买的商品?你分别采用怎样的购物策略?结果显示,在采购常买商品时,仅有16.3%的被试选择了基于商品的搜索策略;而在采购不常买的商品时,有58.7%的被试选择了基于商品的搜索策略,仅有少数被试依靠基于回忆的策略。经过这样一问,被试似乎有所思考,有针对性地选择了策略。然而,把这个结果和前文的研究结合起来,我们就会发现:一旦研究者没有从商品购买频率和购买策略这两方面去询问、引导被试,被试就完全不能预测到购买频率和购物策略的共同作用所带来的遗忘。在众多研究情境中,他们普遍自信地认为,采用回忆策略时,自己能想起来的不常买商品的数量和常买商品的数量一样多。意识到记忆可能存在的漏洞是改善遗忘问题的第一步,消费者尚未走出这一步,预测到自己会忘记这个事实,也就毋论解决购物遗忘问题了。

费尔南德斯等人的研究到这里就结束了,而我们在本节开头讲述的故事还有待解决。让我们把关于购物中的遗忘的研究结果带入日常生活中,对症下药:阅读到这里的你,充分意识到自己不能过分相信记忆。一进超市,你凭借日常的购买习惯,趁着记忆尚清晰,直奔洗化区拿到家人要的洗发水,到饮料区拿了一箱牛奶,然后再慢慢寻找那些不常买的东西。在浏览和搜索中,你路过文具区,发现了贺卡,这正是几天后的节日需要的东西。快到收银台时,你看见了过道边挂着的电池,想起来孩子的玩具没电了,需要更换新电池了。走出超市时,看着满满的购物袋,你想:"万幸,这次我终于买全了!"

对于消费者,首先要注意到记忆力的不足,提高警惕,然后灵活地调整和运用不同的购物策略。不过，别忘了，摄像机和问卷记录下的购物遗忘比例可是高达 30%！要想拯救购物时健忘的自己，最有效也是最保险的办法不是"扪心自问"还记不记得，而是老老实实列出一张购物清单，按部就班地买东西。

小结

消费者在购物时很健忘。有两种策略可解决此问题：买常用商品时，宜凭回忆到对应区域挑选；买不常用的商品时，宜在逛的过程中用双眼去仔细寻找。最保险的方法则是列清单，照着清单买。

让钱变得更温暖，慷慨解囊不再难

> 如果你懂得使用，钱就是一个好奴仆。如果你不懂得使用，它就变成你的主人。
>
> ——马克·吐温（Mark Twain）

钱既是助人一臂之力的天使，也是使人变得冷漠、自私的魔鬼。心理学家发现，不论被试的年龄、文化、身份，钱总是在人际与情感方面给他们留下冷漠的印象。一旦涉及钱，不论是摸到还是看到，甚至仅仅是持有虚拟的游戏币，人们都容易联想到冷漠、吝啬、缺乏同情、不为别人着想等充满负面色彩的关键词。

我们先来看看一份令人咋舌的研究证据，这是来自波兰弗罗茨瓦夫理工大学的加西奥罗斯卡（Agata Gasiorowska）及其合作者的研究。研究者找来七八岁的儿童做被试，这些被试尽管还不明白人类社会的货币和经济运作机制，也无法在各种花钱的情境中正确使用钱，

第六章 助推健康决策

却已经深深地受到钱这一概念的影响。研究分为两个步骤。在第一步中，研究者先给一半被试展示印有各种货币的图片，给另一半被试展示印着花草的图片。然后，为了确认这些儿童被试是否认识图片上的内容，研究者让被试画出一些与图片主题相关的事物。观看货币图片的被试画出了钞票、硬币等内容，观看花草图片的被试则画出了各种植物，可见，他们能够无误地理解图片上的信息。通过这一步，研究者先让钱或中性的花草在被试心里留下印象，以影响被试接下来的决策。

在研究的第二步中，被试需要进行一项决策。被试想象他们要给自己和学校里的另一个儿童分配贴纸。分配情境有两种：在亲社会情境下，被试要么选择很"暖心"，自己和另一人各获得一张贴纸；要么选择"冷漠"，自己获得一张贴纸，另一人不获得任何奖励。在分享情境下，被试要么选择"分享"，自己和另一人各获得一张贴纸；要么选择"自私"，自己拿走两张贴纸，不给另一人留。

研究结果显示，仅仅是接受与钱相关的刺激的启动，就使不谙世事的儿童变得"冷漠"和"自私"起来。在看花草的对照组，亲社会情境下，有96%的被试选择了"暖心"策略；分享情境下，有70%的被试选择了"分享"策略。然而，在看钱的实验组，这两个策略的选择人数比例分别骤降至76%和52%，更多的被试不愿意让另一个人也获得贴纸。只要一提到钱，就连儿童都会变得更自我中心，不愿帮助他人，更毋论成人了。

不过，钱不仅仅只是大家熟悉的冷冰冰的钞票、硬币，它同时也以拟人化的形象存在，如中国古代所言的孔方兄。钱拥有很多类人的特性，不仅"money"一词来源于罗马的女神之名，众多文学家也纷纷将钱比喻为人，正如文章开篇那句箴言：有时，钱是帮助我们渡过难关、实现梦想的仆人与助手；有时，钱则变成支配我们思维和生活方式的魔鬼。正是这种将钱拟人化的文化，带来了扭转其冷漠、自私的印象的可能性。

有没有什么办法能够让我们身边站着的这位"天使兼魔鬼"尽可能发挥济世助人的一面？来自浙江大学的周欣悦等人找到了一条途径，让钱展现善意而非恶意。她们发现，当钱拟人化后，人们在捐款时会更愿意慷慨解囊。如何解释这种看似神奇的现象？我们先要从人们感知事物的方式说起。

人们在心理上感知各种非人类的事物时，主要在两个维度上进行：一是温暖，它让人们关注对象是否友好、乐于助人、值得信赖；二是能力，它让人们关注智力、技巧性等。举个例子，当我们感知到小狗时，从温暖的维度上，我们知道"狗是人类的朋友"，忠心耿耿；而从能力的维度上，我们认识到，小狗嗅觉灵敏，能看家护院。可见，当我们要感知和评判一样事物时，会综合"走心"和"过脑"这两条途径得出结论。

拟人化（anthropomorphism）是将人类的特征赋予非人类事物。产品、品牌可以拟人化，疾病、环境也可以拟人化。理所当然，若我们赋予钱各种类人的特征和线索，它也能变为人形，具有情感和能力。这意味着当我们将钱感知为人时，它将会变得更温暖人心，也具有更强大的能力。再次搬出开篇名言的前半句，也许钱在某些时候可以被人们看作一位能够助人的暖男。

在捐款情境中，温暖这个维度起着举足轻重的作用。在社会生活中，那些需要唤起同情心，让我们心甘情愿掏出钱包的时候，显然不是能力主导思维的时候。不论是路见不平，拔刀相助，还是亲朋有难，

第六章 助推健康决策

八方支援，人们都倾向于"走心"，展现温暖，而不是"过脑"，冷静斟酌能力。如果能增强人们感知到的来自钱的温暖，就有可能提高捐赠的慷慨程度，增加捐款数额。

了解这些背景后，我们再来看周欣悦等人的研究。在她们的研究中，一半被试首先经历了对钱拟人化的启动。他们想象钱获得了生命，思考钱作为一个人将拥有怎样的个性，对孔方兄是内向还是外向、急躁还是冷静等在五个个性维度上作出评价。被试还要根据他们的评价来描述孔方兄可能的外貌。另一半被试则不经过拟人化启动，只思考钱的物理特征。他们需要对钱的大小、颜色等五个外观属性作出评价，并想象如果发行新钞，这些新钞会是什么样子。接着，所有被试都阅读一份呼吁帮助贫困地区儿童的慈善宣传书，读完之后，被试评估自己捐赠意愿的高低。最后，研究者给被试呈现一些形容词（如"友善的""智慧的"），并要求被试评估它们有多适用于钱，由此检测被试在温暖和能力两个维度上对钱的感知。

研究结果显示，相比未经历拟人化启动的被试，经历了拟人化启动的被试更愿意捐款，他们的确更倾向于将孔方兄看作暖男——在他们眼中，钱与"友善的""温暖的"等词语更匹配了。同时，尽管钱摇身一变成为孔方兄后，在人们感知到的能力维度上也有所提高，但这并未明显影响人们的捐款意愿。让人们更愿意慷慨解囊的正是"走心"，而非"过脑"。总而言之，金钱披上了拟人化的外衣后，的确能明显提高人们的捐款意图，且功劳不在其能力维度，而在其温暖维度。

除了直观的捐款，慈善活动还有各种各样的形式，包括让人们签名支持、使用信用卡捐助等。你可能会好奇，拟人化的魔力是不是普遍存在？除了钱之外的其他捐款道具，如信用卡，在拟人化之后也能提高人们的捐赠意愿吗？答案是否定的。

  周欣悦等人进行了另外一个研究，对比了钱拟人化和信用卡拟人化的效果，证明孔方兄拟人化的促捐效果独此一家。在这个研究中，接受拟人化启动的被试被随机分配到钱组或者信用卡组。钱拟人化组的被试想象钱拥有了人类形式的生命，并且描述它可能的人格和外貌，信用卡拟人化组的被试则把想象对象换成信用卡，其余要求不变。当然，另有非拟人化组被试作为对照，他们只需要描述钱或者信用卡的外形特征。然后，被试阅读一份来自联合国儿童基金会网站的慈善呼吁书。呼吁书声称，基金会将在被试所在的大学启动一项捐赠计划，帮助需要接受教育的儿童。被试则需要回答有机会的话，自己愿意捐赠多少钱。研究者还测量了被试感知到的钱或信用卡的暖心程度。

  研究结果显示，钱拟人化非常成功地提高了人们捐款的数额，然而信用卡拟人化没有带来什么影响。纵观各组被试，唯有钱拟人化组一枝独秀，他们的捐款平均值超过了 8 美元，其他组的平均捐款额都仅在 6 美元上下。从暖心程度来看，依然是钱拟人化组表现出色，其余各组平平无奇。相比"信用卡兄"，孔方兄更能在这个研究的捐款情境中大放异彩。

  为什么同样作为捐款的方式，钱在拟人化后能够提高人们的捐赠意愿，而信用卡拟人化后并不见效呢？结合前文提到的种种证据，心理学家认为，真相可能是钱本身就比较"冷漠"，将其拟人化，正好弥补了它在人们心中形象的缺陷；而信用卡本身并不显得"冷漠"，所以拟人化也不会让它的友好度产生明显变化。我们可以想象这样一个例子：邻家的帅哥一直比较冷漠，在门前碰见你也不会跟你打招呼，平日里你和他基本无交流。如果这样的他发生改变，成了暖男，热情地与你打招呼，在你的心理感知上，他的温暖程度就有明显提高。如果邻家的帅哥本来就待人友善，就算他变得更温暖、热情了，你的心理感知上的变化也不会那么明显。捐款时捐出去的毕竟是钱，不管是在承诺书上签字、刷信用卡，还是直接用现金结算，最终都需要落实到钱上。正因如此，就算在捐助情境中对钱之外的事物拟人化，也难以打动人们；只有金钱的拟人化才能稳定、有效地促使人们捐款。

另一个值得注意的结论是，想通过提高钱的暖心程度来促进人们捐款，只将钱与温暖的情绪体验联系起来是不够的，一定要经过拟人化这条途径，才能生效。在后续的研究中，周欣悦等人在钱拟人化组和非拟人化组之外，还设置了控制组来对比：在控制组，钱是长辈赠予的，被试需要思考他们从长辈手中获得的钱的意义。另外两组则与前文中的研究保持一致，拟人化组中的被试想象钱的拟人化形象和特点，非拟人化组中的被试想象钱的物理特点。这一次，那些来自长辈的钱尽管能够与温暖联系起来，反而降低了人们捐款的意愿。

通过调节和塑造钱的拟人化形象，就能够让它魔鬼的那一面不再扎眼，天使的一面得以展现。虽然钱总是与冷漠、自私等印象联系起来，但拟人化正好能够通过人们的心理感知特点，有针对性地弥补，慷慨解囊不再是一件难事。如果你正在经营慈善事业，想要让人们献爱心，不妨试着将钱拟人化，你的捐款箱会被更快装满。

小结

钱容易让人联想到冷漠，变得更自私。而将钱拟人化能够让人感到钱是温暖且有情感的，从而提高捐款的意愿。将信用卡拟人化则不具有类似效果。

陆静怡，尚雪松.(2018).为他人做决策：多维度心理机制与决策体验.*心理科学进展*, *26*, 1545—1552.

谢晓非，谢佳秋，任静，余松霖.(2009).逼近真实风险情景下的动态决策.*北京大学学报(自然科学版)*, *45*, 884—890.

Aggarwal, P., Jun, S. Y., & Huh, J. H. (2011). Scarcity messages: A consumer competition perspective. *Journal of Advertising*, *40*, 19—30.

Ames, D. R., & Mason, M. F. (2015). Tandem anchoring: Informational and politeness effects of range offers in social exchange. *Journal of Personality and Social Psychology*, *108*, 254—274.

Antonides, G., Verhoef, P. C., & Van Aalst, M. (2002). Consumer perception and evaluation of waiting time. *Journal of Consumer Psychology*, *12*, 193—202.

Argo, J. J., White, K., & Dahl, D. W. (2006). Social comparison theory and deception in the interpersonal exchange of consumption information. *Journal of Consumer Research*, *33*, 99—108.

Arkes, H. R., & Blumer, C. (1985). The psychology of sunk cost. *Organizational Behavior and Human Decision Processes*, *35*,

124—140.

Aviezer, H., Trope, Y., & Todorov, A. (2012). Body cues, not facial expressions, discriminate between intense positive and negative emotions. *Science, 338,* 1225—1229.

Barasch, A., Zauberman, G., & Diehl, K. (2018). How the intention to share can undermine enjoyment: Photo-taking goals and evaluation of experiences. *Journal of Consumer Research, 44,* 1220—1237.

Bastos, W., & Brucks, M. (2017). How and why conversational value leads to happiness for experiential and material purchases. *Journal of Consumer Research, 44,* 598—612.

Baumeister, R. F., Bratslavsky, E., Muraven, M., & Tice, D. M. (1998). Ego depletion: Is the active self a limited resource? *Journal of Personality and Social Psychology, 74,* 1252—1265.

Berridge, K., & Winkielman, P. (2003). What is an unconscious emotion? (The case for unconscious "liking"). *Cognition and Emotion, 17,* 181—211.

Blackwell, D., Leaman, C., Tramposch, R., Osborne, C., & Liss, M. (2017). Extraversion, neuroticism, attachment style and fear of missing out as predictors of social media use and addiction. *Personality and Individual Differences, 116,* 69—72.

Botti, S., & Iyengar, S. S. (2004). The psychological pleasure and pain of choosing: When people prefer choosing at the cost of subsequent outcome satisfaction. *Journal of Personality and Social Psychology, 87,* 312—326.

Brown, J. D. (1986). Evaluations of self and others: Self-enhancement biases in social judgments. *Social Cognition, 4,* 353—

376.

Carstensen, L. L. (2006). The influence of a sense of time on human development. *Science, 312,* 1913—1915.

Carstensen, L. L., Isaacowitz, D. M., & Charles, S. T. (1999). Taking time seriously: A theory of socioemotional selectivity. *American Psychologist, 54,* 165—181.

Chen, R. P., Wan, E. W., & Levy, E. (2017). The effect of social exclusion on consumer preference for anthropomorphized brands. *Journal of Consumer Psychology, 27,* 23—34.

Chun, H. E. H., Park, C. W., Eisingerich, A. B., & Macinnis, D. J. (2015). Strategic benefits of low fit brand extensions: When and why? *Journal of Consumer Psychology, 25,* 577—595.

Cropanzano, R., & Mitchell, M. S. (2005). Social exchange theory: An interdisciplinary review. *Journal of Management, 31,* 874—900.

Curry, D. J., & Riesz, P. C. (1988). Prices and quality relationships: A longitudinal analysis. *Journal of Marketing, 52,* 36—51.

Deri, S., & Zitek, E. M. (2017). Did you reject me for someone else? Rejections that are comparative feel worse.*Personality and Social Psychology Bulletin, 43,* 1675—1685.

Deri, S., Davidai, S., & Gilovich, T. (2017). Home alone: Why people believe others' social lives are richer than their own. *Journal of Personality and Social Psychology, 113,* 858—877.

Diehl, K., Zauberman, G., & Barasch, A. (2016). How taking photos increases enjoyment of experience. *Journal of Personality and Social Psychology, 111,* 119—140.

参考文献

Dunn, E. W., Aknin, L. B., & Norton, M. I. (2008). Spending money on others promotes happiness. *Science, 319,* 1687—1688.

Easterlin, R. A., Mcvey, L. A., Switek, M., Sawangfa, O., & Zweig, J. S. (2010). The happiness-income paradox revisited. *Proceedings of the National Academy of Sciences of the United States of America, 107,* 22463—22468.

Ein-Gar, D., Shiv, B., & Tormala, Z. L. (2012). When blemishing leads to blossoming: The positive effect of negative information. *Journal of Consumer Research, 38,* 846—859.

Evans, A. M., & Van De Calseyde, P. P. F. M. (2017). The effects of observed decision time on expectations of extremity and cooperation. *Journal of Experimental Social Psychology, 68,* 50—59.

Fang, Y., & Li, S. (2004). Respondents in Asian cultures (e.g. Chinese) are more risk-seeking and more overconfident than respondents in other cultures (e.g. in united states) but the reciprocal predictions are in total opposition: How and why? *Journal of Cognition and Culture, 4,* 263—292.

Fernandes, D., Puntoni, S., Van Osselaer, S. M. J., & Cowley, E. (2016). When and why we forget to buy. *Journal of Consumer Psychology, 26,* 363—380.

Festinger, L. (1957). *A theory of cognitive dissonance.* Stanford University Press.

Gasiorowska, A., Zaleskiewicz, T., & Wygrab, S. (2012). Would you do something for me? The effects of money activation on social preferences and social behavior in young children. *Journal of Economic Psychology, 33,* 603—608.

Gerstner, E. (1985). Do higher prices signal higher quality?

Journal of Marketing Research, 22, 209—215.

Gilbert, D. T., & Jones, E. E. (1986). Perceiver-induced constraint: Interpretations of self-generated reality. *Journal of Personality and Social Psychology, 50,* 269—280.

Gilbert, D. T., Killingsworth, M. A., Eyre, R. N., & Wilson, T. D. (2009). The surprising power of neighborly advice. *Science, 323,* 1617—1619.

Goldsmith, K., Cho, E. K., & Dhar, R. (2012). When guilt begets pleasure: The positive effect of a negative emotion.*Journal of Marketing Research, 49,* 872—881.

Gunasti, K., & Ross Jr., W. T. (2010). How and when alphanumeric brand names affect consumer preferences. *Journal of Marketing Research, 47,* 1177—1192.

Häubl, G., & Murray, K. B. (2003). Preference construction and persistence in digital marketplaces: The role of electronic recommendation agents. *Journal of Consumer Psychology, 13,* 75—91.

Heider, F. (1958). *The psychology of interpersonal relations.* Wiley.

Hornik, J. (1984). Subjective vs. objective time measures: A note on the perception of time in consumer behavior. *Journal of Consumer Research, 11,* 615—618.

Huang, Y., & Gong, H. (2018). The minimal deviation effect: Numbers just above a categorical boundary enhance consumer desire. *Journal of Consumer Research, 45,* 775—791.

Hui, S. K., Huang, Y., Suher, J., & Inman, J. J. (2013). Deconstructing the "first moment of truth": Understanding unplanned consideration and purchase conversion using in-store video tracking.

Journal of Marketing Research, 50, 445—462.

Isaac, M. S., & Schindler, R. M. (2014). The top-ten effect: Consumers' subjective categorization of ranked lists. *Journal of Consumer Research, 40,* 1181—1202.

Iyengar, S. S., Wells, R. E., & Schwartz, B. (2006). Doing better but feeling worse: Looking for the "best" job undermines satisfaction. *Psychological Science, 17,* 143—150.

Jellinek, R. D., Myers, T. A., & Keller, K. L. (2016). The impact of doll style of dress and familiarity on body dissatisfaction in 6- to 8-year-old girls. *Body Image, 18,* 78—85.

Johnson, E. J., Hershey, J., Meszaros, J., & Kunreuther, H. (1993). Framing, probability distortions, and insurance decisions. *Journal of Risk and Uncertainty, 7,* 35—51.

Judd, C. M., James-Hawkins, L., Yzerbyt, V., & Kashima, Y. (2005). Fundamental dimensions of social judgment: Understanding the relations between judgments of competence and warmth. *Journal of Personality and Social Psychology, 89,* 899—913.

Just, D. R., Siğirci, Ö., & Wansink, B. (2014). Lower buffet prices lead to less taste satisfaction. *Journal of Sensory Studies, 29,* 362—370.

Kahneman, D., & Deaton, A. (2010). High income improves evaluation of life but not emotional well-being. *Proceedings of the National Academy of Sciences of the United States of America, 107,* 16489—16493.

Kahneman, D., & Miller, D. T. (1986). Norm theory: Comparing reality to its alternatives. *Psychological Review, 93,* 136—153.

Kahneman, D., & Tversky, A. (1979). Prospect theory: An analysis of decision under risk. *Econometrica: Journal of the Econometric Society, 47,* 263—292.

Kahneman, D., Knetsch, J. L., & Thaler, R. H. (1991). Anomalies: The endowment effect, loss aversion, and status quo bias.*The Journal of Economic Perspectives, 5,* 193—206.

Kang, M. J., Hsu, M., Krajbich, I. M., Loewenstein, G., McClure, S. M., Wang, J. T.-Y., & Camerer, C. F. (2009). The wick in the candle of learning: Epistemic curiosity activates reward circuitry and enhances memory. *Psychological Science, 20,* 963—973.

Kivetz, R., & Zheng, Y. (2017). The effects of promotions on hedonic versus utilitarian purchases. *Journal of Consumer Psychology, 27,* 59—68.

Klink, R. R., & Smith, D. C. (2001). Threats to the external validity of brand extension research. *Journal of Marketing Research, 38,* 326—335.

Kraus, M. W., Piff, P. K., Mendoza-Denton, R., Rheinschmidt, M. L., & Keltner, D. (2012). Social class, solipsism, and contextualism: How the rich are different from the poor. *Psychological Review, 119,* 546—572.

Kristofferson, K., Mcferran, B., Morales, A. C., & Dahl, D. W. (2017). The dark side of scarcity promotions: How exposure to limited-quantity promotions can induce aggression.*Journal of Consumer Research, 43,* 683—706.

Kronrod, A., Grinstein, A., & Wathieu, L. (2012). Go green! Should environmental messages be so assertive? *Journal of*

Marketing, 76, 95—102.

Kumar, A., & Gilovich, T. (2015). Some "thing" to talk about? Differential story utility from experiential and material purchases. *Personality and Social Psychology Bulletin, 41,* 1320—1331.

Kumar, M., & Garg, N. (2010). Aesthetic principles and cognitive emotion appraisals: How much of the beauty lies in the eye of the beholder? *Journal of Consumer Psychology, 20,* 485—494.

Kupor, D., Flynn, F., & Norton, M. I. (2017). Half a gift is not half-hearted: A giver—receiver asymmetry in the thoughtfulness of partial gifts. *Personality and Social Psychology Bulletin, 43,* 1686—1695.

Leary, M. R., Tambor, E. S., Terdal, S. K., & Downs, D. L. (1995). Self-esteem as an interpersonal monitor: The sociometer hypothesis. *Journal of Personality and Social Psychology, 68,* 270—274.

Leclerc, F., Schmitt, B. H., & Dubé, L. (1995). Waiting time and decision making: Is time like money? *Journal of Consumer Research, 22,* 110—119.

Lee, E. H., & Schnall, S. (2014).The influence of social power on weight perception. *Journal of Experimental Psychology: General, 143,* 1719—1725.

Lewis, N. A., & Earl, A. (2018). Seeing more and eating less: Effects of portion size granularity on the perception and regulation of food consumption. *Journal of Personality and Social Psychology, 114,* 786—803.

Li, J.-Z., Li, S., Wang, W.-Z., Rao, L.-L., & Liu, H. (2011). Are people always more risk averse after disasters? Surveys after a heavy snow-hit and a major earthquake in China in 2008. *Applied Cognitive Psychology, 25,* 104—111.

Li, S., Bi, Y.-L., & Rao, L.-L. (2011). Every Science/Nature potter praises his own pot—Can we believe what he says based on his mother tongue? *Journal of Cross-Cultural Psychology, 42,* 125—130.

Li, S., Bi, Y.-L., & Zhang, Y. (2009). Asian risk seeking and overconfidence. *Journal of Applied Social Psychology, 39,* 2706—2735.

Lichtenstein, D. R., & Burton, S. (1989). The relationship between perceived and objective price-quality. *Journal of Marketing Research, 26,* 429—443.

Lim, S. L., Penrod, M. T., Ha, O. R., Bruce, J. M., & Bruce, A. S. (2018). Calorie labeling promotes dietary self-control by shifting the temporal dynamics of health- and taste-attribute integration in overweight individuals. *Psychological Science, 29,* 447—462.

Liu, H. Z., Li, S., & Rao, L. L. (2018). Out of debt, out of burden: The physical burdens of debt. *Journal of Experimental Social Psychology, 76,* 155—160.

Liu, Q. B., & Karahanna, E. (2017). The dark side of reviews: The swaying effects of online product reviews on attribute preference construction. *MIS Quarterly, 41,* 427—448.

Loveland, K. E., Smeesters, D., & Mandel, N. (2010). Still preoccupied with 1995: The need to belong and preference for nostalgic products. *Journal of Consumer Research, 37,* 393—408.

Lu, J., & Xie, X. (2014). To change or not to change: A matter of decision maker's role. *Organizational Behavior and Human*

Decision Processes, 124, 47—55.

Lu, J., Jia, H., Xie, X., & Wang, Q. (2016). Missing the best opportunity; who can seize the next one? Agents show less inaction inertia than personal decision makers. *Journal of Economic Psychology, 54,* 100—112.

Lu, J., Liu, Z., & Fang, Z. (2016). Hedonic products for you, utilitarian products for me. *Judgment and Decision Making, 11,* 332—341.

Maglio, S. J., & Polman, E. (2016). Revising probability estimates: Why increasing likelihood means increasing impact.*Journal of Personality and Social Psychology, 111,* 141—158.

Maki, R. H. (1982). Why do categorization effects occur in comparative judgement tasks? *Memory and Cognition, 10,* 252—264.

Markus, H. R., & Kitayama, S. (1991). Culture and the self: Implications for cognition, emotion, and motivation.*Psychological Review, 98,* 224—253.

McGlothlin, W. H. (1956). Stability of choices among uncertain alternatives.*The American Journal of Psychology, 69,* 604—615.

McKenzie, C. R. M., Sher, S., Müller-Trede, J., Lin, C., Liersch, M. J., & Rawstron, A. G. (2016). Are longshots only for losers? A new look at the last race effect. *Journal of Behavioral Decision Making, 29,* 25—36.

Mead, N. L., Baumeister, R. F., Stillman, T. F., Rawn, C. D., & Vohs, K. D. (2011). Social exclusion causes people to spend and consume strategically in the service of affiliation.*Journal of Consumer Research, 37,* 902—919.

Metzger, M. A. (1985). Biases in betting: An application of laboratory findings. *Psychological Reports, 56,* 883—888.

Moore, D. A., & Healy, P. J. (2008). The trouble with overconfidence. *Psychological Review, 115,* 502—517.

Morewedge, C. K., Gilbert, D. T., Myrseth, K. O. R., Kassam, K. S., & Wilson, T. D. (2010). Consuming experience: Why affective forecasters overestimate comparative value. *Journal of Experimental Social Psychology, 46,* 986—992.

Na, J., McDonough, I. M., Chan, M. Y., & Park, D. C. (2016). Social-class differences in consumer choices: Working-class individuals are more sensitive to choices of others than middle-class individuals. *Personality and Social Psychology Bulletin, 42,* 430—443.

Nenkov, G. Y., & Scott, M. L. (2014). "So cute I could eat it up": Priming effects of cute products on indulgent consumption. *Journal of Consumer Research, 41,* 326—341.

O'Brien, E., & Roney, E. (2017). Worth the wait? Leisure can be just as enjoyable with work left undone. *Psychological Science, 28,* 1000—1015.

Perfecto, H., Galak, J., Simmons, J. P., & Nelson, L. D. (2017). Rejecting a bad option feels like choosing a good one. *Journal of Personality and Social Psychology, 113,* 659—670.

Pettit, N. C., Sivanathan, N., Gladstone, E., & Marr, J. C. (2013). Rising stars and sinking ships: Consequences of status momentum. *Psychological Science, 24,* 1579—1584.

Polman, E. (2010). Why are maximizers less happy than satisficers? Because they maximize positive and negative outcomes.

Journal of Behavioral Decision Making, 23, 179—190.

Polman, E., & Maglio, S. J. (2017). Mere gifting: Liking a gift more because it is shared. *Personality and Social Psychology Bulletin*, 43, 1582—1594.

Pope, D., & Simonsohn, U. (2011). Round numbers as goal: Evidence from baseball, SAT takers, and the lab.*Psychological science*, 22, 71—79.

Pozharliev, R., Verbeke, W. J. M. I., Van Strien, J. W., & Bagozzi, R. P. (2015). Merely being with you increases my attention to luxury products: Using EEG to understand consumers' emotional experience with luxury branded products. *Journal of Marketing Research*, 52, 546—558.

Proffitt, D. R. (2013). An embodied approach to perception: By what units are visual perceptions scaled? *Perspectives on Psychological Science*, 8, 474—483.

Przybylski, A. K., Murayama, K., DeHaan, C. R., & Gladwell, V. (2013). Motivational, emotional, and behavioral correlates of fear of missing out. *Computers in Human Behavior*, 29, 1841—1848.

Rachlinski, J., & Wistrich, A. J. (2018).Gains, losses, and judges: Framing and the judiciary. *Notre Dame Law Review*, 94, 521—582.

Ramanathan, S., & Williams, P. (2007). Immediate and delayed emotional consequences of indulgence: The moderating influence of personality type on mixed emotions.*Journal of Consumer Research*, 34, 212—223.

Roselius, T. (1971). Consumer rankings of risk reduction methods. *Journal of Marketing Research*, 35, 56—61.

Samuelson, W., & Zeckhauser, R. (1988). Status quo bias in decision making. *Journal of Risk and Uncertainty, 1,* 7—59.

Schwartz, B., Ward, A., Monterosso, J., Lyubomirsky, S., White, K., & Lehman, D. R. (2002). Maximizing versus satisficing: Happiness is a matter of choice. *Journal of Personality and Social Psychology, 83,* 1178—1197.

Sela, A., & LeBoeuf, R. A. (2017). Comparison neglect in upgrade decisions. *Journal of Marketing Research, 54,* 556—571.

Sherry Jr., J. F., Mcgrath, M. A., & Levy, S. J. (1992). The disposition of the gift and many unhappy returns. *Journal of Retailing, 68,* 40—65.

Shoham, M., Moldovan, S., & Steinhart, Y. (2017). Positively useless: Irrelevant negative information enhances positive impressions. *Journal of Consumer Psychology, 27,* 147—159.

Simonson, I., Bettman, J. R., Kramer, T., & Payne, J. W. (2013). Comparison selection: An approach to the study of consumer judgment and choice. *Journal of Consumer Psychology, 23,* 137—149.

Sobol, K., & Darke, P. R. (2014). "I'd like to be that attractive, but at least I'm smart": How exposure to ideal advertising models motivates improved decision-making. *Journal of Consumer Psychology, 24,* 533—540.

Staw, B. M. (1976). Knee-deep in the big muddy: A study of escalating commitment to a chosen course of action. *Organizational Behavior and Human Performance, 16,* 27—44.

参考文献

Su, L., Jiang, Y., Chen, Z., & Dewall, C. N. (2017). Social exclusion and consumer switching behavior: A control restoration mechanism. *Journal of Consumer Research, 44,* 99—117.

Tesser, A. (2000). On the confluence of self-esteem maintenance mechanisms. *Personality and Social Psychology Review, 4,* 290—299.

Thaler, R. (1980). Toward a positive theory of consumer choice. *Journal of Economic Behavior and Organization, 1,* 39—60.

Thaler, R. (1983). Transaction utility theory. *Advances in Consumer Research, 10,* 229—232.

Thaler, R. (1985). Mental accounting and consumer choice. *Marketing Science, 4,* 199—214.

Tormala, Z. L., Clarkson, J. J., & Henderson, M. D. (2011). Does faster or slow evaluation foster greater certainty? *Personality and Social Psychology Bulletin, 37,* 422—434.

Tversky, A., & Kahneman, D. (1974). Judgment under uncertainty: Heuristics and biases. *Science, 185,* 1124—1131.

Tversky, A., & Kahneman, D. (1991). Loss aversion in riskless choice: A reference-dependent model. *The Quarterly Journal of Economics, 106,* 1039—1061.

Valo, R. C. D., Pieters, R., & Zeelenberg, M. (2016). The benefits of behaving badly on occasion: Successful regulation by planned hedonic deviations. *Journal of Consumer Psychology, 26,* 17—28.

Van Boven, L., & Gilovich, T. (2003). To do or to have? That is the question. *Journal of Personality and Social Psychology, 85,*

1193—1202.

Vohs, K. D., & Faber, R. J. (2007). Spent resources: Self-regulatory resource availability affects impulse buying. *Journal of Consumer Research, 33,* 537—547.

Vohs, K. D., & Heatherton, T. F. (2000). Self-regulatory failure: A resource-depletion approach. *Psychological Science, 11,* 249—254.

Vohs, K. D., Mead, N. L., & Goode, M. R. (2006). The psychological consequences of money. *Science, 314,* 1154—1156.

Wadhwa, M., Shiv, B., & Nowlis, S. M. (2008). A bite to whet the reward appetite: The influence of sampling on reward-seeking behaviors. *Journal of Marketing Research, 45,* 403—413.

Walasek, L., & Brown, G. D. A. (2015). Income inequality and status seeking: Searching for positional goods in unequal U.S. States. *Psychological Science, 26,* 527—533.

Walasek, L., Bhatia, S., & Brown, G. D. A. (2018). Positional goods and the social rank hypothesis: Income inequality affects online chatter about high- and low- status brands on Twitter. *Journal of Consumer Psychology, 28,* 138—148.

Walker, J., Kumar, A., & Gilovich, T. (2016).Cultivating gratitude and giving through experiential consumption. *Emotion, 16,* 1126—1136.

Wan, E. W., Xu, J., & Ding, Y. (2014). To be or not to be unique? The effect of social exclusion on consumer choice.*Journal of Consumer Research, 40,* 1109—1122.

Wang, C., & Huang, Y. L. (2018). "I want to know the answer! Give me fish_'n' chips!": The impact of curiosity on indulgent choice. *Journal of Consumer Research, 44,* 1052—1067.

Wang, Z., Mao, H., Li, Y. J., & Liu, F. (2017). Smile big or not? Effects of smile intensity on perceptions of warmth and competence. *Journal of Consumer Research, 43,* 787—805.

Weaver, K., Daniloski, K., Schwarz, N., & Cottone, K. (2015). The role of social comparison for maximizers and satisficers: Wanting the best or wanting to be the best? *Journal of Consumer Psychology, 25,* 372—388.

Wegner, D. M. (1989). *White bears and other unwanted thoughts: Suppression, obsession, and the psychology of mental control.* Penguin Press.

Weininger, E. B., & Lareau, A. (2009). Paradoxical pathways: An ethnographic extension of Kohn's findings on class and childrearing. *Journal of Marriage and Family, 71,* 680—695.

Wilson, T. D., Wheatley, T., Meyers, J. M., & Gilbert, D. T. (2000). Focalism: A source of durability bias in affective forecasting. *Journal of Personality and Social Psychology, 78,* 821—836.

Wu, F., Samper, A., Morales, A. C., & Fitzsimons, G. J. (2017). It's too pretty to use! When and how enhanced aesthetics discourage usage and lower enjoyment of nondurable products. *Journal of Consumer Research, 44,* 651—672.

Xing, C., Meng, Y., Isaacowitz, D. M., Wen, Y., & Lin, Z. (2019). The ending effect in investment decisions: The motivational need for an emotionally rewarding ending.*Personality and Social Psychology Bulletin, 45,* 510—527.

Xiong, X., Guo, S., Gu, L., Huang, R., & Zhou, X. (2018).

Reciprocity anxiety: Individual differences in feeling discomfort in reciprocity situations. *Journal of Economic Psychology, 67,* 149—161.

Xu, A. J., & Wyer Jr, R. S. (2012). The role of bolstering and counterarguing mind-sets in persuasion. *Journal of Consumer Research, 38,* 920—932.

Xu, A. J., Schwarz, N., & Wyer, R. S. (2015). Hunger promotes acquisition of nonfood objects. *Proceedings of the National Academy of Sciences of the United States of America, 112,* 2688—2692.

Yan, D., Sengupta, J., & Wyer Jr, R. S. (2014). Package size and perceived quality: The intervening role of unit price perceptions. *Journal of Consumer Psychology, 24,* 4—17.

Yang, A. X., & Urminsky, O. (2018). The smile-seeking hypothesis: How immediate affective reactions motivate and reward gift giving. *Psychological Science, 29,* 1221—1233.

Yang, Y., Gu, Y., & Galak, J. (2017). When it could have been worse, it gets better: How favorable uncertainty resolution slows hedonic adaptation. *Journal of Consumer Research, 43,* 747—768.

Yoon, S., & Kim, H. C. (2017). Feeling economically stuck: The effect of perceived economic mobility and socioeconomic status on variety seeking. *Journal of Consumer Research, 44,* 1141—1156.

Zajonc, R. B. (1965). Social facilitation. *Science, 149,* 269—274.

Zemack-Rugar, Y., Moore, S. G., & Fitzsimons, G.

J. (2017). Just do it! Why committed consumers react negatively to assertive ads. *Journal of Consumer Psychology, 27,* 287—301.

Zhou, H., Majka, E. A., & Epley, N. (2017). Inferring perspective versus getting perspective: Underestimating the value of being in another person's shoes. *Psychological Science, 28,* 482—493.

Zhou, X., Kim, S., & Wang, L. (2019). Money helps when money feels: Money anthropomorphism increases charitable giving. *Journal of Consumer Research, 45,* 953—972.

后记

消费者决策的研究虽然高于生活，但必然植根于生活。因此，写一本既依托于科学研究，又包含丰富案例的关于消费者决策的读物，是我一直以来的心愿。如今，这一愿望得以实现。这本书不同于人们对学术著作的刻板印象，它努力放下学术研究高高在上的架子，试图走进寻常百姓的日常生活，让自己散发出人间烟火气。

在写作时，我尽可能使用通俗的语言，并在每篇文章的开篇与结尾引入大量发生于我们身边的案例，通过分析案例，阐述消费者决策领域的理论与观点，力争让每一位读者都能轻松地读懂，并在案例中发现自己身影，会心一笑。同时，为体现消费者决策研究的科学性，书中介绍了不少经典与前沿研究，细致地陈述了研究的逻辑、方法与步骤。

特别感谢我的学生邱天、王天鸿、陈宇琦、方晴雯、李炜佳、胡丽芬、陈卓！他们花费了大量时间，整理了消费者决策领域的研究，并参与了初稿的写作，为本书作出了很大贡献。也感谢2015—2019年间修过我所授"消费心理学"课程的同学，他们在课堂上提供了许多生动的案例，帮助我更好地将理论与实际联系在一起。尤其是程文妍、黄诗瑶、李心迪、李育欣、连庭睿、刘子蕴、王雪彤、张珂昕、

后　记

张涛等同学，他们提供的素材颇具启发性，书中的一些案例是在他们所供素材的基础上改编而成的。感谢上海教育出版社和我的工作单位华东师范大学心理与认知科学学院对本书的大力支持，非常感谢编辑金亚静女士的细致工作！受限于知识水平，书中难免存在错误，真诚地希望得到读者的反馈与指正。

在写作过程中，我特意挑选并介绍了一些由中国学者完成并发表在高质量学术期刊上的研究。在消费者决策领域，尽管有比较突出的中国学者，但总体而言，目前的中国力量仍然有限。希望在未来，我们能看到不断壮大的中国力量，在本领域听到更多中国研究者的声音。路虽漫漫，与同仁们一起努力！

陆静怡

2020 年 6 月

图书在版编目(CIP)数据

消费者的决策:行走于理性的边缘/陆静怡著.
— 上海:上海教育出版社,2020.8(2023.4重印)
(俊秀青年书系/郝宁主编)
ISBN 978-7-5720-0104-8

Ⅰ.①消… Ⅱ.①陆… Ⅲ.①消费者行为论-研究
Ⅳ.①F713.55

中国版本图书馆CIP数据核字(2020)第135373号

责任编辑　金亚静
书籍设计　陆　弦

俊秀青年书系
郝　宁　主编
消费者的决策:行走于理性的边缘
Xiaofeizhe De Juece: Xingzou Yu lixing De Bianyuan
陆静怡　著

出版发行　上海教育出版社有限公司
官　　网　www.seph.com.cn
地　　址　上海市闵行区号景路159弄C座
邮　　编　201101
印　　刷　上海展强印刷有限公司
开　　本　890×1240　1/32　印张 11.5
字　　数　265千字
版　　次　2020年8月第1版
印　　次　2023年4月第2次印刷
书　　号　ISBN 978-7-5720-0104-8/B·0003
定　　价　49.00元

如发现质量问题,读者可向本社调换　电话:021-64373213